공공성과
그 문제들

The Public and its Problems by John Dewey
From the title The Collected Works of John Dewey: The Later Works Volume 2: 1925-1927
Copyright ⓒ1984, 2008 by the Board of Trustees, Southern Illinois University
All rights reserved.

Korean Translation Edition ⓒ2014 by The National Research Foundation of Korea All rights reserved.
Published by arrangement with Southern Illinois University Press, 1915 University Press Drive, Southern Illinois University, Carbondale, IL 62901, USA

이 책의 한국어 판권은 베스툰 코리아 에이전시를 통하여
저작권자인 저자와 독점 계약한 (재)한국연구재단에 있습니다.
저작권법에 의해 한국 내에서 보호를 받는 저작물이므로
어떠한 형태로든 무단 전재와 무단 복제를 금합니다.

본 책은 (재)한국연구재단의 지원으로 한국문화사에서 출간, 유통을 한다.

서양편 · 734

# 공공성과 그 문제들

존 듀이(John Dewey) 지음
정창호, 이유선 옮김

한국문화사

## 차례

- 역자 서문 ······ ix
- 서문 ······ xi

### 01 공공성을 찾아서 ······ 1
국가의 본성에 관한 사실적 자료들과 이론적 해석들의 상이함 ······ 1
이론들의 실천적 함의 ······ 4
인과적인 기원의 관점에서의 이론들 ······ 8
지각된 결과들의 관점에서의 이론 ······ 11
사적 영역과 공적 영역의 구별 ······ 13
연합이 미치는 영향 ······ 22
연합의 다양성 ······ 26
공공성의 기준 ······ 27
국가의 기능 ······ 28
실험적인 문제로서의 국가 ······ 32
요약 ······ 35

### 02 국가의 발견 ······ 38
공공성과 국가 ······ 39
지리적인 범위 ······ 40
국가의 다수성 ······ 44
귀결된 결과들의 확산 ······ 47
법은 명령이 아니다 ······ 54
법과 합리성 ······ 57
공공성과 오래전부터 확립된 행위 습관 ······ 59
새로운 것에 대한 공포 ······ 60
회복 불가능한 결과들 ······ 63

시간 및 장소적 환경에 따른 국가 기능의 변이 ······················ 65
국가와 정부 ·································································· 66
국가와 사회 ·································································· 69
다원주의적인 이론 ························································· 73

## 03 민주주의적인 국가 ···················································· 75
공무원들의 사적 역할과 대변자적인 역할 ························· 76
부적합한 방법에 의한 통치자의 선택 ······························· 78
공무원의 통제 문제 ······················································· 82
민주주의의 의미 ···························································· 83
민주주의적 정부의 기원에 대한 오해 ······························· 84
비정치적인 요소들의 영향 ·············································· 85
"개인주의"의 기원 ························································· 86
새로운 산업의 영향: "자연적" 경제법칙의 이론 ················ 90
민주주의 정부에 관한 제임스 밀의 철학 ·························· 93
'개인주의'에 대한 비판 ·················································· 94
자연적인 것과 인위적인 것의 대립에 대한 비판 ·············· 102
사회적 삶의 기능으로서의 욕구와 목적 ·························· 104
전(前) 산업적 제도의 끈질긴 존속 ································· 107
최종적 문제 ································································ 109

## 04 공공성의 침식 ························································ 110
미국 민주주의 정부의 지역적 기원 ································ 111
기술적인 요인을 통한 국가적 통합 ································ 113
공공성의 침몰 ····························································· 115
전승된 관념 및 기구와 실제 조건 간의 불균형 ··············· 116
귀결된 실패에 대한 예증 ·············································· 118
공공성을 발견하는 문제 ················································ 122
민주주의 대 전문가 ····················································· 123
공공성의 침식에 대한 설명 ··········································· 125

세계 대전의 사례 ······································· 126
　　　공공성의 기준을 적용하는 것 ······················ 128
　　　전통적인 원리의 실패 ·································· 130
　　　정치적 무관심에 대한 설명 ·························· 133
　　　전문가의 필요성 ········································· 134
　　　정치적 이해관계의 라이벌들 ························ 136
　　　이상과 수단 ················································ 139

05 **거대 공동체를 찾아서** ······································· 142
　　　관념 및 정부의 행위로서의 민주주의 ············ 142
　　　거대 공동체의 문제 ····································· 147
　　　민주주의적 이상의 의미 ······························ 148
　　　민주주의와 공동체의 삶 ······························ 149
　　　공동체와 연합된 행위 ·································· 150
　　　의사소통과 공동체 ······································ 152
　　　거대 공동체의 지적인 조건 ·························· 155
　　　관습과 지성 ················································ 157
　　　과학과 지식 ················································ 161
　　　사회적 탐구의 한계 ····································· 164
　　　사회적 탐구의 고립 ····································· 168
　　　순수과학 및 응용과학 ·································· 170
　　　의사소통과 공적 의견 ·································· 171
　　　지식 배포의 한계 ········································· 174
　　　예술로서의 의사소통 ··································· 179

06 **방법의 문제** ······················································ 182
　　　방법의 장애물로서의 개인적인 것과 사회적인 것의 반정립 ······· 182
　　　개인적인 것의 의미 ····································· 183
　　　대립은 어디에 존재하는가? ·························· 188
　　　절대주의 논리의 의미 ·································· 191

'진화' 교설을 통한 예시 ·················································· 192
심리학의 예시 ······································································ 193
인문학과 자연과학의 차이 ················································ 195
대안으로서의 실험적 탐구 ················································ 198
방법, 그리고 전문가에 의한 통치 ···································· 199
민주주의와 토론을 통한 교육 ·········································· 202
지성의 수준 ········································································ 205
지역적인 공동체적 삶의 필요성 ······································ 207
그런 삶을 회복하는 문제 ·················································· 208
지역 공동체의 재확립을 위하여 ······································ 211
이 문제를 정치적 지성의 문제와 연결하는 것 ············· 212

■ 후기 ···················································································· 215
■ 부록 ···················································································· 224
    실천적 민주주의: 월터 리프먼의 『유령 같은 공중』에 대한 듀이의 서평
■ 역자 해제 ·········································································· 235
■ 찾아보기 ············································································ 265

• 일러두기 •
────────────────

1. 논문 또는 책의 일부분은 「 」로, 책은 『 』로, 잡지는 《 》로 표기했다.
2. 옮긴이 주는 [역주]로 표기했다.
3. 고유명사는 외래어 표기법에 따랐고, 일부는 옮긴이의 의도에 따랐다.
4. 본문 중 '[ ]'는 역자가 삽입한 것임.

## 역자 서문

　듀이의 이 책은 민주주의 공동체를 만드는 데서 가장 중요한 것이 공공성 및 공중을 포착하고 촉진하며 활성화시키는 일이라고 역설한다. 번역의 과정에서 우리나라의 현실은 아마도 듀이가 고민했던 당시의 미국보다 더 공공성이 침식되고 공중이 사라진 상태가 아닌가 하는 회의적인 의문을 떨칠 수 없었다. 우리 사회가 공공성과 공중에 관한 논의를 다시 시작하고 그럼으로써 참된 민주주의 공동체로 나아가는데 이 번역이 티끌만큼의 보탬이라도 되었으면 하는 심정이다. 우리는 소수의 탁월한 사람들보다는 평범한 다수의 대화와 협력이 우리 사회를 발전시키는 기본 원리가 되어야 한다는 것을 굳게 믿는다.

　듀이의 영어는 미국인 자신에게도 매우 낯설고 어려운 것으로 유명하다. 그렇다면 그것을 다른 나라의 언어로 번역하는 것은 더욱 더 어렵고 고통스런 일이 될 수밖에 없을 것이다. 번역을 마치고 다시 살펴보니 명불허전이라는 생각이다. 의미를 왜곡하지 않기 위해 직역한 부분이 많은데 오히려 그것이 독이 되어 글의 가독성을 떨어뜨리지 않았을까 걱정된다. 이제는 우리의 번역의 서투름과 불투명함을 뚫고 듀이의 본지에 도달하는 독자 제현의 노력과 수고로움에 마지막 기대를 걸어 보기로 한다.

1, 2, 3장은 정창호가, 4, 5, 6장은 이유선이 번역을 했고 나중에 서로의 번역을 읽고 수정했다. 역자해제에 이 책의 내용을 간략하게 요약했다. 역자해제가 독자에게 조금이라도 도움이 되기를 희망한다.

이 책이 나오기까지 도움을 주신 분들에게 감사의 말을 전하고 싶다. 먼저 이화여대에서 고전어를 강의하시는 김선희 선생님이 바쁜 와중에도 읽고 여러 가지 날카로운 지적을 해 주셨다. 고전어 공부가 갖는 저력을 저리도록 느끼게 해 주신 김선희 선생님께 감사드린다. 또한 지금 미국에서 유학 중이며 열심히 듀이를 읽고 있을 조경민 씨에게도 여러 가지 조언에 대해서 감사드린다. 물론 남아 있는 오역이나 불충한 번역은 전적으로 역자들의 책임이다. 소중한 번역의 기회를 준 한국연구재단 그리고 난삽한 원고를 묶어 표현과 형식을 가다듬고 번듯한 책의 모양을 만들어 주신 한국문화사의 편집자 이지은 님께도 감사드린다.

2014년 4월
역자.

| 서문 |

　이 책은 1926년 1월 한 달 동안 오하이오 주 캐니언 대학의 라윌 재단에서 했던 강연의 결과물이다. 그동안 내가 받았던 수많은 호의에 감사하며, 출판의 지연에도 불구하고 대학 당국이 보여준 관용에 대해서 감사의 마음을 전하고 싶다. 그동안 많은 세월이 지나는 동안 나는 원래 행했던 강연을 충분히 수정하고 또 확대할 기회를 얻었다. 내가 여기서 1926년 이후에 출간된 책들을 종종 언급할 수 있었던 것은 바로 이러한 정황에 기인한다.

존 듀이.

# 01 공공성[1]을 찾아서

## 국가의 본성에 관한 사실적 자료들과 이론적 해석들의 상이함

"사실"과 그것의 의미 사이에 놓여 있을 수 있는 거리를 실감하려면 사회적 논쟁의 현장을 둘러보면 된다. 많은 사람은 사실이 자신의 의미를 얼굴에 써 가지고 다닌다고 생각하는 듯하다. 사실을 충분히 수집하라. 그러면 그 의미가 저절로 눈앞에 나타날 것이다. 그들은 물리과학의 발전이 이런 생각을 확인해 준다고 생각한다. 그러나 어떤 신념을 갖게 하는 물리적 사실의 힘은 단순히 현상 그 자체에 속한 것이 아니다. 그 힘은 방법, 즉 연구와 계산의 기법에서 나온다. 집적된 사실 자체가 우리

---

[1] [역주] 이 책이 핵심 개념인 'the public'은 다양한 의미 맥락에서 사용될 수 있다. 그것은 공적인 것, 공공성, 공중, 공적 영역 등을 의미할 수 있다. 독일어 번역본은 공공성(Öffentlichkeit)으로 번역하였고, 일본어 번역본은 공중으로 번역하였다. 『듀이의 사회철학』을 쓴 김태길도 공중(公衆)으로 번역했다. 'the public'이 들어 간 국내의 문헌을 검색해 본 결과 역시 이 영어 단어는 공공성, 공적인 것, 공중 등의 번역어로서 사용되고 있음을 확인할 수 있었다. 역자들은 공공성을 주요 번역어로 택하고 문맥에 따라서 공중, 공적인 것, 공적 영역 등을 혼용하기로 한다. 예를 들어 '사적인 것'(the private)과 대조되어 쓰일 때에는 모두 공적인 것으로 번역했고, 사람들을 가리키는 것이 분명하면 '공중'으로 번역했다. 한편 이 모든 것을 포함하는 포괄적인 의미에서 사용될 때는 '공공성'이라고 번역했다. 그럼에도 이들 중 어느 하나로 결정하기 어려운 때도 종종 있었음을 밝혀 둔다.

에게 그 의미에 대한 어떤 특정한 이론을 받아들이도록 강요하지는 않는다. 적어도 우리가 그 사실들을 정돈할 수 있는 다른 어떤 학설을 전과 다름없이 유지하고 있는 한에서는 그러하다. 단지 사실들이 자유롭게 되어서 새로운 관점을 제시할 수 있게 될 때만 의미에 대한 확신에 어떤 중요한 전환이 일어날 수 있다. 물리학에서 실험 장치들과 수학적 기법을 제거하라. 그러면 원초적인 사실들이 동일하게 있다고 가정한다 해도, 인간의 상상력은 아무런 제약도 받지 않고 마음대로 해석이론들을 만들어 낼 것이다.

어쨌든 사회철학은 사실과 학설 사이의 거대한 격차를 잘 보여준다. 예를 들어 정치적 사실을 국가의 본성에 관한 기존의 이론과 비교해 보라. 연구자들이 관찰한 현상들, 예를 들면 군주, 대통령, 입법자, 판사, 보안관, 감사관 그리고 그밖에 모든 공무원의 사실적 행위에만 논의를 국한한다면 하나의 합리적 합의에 도달하기는 분명 그리 어렵지 않다. 이러한 의견일치를 국가의 토대, 본성, 기능 그리고 정당화에 관해 실존하는 의견 차이와 대조하라. 그리고 그 가망 없어 보이는 불일치를 보라. 사실의 나열이 아니라 국가에 대한 정의를 요구하는 순간 우리는 논쟁 속으로 또는 서로 반박하는 아우성의 메들리 속으로 빠져든다. 아리스토텔레스에서 나왔다고 주장하는 한 전통에 따르면 국가는 최고의 가능태 potency로 고양된 연대와 조화의 삶이다. 국가는 사회적 아치의 이맛돌[2]이면서 동시에 사회적 아치 그 자체이다. 다른 견해에 따르면 국가는 많은 사회적 기구 중의 단지 하나이면서, 여타 사회적 단위 사이의 갈등을

---

[2] [역주] 아치의 전체 구조는 모든 힘이 집중되는 이맛돌을 통해서 지탱된다. 우리말로 한다면 대들보의 역할을 하는 것이 이맛돌이다. 그러므로 듀이가 여기서 소개하고 있는 견해는 사회를 하나의 구조물로 비유할 때, 국가가 가장 핵심적인 역할을 한다는 국가 지상주의 이론인 듯하다. 물론 듀이는 이와 다르게 생각한다.

중재하는 제한적이지만 중요한 기능을 한다. 모든 집단은 어떤 적극적인 인간적 관심에서 생겨나고 또 그것을 실현한다. 예를 들어 교회는 종교적 가치에서, 길드와 노동조합 그리고 회사는 물질적인 경제적 이해관계에서 생겨나고 또 그것을 실현한다. 그러나 국가는 자체적인 관심을 두지 않는다. 국가의 목적은 오케스트라의 지휘자처럼 형식적이다. 지휘자는 아무 악기도 연주하지 않고 음악을 만들지도 않지만 음악을 만드는 다른 연주자들이 서로 통일을 이루도록 하는 데 기여한다. 세 번째 견해에 따르면 국가는 조직된 억압이며, 사회적 부산물로서 기생충이자 폭군이다. 네 번째 견해는 국가는 개인들이 서로 너무 심하게 싸우지 않도록 막는 다소 투박한 도구라고 주장한다.[3]

이런 다양한 견해의 더 세분된 아류와 그것의 근거를 살펴보면 혼란은 가중된다. 어떤 철학에서 국가는 인간적 연합association의 정점이자 완성이고 명확히 인간적인 모든 능력이 최고도로 실현된 결과이다. 이 견해는 처음에 생겨나던 당시에는 나름대로 적합성이 있었다. 그것은 고대 그리스의 도시국가에서 발전되었다. 도시국가에서는 완전히 자유로운 사람이 되는 것과 연극, 스포츠, 종교, 공동체의 통치에 참여하는 시민이 되는 것은 같은 의미였다. 이 견해는 아직도 존속하고 현대의 국가에

---

[3] [역주] 여기서 듀이는 당시의 다양한 국가 이론을 크게 네 개의 범주로 나누어 설명하고 있다. 첫째 견해는 신토마스주의 전통을 염두에 두고 있는 것으로 보인다. 아리스토텔레스는 국가를 모든 사람이 행복하게 살 수 있는 사회 구조와 질서를 마련하는 데 반드시 필요한 자기충족인 사회라고 보았고, 이런 입장은 중세의 토마스 아퀴나스를 거쳐 듀이가 살았던 19세기 후반의 신토마스주의에서 계승, 발전되었다. 두 번째 견해는 국가의 적극적 기능을 부인하고 사회의 여러 요소 간의 질서를 유지하는 형식적 기능만을 부여한다는 점에서 자유주의적 국가론에 해당된다. 세 번째는 주로 무정부주의적 국가 이론에 해당되는데, 부분적으로는 일부 사회주의 계열의 국가론도 이런 경향을 담고 있다. 네 번째는 국가를 홉스처럼 인간의 무제한적인 이기적 충동을 제어하려는 수단으로 보거나 로크처럼 사적 소유권의 보호라는 측면에서 이해하는 사회계약론적 입장을 가리킨다.

적용된다. 다른 견해는 국가를 교회와 결부시켜, 사람 사이의 외적인 질서와 예법을 유지하는 신의 세속적인 팔로 간주한다(이 견해의 한 변종은 국가를 교회보다 한 단계 아래에 위치시킨다). 오늘날의 어떤 이론은 이성과 의지의 관념을 빌려 오고 또 그것을 확대 과장함으로써 국가와 국가의 활동을 이상화한다. 거기서 국가는 개인과 집단에서 발견할 수 있는 욕망과 목적을 훌쩍 뛰어 넘는 의지와 이성의 객관화된 표현으로 나타난다.

## 이론들의 실천적 함의

그러나 여기서 정치적 학설들의 백과전서나 역사를 쓰려는 것은 아니다. 그래서 정치적 행동의 사실적 현상과 그것의 의미에 대한 해석 사이에서 공통의 근거가 거의 발견되지 않았다는 주장을 예증하려고 한 위에서의 임의적인 작업을 이만 중단하기로 한다. 막다른 골목에서 벗어나는 하나의 길은 어쩌면 의미와 해석이라는 문제 전체를 정치 과학과는 다른 학문인 정치철학에 위임하는 것이다. 그러나 그와 동시에 쓸데없는 사변이 모든 철학의 동반자라는 사실이 지적될 수 있을 것이다. 따라서 그런 식의 학설을 모두 던져버리고 검증을 통해 확인할 수 있는 사실에 충실히 따르는 것이 중요할 수 있다.

이 치료책은 단순하고 매력적이다. 그러나 그것을 적용하는 것은 불가능하다. 정치적 사실은 인간의 욕망과 판단의 외부에 있는 것이 아니다. 현존하는 정치적 기관agencies[4]과 형태의 **가치**에 대한 우리의 평가를 변화

---

[4] [역주] 이 책에서 듀이가 자주 사용하고 있는 'agency'라는 용어는 한국어로 번역하기 어려운 단어에 속한다. 사전적 의미는 작용, 작용의 원인, 주선, 매개, 대리, 대리

시키면, 그와 함께 정치적 기관과 형태 자체도 많든 적든 변화한다. 정치철학의 다양하고 상이한 이론은 그들이 해석하려는 사실에 대해 외적으로 생겨나는 것이 아니다. 그것은 사실 중에서 선별된 요인의 확충이다. 변화가능하고 또 실제로 변화하는 인간의 습관이 정치적 현상을 뒷받침하고 또 생겨나게 한다. 이런 습관은 오로지 추론된 목적과 숙고된 선택에 따라서만 형성되는 것이 아니다. 전혀 그렇지 않다. 오히려 추론된 목적과 숙고된 선택이 많든 적든 습관에 순응한다. 어떤 집단은 정치적 습관을 공격하고 또 변화하게 하는 일에 끊임없이 몰두한다. 반면 다른 집단은 그것을 적극적으로 지지하고 정당화한다. 그렇다면 우리가 **사실**에 충실히 따르면 되고 **권리의 문제**를 제기하는 일은 하지 않아도 된다고 상정하는 것은 단지 허풍일 뿐이다. 권리의 문제란 '어떤 권리에 의해서인가'라는 문제이며 정당성의 문제이다. 이런 문제는 일종의 성장을 계속해서 국가 자체의 본성에 관한 문제로까지 나아간다. 그러므로 우리 앞에 놓여 있는 대안은 사실에 의해 제한된 과학도 아니고 그렇다고 통제되지 않은 사변도 아니다. 우리는 맹목적이고, 비이성적인 공격과 방어 그리고 지성적인 방법과 의식적인 기준을 적용하는 분별력 있는 비판 중에서 한 가지를 선택해야 한다.

수리 및 물리과학의 명성은 위대한데, 그것은 당연한 일이다. 그러나 한편으로 인간의 욕망과 노력에 상관없이 존재하는 사실과 다른 한편으로 어느 정도 인간의 관심과 목적 때문에 그렇게 존재하며 또 그것의 변화와 함께 바뀌는 사실 간의 차이는 어떤 방법론으로도 제거할 수 없다. 우리가 진지하게 사실에 호소하면 할수록 인간의 활동을 조건짓는

---

점, (정부의) 기관이나 청(廳) 등을 포괄한다. 여기서는 정치적 기관으로 옮겼지만, 맥락에 따라 다른 역어를 사용하기도 하였다.

사실과 인간의 활동에 의해 조건지어지는 사실 간의 차이는 더욱더 중요해진다. 우리가 이 차이를 무시하면 사회과학은 그만큼 사이비과학이 된다.[5] 제퍼슨과 해밀턴[6]의 정치사상은 미국의 정치 행동의 사실과 분리되어, 단지 인간 정신 속에 살고 있는 이론이 아니다. 그들의 정치사상은 그러한 사실 중에서 선택된 국면과 요인을 표현할뿐 아니라 그 이상의 어떤 것이다. 말하자면 그들의 사상은 정치 행동의 사실을 형성해 온 것이며 미래에도 그것을 이런저런 방식으로 형성해 가려고 여전히 다투고 있는 힘들이다. 국가를 개인들이 이미 가진 권리를 보호하는 수단으로 간주하는 국가이론과 국가의 기능이 개인 간에 좀 더 공평하게 권리가 분배되도록 하는 데 있다고 간주하는 국가이론 간에는 사변적인 차이 이상의 차이가 개재한다. 왜냐하면 국가이론은 의회의 입법가들과 법원의 판사들에 의해서 채택되고 적용되며 그래서 후속되는 사실들 자체에

---

[5] [역주] 여기서 듀이는 사회과학과 수리 및 물리과학의 차이에 대해 중요한 언급을 하고 있다. 이 부분을 잘 읽어 보면 듀이가 자연과학의 방법을 절대화하여 스스로 과학주의에 빠지게 되었다는 비판은 초점을 빗나간 것임을 알 수 있다. 그의 '반성적 사고'(reflective thinking)는 물론 자연과학에서 모델을 얻어 왔다고 할 수는 있지만, 이것을 단지 자연과학의 방법론과 같은 것으로 생각하는 것은 듀이를 오해한 것이다. 왜냐하면, 여기서 듀이는 "인간의 욕망과 노력에 상관없이 존재하는 사실들"과 "어느 정도 인간의 관심과 목적 때문에 그렇게 존재하며 또 그것의 변화와 함께 바뀌는 사실들" 간의 차이를 강조하며 또한 양자의 차이를 제거할 수 있는 방법은 없다고 주장하고 있기 때문이다. 이런 의미에서 볼 때, 듀이는 경험에 대한 환원주의적인 생각을 거부하며, 경험을 전체론적으로 이해한다. 경험의 개념에 대한 이러한 차이가 듀이를 과학주의와 구별 짓는다. 듀이의 경험개념에 대한 설명은 『민주주의와 교육/철학의 개조』(존 듀이, 동서문화사, 2008) 제11장 「경험과 생각」참조.

[6] [역주] 토머스 제퍼슨(Thomas Jefferson, 1743~1826)은 미국의 민주 공화론자로서 제3대 대통령이며 미국독립선언문의 초안을 주도적으로 작성했고 미국 국가론에 가장 큰 영향을 미친 인물로 평가된다. 알렉산더 해밀턴(Alexander Hamilton, 1757~1804)은 제퍼슨과 마찬가지로 미국 건립의 아버지 중 하나이지만, 보수층의 이익을 대표하는 정치이론을 제시하였고, 제퍼슨과 미국의 국시를 둘러싼 논쟁을 벌인 것으로 유명하다.

차이를 만들어내기 때문이다.

나는 아리스토텔레스, 스토아주의, 성 토마스, 로크, 루소, 칸트와 헤겔의 정치철학이 갖는 실천적 영향이 현실적 상황조건의 영향에 비해서 자주 과장되어 왔다는 사실을 믿어 의심치 않는다. 그러나 그것의 합당한 효력을 때때로 제기하는 논거, 즉 관념은 무력하다는 주장에 입각해서 부인하는 것은 잘못이다. 왜냐하면, 관념은 몸을 가진 인간 존재에 속하는 것이며, 관념을 떠올리는 부분과 행동을 수행하는 부분의 구조와 과정 사이에는 어떠한 분리도 없기 때문이다. 뇌와 근육은 함께 일하며, 또한 사회과학에 대해서 인간의 두뇌는 근육 체계와 감각기관보다 훨씬 더 중요한 자료이다.

여기서 정치철학에 대한 논의를 하려는 것은 아니다. 정관사 "The"를 앞에 달고 있는 대부분의 개념이 그렇듯이 국가라는 개념도 너무 경직되어 있고 또 논쟁에 너무 연루되어 있어서 바로 손쉽게 이용할 수 있는 것이 아니다. 그것은 정면 돌파보다는 측면 공격으로 더 쉽게 접근할 수 있는 개념이다. 우리가 "국가"라는 단어를 언급하는 순간 수많은 지적 유령이 나타나 우리의 시야를 흐리게 한다. 의도하지도 눈치 채지도 못하는 사이에 "국가"라는 개념은 우리를 다양한 관념 사이의 논리적 관계에 대한 숙고로 슬그머니 이끌고 가서 인간 행동의 사실에서 멀어지게 한다. 그러므로 가능하면, 후자, 즉 인간행동의 사실에서 출발하고, 그럼으로써 우리가 정치적 행동을 특징짓는 특징과 표지를 함축하고 있음이 밝혀질 어떤 것의 관념[7]으로 인도되는지 살펴보는 편이 더 낫다.

---

[7] [역주] 여기서 어떤 것의 관념이란 구체적으로 말하자면 국가의 관념이다. 이 문장에서 보듯이 듀이는 사실에서 출발해서 관념으로 나아가는 경험론적 또는 실재론적인 논의 방식을 선호한다. 그러나 듀이도 인정하듯이 이런 논의 방식은 별로 새로울 것이 없다. 듀이의 논의방식의 새로운 측면은 바로 이어지는 부분에서 분명히 드러

## 인과적인 기원의 관점에서의 이론들

이러한 접근 방법은 전혀 새로운 것이 아니다. 그러나 출발점을 어디로 선택하느냐에 매우 많은 것이 걸려있다. 또한 출발점의 선택이 결국에 가서 국가가 **어떠해야 하는가**를 말하기 위함인가 아니면 국가가 **실제로** 무엇인가를 말하기 위함인가 하는 것에도 많은 것이 걸려있다. 우리가 전자에 너무 관심을 쏟으면 자기도 모르게 이미 예정된 논점을 끌어내려고 선택한 사실을 조작할 가능성이 높다. 우리가 출발점으로 삼아서는 안 될 인간 행동의 국면은 직접적인 인과적 힘이 부여되는 국면이다. 우리는 국가를 형성하는 힘을 찾아서는 안 된다. 그런 힘을 찾으면 신화에 빠지기 쉽다. 인간은 정치적 동물[8]이라고 말하면서 국가의 기원을 설명하는 것은 언어적 순환 속에서 여행하는 것이다. 그것은 종교를 종교적 본능에, 가족을 모성애와 부성애에, 언어를 인간에게 부여된 천부적인 언어적 소질에 기인한다고 설명하는 것과 마찬가지다. 그런 이론은 설명되어야 할 결과들을 소위 인과적 힘을 통해서 다시 반복하고 있을 뿐이다. 그것은 인간을 잠들게 하는 아편의 악명 높은 효력은 아편의 잠들게 하는 힘 때문이라는 설명과 매 한 가지이다.

---

난다. 즉 듀이는 인과론적인 방식에 의해 국가의 특성과 의의를 설명하려는 시도를 비판한다. 듀이는 어떤 행동(예를 들면 국가의 건설)의 가설적이고 직접적인 원인(예를 들면 사회적 동물)에서 시작하지 않고 실제로 수행되는 행동들(예를 들면 인간 간의 사회적 관계)에서 시작해서 그 결과(예를 들면 국가의 성립)를 고찰하려 한다.

[8] [역주] 아리스토텔레스는 그의 『정치학』 3권 6장에서 인간의 본성을 '정치적 동물(Zoon politikon)'이라고 정의했다. 이 '정치적 동물'의 개념은 아리스토텔레스의 목적론에 기초를 두고 있다. 모든 존재에 내재하는 목적(telos)은 각 개별 존재의 목표와 그 목표의 완성을 제시한다. 인간의 목적은 '좋은 삶'을 이루는 것인데, 아리스토텔레스에 따르면 이 좋은 삶은 오직 사회적 관계, 즉 도시국가 안에서만 실현될 수 있다.

이런 경고는 가공의 존재를 향한 것이 아니라, 국가 또는 다른 사회적 제도를 단순한 '심리학적' 자료에서 이끌어내려는 시도를 겨냥한 것이다. 사회적 조직화 social arrangements를 설명하기 위해서 집단본능에 호소하는 것이 그런 나태한 오류의 대표적인 예이다. 인간은 마치 수은 방울들처럼 서로 우연히 마주치면서 점점 더 큰 덩어리를 이루는 것이 아니다. 만약 그렇다면, 그 결과는 국가나 그밖에 어떤 방식의 인간적 연합체도 아닐 것이다. 그 유명한 군집성이든 공감이든 상호의존의 감각이든 또는 지배나 굴종과 예속이든 이런 본능은 기껏해야 두루뭉술한 일반적 설명일 뿐 특수하고 세세한 것에 대해서는 아무것도 말해주지 않는다. 거기에는 더 나아가 심각한 문제점이 있다. 그 문제점은 원인으로서 제시된 저 추정된 본능과 자연적 소질은 그것이 설명한다고 생각되는 바로 그 사회적 조건에 의해서 이미 행위 및 기대의 습관으로 형성된 생리적 경향을 표현하고 있다는 사실이다. 무리 속에서 생활하는 사람들은 자신의 집단에 대한 애착을 발전시킨다. 의존적으로 생활한 아이들은 의존과 복종의 습관이 있는 사람이 된다. 열등감은 사회적으로 얻어지며 과시와 우월의 '본능'은 그것의 다른 얼굴이다. 새의 기관이 지저귐을 유발하듯이, 발성에서 생리적으로 드러나는 구조적인 기관이 있다. 그러나 개의 짖음과 새의 지저귐은 그런 타고난 성향이 언어를 만들어내는 것은 아니라는 점을 증명하기에 충분하다. 언어로 전환되려면 타고난 발성은 유기체적인 그리고 동시에 유기체 외적 또는 환경적인 외재적 조건에 의해서 변형되어야 한다. 그것은 단지 자극이 아닌 형성이라는 점을 지적해야 한다.[9] 어린 아기의 울음은 물론 순수하게 유기체적인 측면에서 서술될

---

[9] [역주] 아동의 언어 발달에서 외재적 조건은 단지 이미 있는 것을 발현시키는 자극에 그치는 것이 아니라 더 적극적으로 그것을 구성하고 형성하는 역할을 행하고 있다는 뜻이다. 이러한 형성하는 기능을 하는 외재적 조건이 있어서 인간은 언어를

수 있지만, 그 울부짖음이 명사나 동사로 되는 것은 오로지 다른 사람의 반응적 행위를 불러내는 결과에 의해서이다. 이 반응적 행위는 양육과 보살핌의 형태를 취하는데, 이것은 다시 전통, 관습 그리고 사회적 패턴에 의존한다. 어째서 지도하고 가르치는 본능뿐 아니라 영아살해의 '본능'을 가정하지 않는가? 또는 여아는 내버리면서 남아는 보살피는 '본능'을 가정하지 않는가?[10]

그런데 우리는 이런저런 종류의 사회적 본능에 호소하는 것보다 덜 신화적인 형태의 논증을 취할 수도 있다. 즉 광물이나 식물과 마찬가지로 동물의 행동은 그들의 구조와 연관되어 있다는 논증방식을 취할 수 있다. 네발동물들은 뛰고, 벌레는 기고, 물고기는 헤엄치고 새는 난다. 그들은 그렇게 만들어졌다. 그것이 "동물의 본성"이다. 동물의 몸의 구조와 활동 사이에 뛰고, 기고, 헤엄치고, 나는 본능을 삽입한다고 해도 새롭게 얻어지는 것은 아무것도 없다. 인간들이 서로 합치고, 모이고, 사귀고, 협력하게 하는 유기체적인 조건은 다른 동물들을 떼로, 패거리로 그리고 무리로 결합하게 하는 조건과 다를 바 없다. 그리고 집단적 연결과 합병에서 인간과 동물에게 공통되는 점을 서술할 때는 인간적 연합체에서 보이는 독특한 인간성이 드러나지 않는다. 물론 그런 구조적 조건과 활동은 인간 사회의 필요조건일 수 있다. 그러나 그것은 무생물에서 드러나는 견인과 반발도 마찬가지다. 동물학뿐 아니라 심지어는 물리와 화학도 인간이 서로 연합하는 데 필요한 조건 중 일부를 우리에

---

배울 수 있다.
[10] [역주] 듀이는 어떤 행위의 '본능' 또는 '경향성'에 의해 사태를 설명하는 태도가 갖는 문제점을 반어법적으로 비판하고 있다. 즉 본능이나 경향성은 그 사회의 전통, 관습, 패턴 등에 따라서 다양한 형태로 등장하는 것이기 때문에, 거기에 근거해서 사태를 설명하는 것은 마차를 말의 앞에 매다는 격이다. 듀이는 이런 태도를 취하는 사람들에게 왜 '영아살해'나 '남아선호'의 본능은 말하지 않느냐고 비꼬고 있다.

게 알려 줄 수 있다. 그러나 그것은 인간의 공동체적 삶과 그 형식이 성립하는 데 **충분한** 조건을 우리에게 제공하지 못한다.

### 지각된 결과들의 관점에서의 이론

어쨌든 우리는 수행하는 행동에서 시작해서 그 결과를 고찰해야지 그 행동의 가설적 원인에서 시작해서는 안 된다.[11] 동시에 우리는 어떤 결과를 그 결과를 낳은 활동과 연관해서 바라보는 관찰력 또는 지성을 도입해야 한다. 그리고 그것을 도입해야만 한다면, 세관원, 즉 독자와 우리 자신도 모르게 밀수입하기보다는 공공연하게 도입하는 편이 낫다.[12] 그럴 때 우리는 모든 인간 활동은 다른 많은 것에 영향을 미치며 그 결과 중 일부가 지각된다는 사실[13] 그리고 이런 지각은 어떤 결과는 확보하고 다른 결과는 회피하기 위해서 행동을 통제하려는 후속적인 노력으로 이끈다는 객관적 사실에서 출발한다. 이런 단서를 따라갈 때 우리는 인간 활동의 결과에는 두 가지 종류, 즉 직접적인 교류 당사자들에게만 영향을 미치는 것과 직접적으로 관계된 사람들 이외의 사람들에게까지 영향을 미치는 것이 있다는 사실을 알아차리게 된다. 이런 구별 속에서 우리

---

[11] [역주] 이 문장은 듀이의 프래그머티즘 정치철학의 기본적 방법론을 한마디로 표현하고 있다. 듀이는 이 책에서 시종일관 '공공성'에 대한 탐색은 이렇게 구체적인 인간들이 수행하는 행동과 그 결과를 고찰하는 속에서 진행되어야 한다는 점을 강조하고 있다. 이것을 한마디로 하면 '실험주의적 방법'이라고 할 수 있다.

[12] [역주] 이 문장이 뜻하는 바는 이어지는 문장에서 드러난다. 듀이는 국가의 기원을 설명하기 위해 어떤 특별한 지성을 도입하지 않고(즉 '밀수입'하지 않고), 사람들이 자신의 활동결과에 대해 취하는 지성적인 반응으로부터 출발하고 있다.

[13] [역주] 즉 우리가 우리의 행동이 초래한 모든 결과를 일일이 파악할 수는 없다. 우리가 파악할 수 있는 것은 그 중 일부분일 뿐이다.

는 사적인 것과 공적인 것 간의 차이의 근원을 발견한다.[14] 간접적인 결과가 분명하게 지각되고 그것을 규제하려는 노력이 등장할 때 국가의 특성이 있는 어떤 것이 생겨난다. 어떤 행동의 결과가 주로 직접 거기에 관여한 사람들에게만 한정되거나, 한정된다고 생각될 때, 교류는 사적인 것이다. 갑과 을이 함께 대화를 할 때 그 행동은 교호작용trans-action이다. 두 사람은 거기에 관여하고 있다. 말하자면 행위의 결과가 한 사람에서 다른 사람에게로 이전된다. 한 사람 또는 다른 사람 또는 양자 모두가 거기서 도움을 얻을 수도 해를 입을 수도 있다. 그러나 이득과 손해의 결과가 갑과 을을 넘어서 확대되지는 않는다고 생각된다. 행위는 그들 사이에 놓인다. 다시 말해 사적이다. 그러나 대화의 결과가 직접적으로 관여하는 두 사람을 넘어서 확장되고 또 많은 다른 사람의 복리에 영향을 미친다는 것이 밝혀지면, 그 행위는 공적인 능력을 획득한다. 그 대화가 왕과 총리에 의해서 행해졌든 또는 카탈리나[15]와 공모자에 의해서 행해졌든 또는 시장을 독점하려 모의하는 상인들에 의해서 행해졌든 그것은 상관없다.[16]

그러므로 사적인 것과 공적인 것의 구별은 개인적인 것과 사회적인 것의 구별과 동일한 것이 아니다. 물론 우리는 후자의 구별도 나름대로 분명한 의미가 있다고 믿는다. 많은 사적인 행위는 사회적이며 그것의

---

[14] [역주] 바로 여기에 듀이의 공공성 이론 또는 사회, 정치 철학의 근본적 토대가 놓여 있다. 즉 모든 직접적 원인이나 동인을 제거하고 국가 또는 공공성의 성립을 고찰할 때, 우리는 인간 행동의 결과가 당사자 사이에 머무르는 경우와 당사자를 넘어서 다수의 다른 사람들에게도 영향을 미치는 경우를 구별하게 된다. 공공성은 후자의 결과들을 통제해야 할 필요성 때문에 생겨났다는 것이 듀이의 핵심적 논제이다.

[15] [역주] Lucius Sergius Catilina(108~62 B. C.) B. C. 1세기 로마시대 정치가였으며, '카탈리나의 모반'으로 잘 알려져 있다. 그는 로마 공화정 특히 귀족 원로원의 권력을 전복시키려 했다.

[16] [역주] 대화의 주체가 공인이냐 사인이냐는 아무런 상관이 없다는 말이다.

결과는 공동체의 복리에 기여하거나 공동체의 현재 상태와 전망에 영향을 미친다. 넓은 의미에서 보면, 두세 사람 사이에서 의도적으로 행하는 모든 교류는 사회적 성질을 갖는다. 그것은 연합된 행위의 한 형태이며 그 결과는 계속해서 연합체에 영향을 미칠 수 있다. 대규모 공동체에서조차 한 인간은 사적인 일을 수행함으로써 다른 사람에게 봉사할 수 있다. 애덤 스미스[17]가 말했듯이 아침 식탁은 인간애나 공적 정신에 의해서보다는, 사사로운 이익을 위해서 사적인 업무에 종사하는 농부, 식료품 상인과 푸줏간 주인의 활동의 수렴적 결과에 의해서 더 잘 차려질 수 있다는 것은 어느 정도 참이다. 공동체가 예술작품이나 과학적 발견을 공급받아 온 것은 사적인 개인들이 그런 활동을 하는 데서 개인적인 기쁨을 얻기 때문이다. 궁핍한 사람들이나 전체 공동체가 도서관, 병원, 교육시설의 기증에 의해 도움을 얻도록 행동하는 사적인 박애주의자들이 있다. 간단히 말해서 사적인 행동은 간접적 결과에 의해서도 직접적 의도에 의해서도 사회적으로 가치 있게 될 수 있다.

### 사적 영역과 공적 영역의 구별

따라서 어떤 행동의 사적인 특성과 비사회적 또는 반사회적 특성 간에 필연적 연관은 없다. 또한 공적인 것은 사회적으로 유용한 것과 동일시될 수 없다. 정치적으로 조직화된 공동체의 가장 정규적인 활동 중

---

[17] [역주] 애덤 스미스(1723~1790)는 영국의 도덕 철학자이자 계몽주의자이며 『국부론』을 저술하여 고전적인 국민경제학의 기초를 놓았다. 모든 사람이 자유롭게 각기 자신의 사적인 이익을 추구하는 상태에서 국가의 부가 가장 효과적으로 증대할 수 있다는 자유방임주의의 입장을 취했다.

하나는 예나 지금이나 전쟁을 수행하는 것이다. 가장 호전적인 군국주의자조차도 모든 전쟁이 사회적으로 유익하다고 주장하지 않을 것이다. 또는 어떤 전쟁은 너무나 심하게 사회적 가치를 파괴해서 일어나지 않았더라면 훨씬 더 좋았으리라는 것을 부정하지 않을 것이다. 공적인 것과 좋은 의미에서의 사회적인 것 간의 불일치에 대한 논거는 전쟁의 예에만 의존하는 것이 아니다. 생각건대 정치적 행위에 완전히 매혹된 나머지 지금까지 정치적 행위가 단견적이고 어리석고 유해했던 적은 없었다고 주장할 사람은 없을 것이다. 어떤 사람들은 사회적 손실은 개인들이 사적인 능력으로 할 수 있는 일을 대신하는 공적인 기관에서 초래된다는 가정에서 출발해야 한다고 주장한다.[18] 더 많은 사람은 특수한 공적 활동은, 그것이 금주법이든 보호관세이든 먼로독트린[19]에 부여된 확대된 의미이든, 사회에 위협적이라고 항의한다. 사실 모든 심각한 정치적 논란은 주어진 정치적 행동이 사회적으로 유익한가 아니면 유해한가의 문제를 둘러싸고 일어난다.

행동을 사적으로 수행한다고 해서 반사회적 또는 비사회적이 아니듯이 공적 주체에 의해 공공성의 이름으로 행한다고 해서 반드시 사회적으로 가치 있는 것은 아니다. 이런 논증은 우리에게 아주 많은 것을 말해주지는 않지만, 적어도 공동체와 그 이익을 국가 또는 정치적으로 조직된 공동체와 동일시하지 않도록 경고한다. 그리고 위의 차별화는 앞에서 주장한 명제를 좀 더 우호적으로 바라보도록 할 수 있다. 그 명제는 사적

---

[18] [역주] 무정부주의자들을 지칭한다.
[19] [역주] 먼로독트린(Monroe-doctrin)은 미국 대통령 먼로가 1823년의 의회연설에서 표방한 미국의 장기적 외교정책을 가리킨다. 여기서 먼로는 미합중국이 유럽 열강에게서 독립된 지위를 획득했음을 분명히 했고, 미국은 앞으로 유럽의 갈등과 분쟁에 개입하지 않겠다고 선언했다. 그러나 먼로독트린은 미국의 영토 확장의 욕심을 반영한다든지, 먼로의 재선을 위한 정치적 야심의 표현이라는 등의 비판을 받기도 하였다.

인 것과 공적인 것 사이의 구분선은 금지나 촉발을 통해서 통제할 필요가 있을 정도로 중요한 행동의 결과가 어디까지인가에 기초해서 그어져야 한다는 것이다.[20] 우리는 사설 건물과 공공건물, 사립학교와 공립학교, 사유로私有路와 공유도로, 사유재산과 공공기금, 사인과 공무원을 구별한다. 이런 구별에서 우리는 국가의 본성과 직무에 대한 열쇠를 찾을 수 있다는 것이 나의 주장이다. "사private"가 어원적으로 "관official"에 대립하며 그래서 사인私人은 공적인 직위를 갖지 않은 사람으로서 규정된다는 것은 의미심장하다.[21] 공중은 교류의 간접적 결과에 의해 영향을 받는 사람들로 구성되어 있으므로, 그 결과를 체계적으로 감독할 필요가 있다고 생각하는 것이다. 공무원은 그렇게 영향을 받는 이해관계를 추적하고 보살피는 사람들이다. 간접적으로 영향 받는 사람들은 문제의 교류활동에 직접적으로 참여하는 사람들이 아니기 때문에 따로 사람을 정해서 자신들을 대리하도록 하고 또 자신들의 이익이 보존되고 보호되도록 감독하는 일이 필요하다. 이러한 직무의 수행에 포함되는 건물, 재산, 기금 그리고 다른 물리적 자원들이 바로 공적인 것(공화국 res pulbica) 또는 공공의 부(국가common-wealth)이다. 인간들 사이의 교류가 낳은 광범위하고 지속적인 간접적 결과를 감독하도록 공무원들과 실질적인 기관에 의해 조직되는 한 공중은 국민Populus[22]이다.

---

[20] [역주] 여기서 듀이는 개인적인 행위와 사회적인 행위의 구분을 짓는 것은 결코 쉽지 않지만, 사적인 것과 공적인 것의 구분선은 분명하게 그어질 수 있음을 주장하려 하고 있다. 사적인 것은 교류행위의 결과가 교류 당사자에게만 한정되는 경우이고, 반면 공적인 것은 교류 행위의 결과가 당사자를 넘어서 다른 여러 사람에게까지 심각한 영향을 미치는 상황을 표시한다. 이러한 공적인 것 또는 공공성의 출현에 기초해서 공무원, 공화국(res publica), 국민이 등장하게 된다.

[21] [역주] 사인(私人)을 뜻하는 private는 어원적으로 privative (결성, 결핍)와 근원이 같다. '빼앗다'를 뜻하는 deprive도 같은 어원에서 나왔다. 따라서 '사인'은 어원에 따라서 볼 때 '공직'을 갖지 않은 사람으로 이해될 수 있다.

주지하듯이, 공동체 구성원들의 인격과 재산을 보호하고 그들이 겪는 부당함을 시정하기 위한 법적 대리주체가 항상 존재한 것은 아니다. 법적 제도는 자조권自助權이 통용되던 원시 시대[23] 이후에 파생되어 나온 것이다. 그때 어떤 사람이 침해를 당하면 보상을 얻기 위해 무엇을 할 것인가는 전적으로 그 사람 개인에게 달려 있었다. 타인에게 손해를 입히는 것과 받은 손해에 대한 벌칙을 강요하는 것은 사적인 교류활동이었다. 그것은 직접적으로 관여된 사람들의 일이었지 다른 누구의 직접적인 관심사도 아니었다. 그러나 손해를 입은 쪽은 기꺼이 친구와 친척의 도움을 얻었고 공격자도 마찬가지였다. 따라서 분쟁의 결과는 직접적으로 관여된 사람들에만 한정되어 지지 않았다. 집단 간의 원한 관계가 생겨났고 유혈분쟁은 수많은 사람을 연루시키고 또 여러 세대에 걸쳐 지속될 수도 있었다. 이런 광범위하고 오랜 분규와 그것이 전체 가문에 초래하는 해악을 알아차리면서 공공성ª public이 등장했다. 이제 교류행위는 직접적인 당사자들만의 관심사가 아니게 되었다. 간접적으로 영향을 받는 사람들은 공중을 형성했는데, 이들은 다툼의 확산을 방지하는 타협이나 다른 평화적 수단을 만들어 냄으로써 자신의 이익을 보존하는 조처를 했다.

이런 사실들은 단순하고 우리에게 친숙하다. 하지만 국가와 국가의

---

[22] [역주] 라틴어로서 민족, 대중, 사람들, 하층민 등을 의미한다. 여기서는 국민 또는 백성의 뜻으로 쓰이고 있다.

[23] [역주] 이런 상태는 근대의 사회 계약론자들이 묘사하고 있는 자연 상태에서 전형적으로 나타난다. 자연 상태에서는 어떤 법적인 보호 장치도 존재하지 않으므로 모든 사람은 자신의 생명과 재산을 스스로 방어할 권리가 있고, 또 자신의 생명과 권리를 침해한 자에게 사적으로 처벌을 가할 수 있는 권리가 있었다. 이러한 상태는 사회계약을 통한 사회 상태의 성립을 통해서 종식된다. 존 로크, 『시민정부론』(연세대 출판부 1988) 제2장 참조.

수행기관과 공무원을 정의하는 특징이 거기에 맹아적인 형태로 제시되어 있는 듯하다. 이 사례는 국가의 본성을 직접적인 원인 요소들에 의해 규정하려는 것은 오류라고 주장했을 때 내가 생각했던 바를 잘 설명해 준다. 그것의 핵심은 행위의 지속적이고 광범위한 결과들과 관계되어 있다. 모든 행위는 궁극적으로 분석해 보면 개별적인 인간들을 통해서 진행되며, 그것의 불미스러운 결과에 대한 지각은 일정한 공통의 관심과 이익을 만들어 낸다. 그리고 이 공통의 관심과 이익은 자신의 유지를 위한 조처와 규칙들을 요구하고 또 수호자, 해석자 그리고 필요하면 처형자가 될 사람들의 선발을 요구했다.

만약 위에서 한 설명이 일단 올바른 방향에 서 있다면 그것은 이미 언급한[24], 정치적 활동의 사실과 국가의 이론 사이어 놓인 간극을 설명한다. 사람들은 엉뚱한 곳을 들여다보고 있었다. 그들은 국가의 본성을 밝힐 열쇠를 수행 주체의 영역에서, 근원적 행위자의 영역에서 또는 행위의 배후에 있는 의지나 목적에서 찾았다. 그들은 국가를 '작자' 作者, authorship의 측면에서 설명하려 했다. 그러나 결국 모든 숙고된 선택은 어떤 개인들에서 나온다. 행동은 누군가에 의해 행해지며, 모든 준비와 계획은 가장 실제적인 의미에서 "누군가"에 의해서 수행된다. 모든 교류활동에는 어떤 익명의 갑과 을이 참여하고 있다. 따라서 공공성을 자발적으로 행위하는 [단일한] 창시자의 측면에서 찾으려 한다면 우리는 그것을 절대로 발견하지 못할 것이다. 어떤 갑이라는 사람과 그와 같은 부류의 사람들이 밀을 경작할 것인지 그리고 얼마나 많이 경작할 것인지, 돈을 어디에 어떻게 투자할 것인지, 어떤 도로를 건설하고 또 여행할지,

---

[24] [역주] 듀이는 이 제1장의 서두에서 사실과 그 의미 간의 괴리를 언급하는 것으로 논의를 시작하였다. 특히 정치철학의 영역에서는 하나의 동일한 사태 - 예를 들면 국가 - 에 대해서 수많은 다양한 해석과 이론이 제기됨을 볼 수 있었다.

전쟁을 수행할 것인지 또 한다면 어떻게 할지, 어떤 법률을 통과시키고 어떤 법에 복종하거나 불복종할 것인지 결정한다. 개인들의 숙고된 계획적 활동에 대한 실제적 대안은 공중에 의한 행동이 아니다. 그 대안은 마찬가지로 개인에 의해 수행된 판에 박히고 충동적인 또는 그 밖의 다른 무반성적인 행동들이다.

개별적 인간들은 군중 속이나 정치적 집회 또는 주식회사나 투표소에서 자신의 정체성을 잃어버릴 수 있다. 그러나 이것은 어떤 신비한 집단적 주체가 결정을 내리고 있다는 것을 의미하지 않는다. 그것은 영리하고 눈치 빠른 몇몇 사람이 군중을 자기 뜻대로 지휘하고, 정치적 기구를 쥐고 흔들며, 회사업무를 재단하기 위해서 집단화된 힘을 이용하고 있음을 뜻한다. 공중 또는 국가가 법을 통과시키거나 계약을 집행하거나 선거권을 부여하는 등 사회적 장치를 만들 때도 국가는 여전히 구체적인 개인들을 통해서 활동한다. 물론 이때의 개인들은 공무원, 즉 공적이고 공유된 이익의 대변자들이다. 이 차이는 물론 중요한 차이다. 그러나 그것은 개별 인간과 집단적인 비인격적 의지 사이의 차이는 아니다. 그것은 사적인 특성을 갖는 사람과 공식적인 대표자로서의 특성을 갖는 사람 사이의 차이다. 여기서 제시된 특성은 '누가 만들었나?' authorship가 아니라 권위authority이다. 이 권위는 기쁨과 슬픔의 광범위하고 지속적인 결과를 만들어 내거나 가로막는 행동을 통제하도록 인정된 권위이다. 공무원은 사실 공적인 주체이다. 그러나 타인의 이해에 관련된 결과들을 보호하거나 방지하는 일을 하는 대리인이라는 의미에서 주체이다.[25]

---

[25] [역주] 다시 말하면 공무원 또는 공직자 및 정치가들도 공공성을 창시하거나 좌우하는 주체인 것은 아니라는 주장이다. 그들은 공공성을 만들어 내는 '창시자'(author)가 아니라 이미 존재하는 공공성에서 일정한 '권위'(authority)를 부여받은 사람들일 뿐이다. 결국 국가의 작동은 궁극적으로 공직자이든 평범한 시민이든 모든 개인의

엉뚱한 곳을 들여다보면 당연히 찾고 있는 것을 발견할 수 없다. 그러나 거기서 가장 나쁜 점은 엉뚱한 장소를 들여다봄으로써, 즉 결과 대신에 원인을 들여다봄으로써 그 탐색의 결론은 자의적인 것으로 된다는 사실이다. 거기서는 결론에 대한 검토가 불가능한 반면 "해석"이 난무한다. 그래서 상충하는 이론만 무성해지고 의견의 일치는 보이지 않는다. 국가에 대한 이론들의 계속적인 갈등이 그 자체로 문제 제기 자체가 잘못되었다는 사실의 반증이라는 식으로 선험적인 논증을 펼 수도 있을 정도이다. 왜냐하면 앞에서도 말했지만 정치적 행동의 주요한 사실은 – 그 현상들은 시간과 공간의 다양성에 따라 큰 편차를 보이는데 – 비록 복잡하기는 하지만 은폐되어 있지는 않기 때문이다. 그것은 관찰을 통해서 접근할 수 있는 인간적 행동의 사실들이다. 국가에 대한 다양한 모순적 이론의 존재는 그 이론들 자체의 관점에서는 무척 당혹스러운 것이겠지만, 우리가 그 이론들이 서로 간의 상이성에도 모두 공통의 오류에 뿌리박고 있다는 사실을 통찰할 때 쉽사리 설명될 수 있다. 그 공통의 오류란 바로 문제의 핵심을 결과에서가 아니라 인과적 동인에서 찾는 것이다.

이런 잘못된 태도와 가정에서 출발하면 누군가는 자연에 부여된 형이상학적 의욕에서 인과적 동인을 찾을 것이다. 그러면 국가는 인간의 "본질"essence 이 완성된 사회에서 실현된다는 관점에서 설명된다. 다른 선입견이나 욕구에 영향 받은 사람들은 요구되는 작자를 신의 의지에서 찾는다. 이때 신의 의지는 타락한 인간성이라는 매체를 통해서, 타락한 질료가 허용하는 한의 신적인 질서와 정의의 이미지를 재생산한다고 간주한다. 다른 사람들은 개인이 서로 만나 계약이나 상호적인 충성서약에 의

---

계획적, 무계획적 활동을 통해서 이루어지는 것이다.

해서 국가를 만들어내기로 합의하는 데서 원인을 찾는다. 또 다른 사람들은 특수성 속에 있는 보편자로서 모든 사람 속에 구현된 자율적이고 초월적인 의지에서 원인을 찾는다. 이들에 따르면 그 의지는 본성적으로, 자신의 자유를 밖으로 표현할 수 있는 외면적인 조건을 확립해 낸다. 다른 사람들은 마음이나 이성이 실재의 속성이거나 아니면 실재 자체라는 사실에서 국가의 원인을 찾는다. 동시에 이들은 마음 간의 차이와 다원성, 즉 개성은 감각에나 나타날 수 있는 환상이거나 이성의 일원적 실재성에 대조되는 현상에 불과하다고 애석해 한다.

이렇게 다양한 의견이 모두 하나의 공통된 오류에서 솟아나온다면, 한 의견은 다른 의견과 전혀 다를 바 없다. 그리고 그 시대의 교육, 기질, 계층적 이해와 지배적인 환경 등의 우연성이 어떤 의견을 채택할지 결정한다. 거기서 이성은 채택된 의견을 정당화하는 데만 사용될 뿐 인간 행동을 그 결과의 측면에서 분석하고 거기에 따라 정치제도를 고안하는 일은 하지 않는다. 자연철학이 지적인 혁명[26] 이후에만 꾸준히 진보했다는 것은 잘 알려진 이야기이다. 지적인 혁명은 원인과 힘에 대한 탐구를 포기하고, 무엇이 진행되고 있고 또 어떻게 진행되고 있는가에 대한 분석으로 전환한 데에 있다. 정치철학은 아직도 더 이러한 교훈을 가슴에 깊이 새겨야 한다.[27]

---

[26] [역주] 프랜시스 베이컨(1561~1626) 이래의 과학의 발전과 경험적, 실험주의적인 탐구 방법의 도입을 의미한다.

[27] [역주] 이상으로 볼 때, 결국 듀이에 따르면 정치철학을 재구성하는 방법은 선험적인 원인이나 힘, 주체가 아니라 실제로 진행되는 있는 사태에서 연구를 시작하는 것이다. 이와 연관하여 듀이는 『철학의 재구성』(이유선 역, 아카넷, 113쪽)에서 이렇게 말하고 있다. "고정된 불변의 유형과 종, 우월하거나 열등한 계급의 위계, 덧없는 개별자를 보편자 혹은 유에 종속시키는 것에 관한 도그마가 삶에 관한 과학을 장악하고 있는 상황이 붕괴되어야만, 새로운 관념과 방법이 사회적, 도덕적 삶에서 자리를 잡는 것이 가능하다. 이런 최종적인 단계를 밟는 것이 20세기의 지적인 과제

국가를 이해할 때 중요한 것은 (부주의와 태만을 포함한) 인간행위의 결과를 분명하고 철저한 방식으로 고찰하는 데 있으며 또 그 결과를 감독하는 방책과 수단에 주목하는 데 있다는 사실을 깨닫지 못함으로써 나타난 잘못된 귀결은 국가에 대한 상충되고 화해 불가능한 이론이 만들어진 데에 그치지 않는다. 그것은 또한 어떤 점에서 진리를 깨달았던 사람들의 견해[28]를 왜곡하는 결과도 초래했다. 우리는 모든 숙고된 의도적 선택과 계획은 궁극적으로 개별적인 인간이 하는 일임을 확언했다. 그런데 철저히 잘못된 결론이 이러한 올바른 관찰에서 도출되었다. 아직도 인과적 힘의 측면에서 사고함으로써 사람들은 그 관찰에서 국가 또는 공공성은 허구이며 권력과 지위에 대한 사적인 욕망의 가리개일 뿐이라는 결론을 도출했던 것이다. 국가뿐 아니라 사회 자체도, 말하자면 가루로 분쇄되어 고립된 욕구와 의지의 무더기로 되었다. 그것의 논리적 귀결로서, 국가는 자의적 권력에서 태어나고 기만으로 유지되는 전적인 억압으로서 간주되거나 개별 인간들의 힘을 그들이 저항할 수 없는 거대한 힘으로 모아 놓은 것으로서 간주된다. 이러한 힘의 연합체를 만든 것은 하나의 필사적인 조치였다. 왜냐하면, 그것이 없이는 만인의 만인과의 갈등[29]이 일어나 삶은 난감하고 잔인한 것이 될 것이기 때문이다. 따라서 국가는 파괴되어야 할 괴물로서 또는 신봉해야 할 거인Leviathan으로서 나타난다. 간단히 말해서 국가의 문제가 인과적 힘에 관련된다는 근원적 오류의 영향 아래서 '주의ism'로서 또는 철학으로서 개인주의가

---

로 여겨지지 않는가?"(맥락을 살리기 위해 뜻을 변화시키지 않는 범위에서 역자가 약간의 수정을 가했음)
[28] [역주] 사회계약론자들을 지칭한다.
[29] [역주] 토머스 홉스는 자연 상태에서, 즉 정부를 구성하기 이전에 인간들의 관계는 '만인에 대한 만인의 투쟁'의 관계라고 주장했다.

생겨났다.[30]

## 연합이 미치는 영향

이 입장은 잘못된 것이지만, 하나의 사실에 기초한다. 필요, 선택, 목적은 개별 존재 속에 위치한다. 욕망, 의도, 결심을 드러내는 행동은 독자성이 있는 개인에게서 나온다. 그러나 거기서 사고와 결심의 형식이 개별적이므로 그 내용과 주제 또한 순전히 개인적인 어떤 것이라고 결론 짓는다면 그것은 지적인 태만의 표현일 뿐이다. 철학과 심리학의 개인주의적 전통이 가정하듯이 '의식'은 전적으로 사적인 것이라고 가정하더라도 의식이 자기 자신에 대한 의식이 아니라 대상에 대한 의식이라는 사실은 변함이 없이 참일 것이다. 연결과 결합이라는 의미에서 연합은 모든 존재자에 공통되는 '법칙'이다.[31] 개개의 단독적인 것이 행동하지

---

[30] [역주] 사회진화론자였던 허버트 스펜서는 다윈의 진화론의 생존경쟁과 적자생존의 원리를 사회 질서에 적용하였다. 그리하여 사적인 개인이 각자 최대한 자신의 이익을 추구할 때 전체 사회와 역사가 가장 효율적으로 발전할 수 있다고 믿었고, 이에 반해 국가의 간섭이나 개입은 자연적인 발전과정을 교란하고 저해한다고 보았다. 이런 점에서 스펜서는 국가의 권력을 최소화하는 자유방임적 질서를 추구하였다. 이와 반대의 입장에서는 홉스 식의 절대군주제가 도출될 수 있으나, 이러한 결론 역시 철저한 개인주의에 기초한다는 점에서는 전자와 동일하다. 이에 반해 듀이는 인간을 공동체적인 존재로서 간주하며 인간의 협력과 상호 의사소통 속에서 주어진 문제점을 효율적으로 해결하고 성장해 나갈 수 있다고 생각했다.

[31] [역주] 연합, 즉 association은 이 책에서 핵심 개념 중 하나이다. 공공성 또는 공적 영역의 존재는 공동의 관심이 있는 다수의 개인의 연결과 결합을 요구한다. 맥락에 따라서 '연합' 또는 '연합체'로 번역하였다. 그러나 여기서 듀이는 연합을 단지 인간 사회의 영역뿐 아니라 모든 존재 영역에서 적용될 수 있는 일반적 용어로 사용한다. 다시 말해 삼라만상은 언제나 연관되어 있다. 이런 의미에서 '연합'은 하나의 '법칙'이라고 말할 수 있다.

만 그럼에도 그들은 연합 속에서 행동한다. 완전한 고립 속에서 행동하는 것은 아직 발견된 적이 없다. 모든 것의 행동은 다른 것들의 행동과 함께 있다. 이 '함께 있음' along with 은 각자의 행동이 타자와의 연관에 의해서 변용된다는 것을 의미한다. 특정한 숲에서만 자랄 수 있는 나무들이 있다. 즉 많은 식물의 씨앗은 다른 식물이 제공하는 조건 아래서만 성공적으로 싹트고 자랄 수 있다. 종의 재생산은 수정을 일으키는 곤충의 활동에 의존한다. 한 동물 세포의 생애는 다른 세포들이 하고 있는 일과의 연관 속에서만 진행될 수 있다. 전자, 원자 그리고 분자들은 공동적 행위가 어디에나 있음을 예증한다.

연합, 즉 개별적 요소의 활동성에 영향을 미치는 상호 연관된 활동이 있다는 사실은 어떤 신비로운 일이 아니다. 어떻게 개별자들이 서로 연합하게 되는가를 묻는 것은 무의미하다. 개별자들은 이미 연합 속에서 존재하며 움직인다. 거기에 어떤 신비가 있다면 그것은 우주가 지금 존재하는 바로 그런 우주라는 사실 그 자체가 신비이다. 그런 신비는 우주의 바깥으로 나가지 않고는 설명될 수 없을 것이다. 만약 우주의 신비를 설명하려고 누군가 우주 밖의 원천으로 나가야 한다면, 어떤 논리학자가 — 별다른 천재성을 발휘할 필요도 없이 — 일어나서 그 국외자가 우주에 대해 무엇을 설명하기 위해서는 이미 우주와 연관되어 있어야만 한다고 지적할 것이다. 따라서 결과적으로 우리는 모든 것이 연관되어 있다는 사실을 받아들이면서 여전히 우리가 출발했던 바로 그 지점에 있어야 한다.

그러나 인간의 연합에 대해서 지성적으로 파악해 낼 수 있는 물음이 있다. 그것은 어떻게 개인 또는 단독적인 존재들이 서로 연관되게 되었는가의 물음이 아니라 어떻게 인간들이 '그런 독특한 방식으로' 연관되게 되었는가의 물음이다. 인간의 공동체는 전자電子의 집합, 숲속 나무들의 군락群落, 곤충떼, 양떼 그리고 별자리들을 특징짓는 것과는 전혀 다른 특성을 갖는다.³² 이 차이를 생각할 때, 우리는 즉시 공동적 행위의 결과가 관찰될 때, 그것은 어떤 새로운 가치를 갖는다는 사실을 깨닫게 된다. 왜냐하면, 연관된 행동의 효과를 알아채는 것은 연관 그 자체에 대해서 반성하게 만들기 때문이다. 그것은 연관을 주목과 관심의 대상으로 만든다. 각자는 - 연관이 인식되는 한 - 언제나 그 연관의 관점에서 행동한다. 개인들은 여전히 사고하고 욕망하고 목적을 추구한다. 그러나 그때 그들이 생각하고 있는 것은 바로 자기의 행동이 다른 사람에게 미치는 결과와 다른 사람의 행동이 자기에게 미치는 결과이다.

모든 인간은 갓난아이로 태어난다. 그는 미성숙하고, 무력하며, 타인의 활동에 의존적이다. 이런 비자립적 존재들이 대부분 생명을 부지한다는 것은 타인들이 어느 정도 그들에게 주의를 기울이고 또 그들을 보살핀다는 증거이다. 더 많은 것을 갖춘 성숙한 존재 즉 어른은 자신의 행동이 어린이의 행동에 미치는 결과를 의식하고 있다. 그들은 어린이들과 함께 행위할 뿐 아니라, 특별한 종류의 연합 속에서 행동한다. 즉 그들은 자신의 행동이 어린이의 삶과 성장에 미치는 결과에 관심을 둔다.³³

어린이의 연속적인 생리학적 생존은 그 연합의 결과에 대한 관심에서 단지 한 측면에 불과하다. 성인은 미성숙한 존재가 어떤 방식으로 생각

---

[32] [역주] 양자의 차이는 인간의 공동체는 연관이 미치는 결과를 스스로 관찰하고 반성하는 반면, 여타 사물의 집단은 그들의 연관의 결과를 의식하지 못한다는 데에 있다.

[33] [역주] 여기에는 교육의 목적에 대한 듀이의 유명한 정의인 '계속적인 성장'이 교육의 결과의 맥락에서 서술되고 있다. 이에 따르면 교육이란 어린이의 성장을 결과로서 이끌어 내려는 - 어린이와 함께 공동으로 진행되는 - 성인들의 활동이다. 그리고 다음 문단으로 이어지는 논의에서 듀이는 이러한 성장의 많은 부분은 어린이들이 자신이 다른 사람들과 공동으로 하는 행위가 어떤 결과를 낳는지에 대한 고려 속에서 사고하고 행동하는 법을 가르치는 데 있다고 주장한다.

하고, 느끼고, 욕구하고 또 습관적으로 행동하기를 배우도록 하는가에 관심을 둔다. 추구되는 결과의 적지 않은 부분은 어린이 자신이 연합적인 행위와 그것의 귀결이라는 관점에서 판단하고, 목적을 설정하고 선택하기를 배우리라는 것이다. 사실, 이러한 관심은 너무 자주 어린이들이 어른과 똑같이 생각하고 행동하도록 만들려는 노력으로 표출된다. 이 사실만으로도 개별적 존재들이 자신의 개별성 속에서 생각하고, 욕구하고 또 결정을 내리지만 그럼에도 그들이 생각하고 추구하는 것, 즉 그들의 신념과 의도의 내용은 연합에 따라 제공된다는 것을 보여 주기에 충분하다. 따라서 인간은 단지 **사실적으로** 연합되어 있을 뿐 아니라, 자신의 관념, 감성 그리고 숙고된 행위의 형성 속에서 사회적 동물로 **된다**. 그가 믿고 희망하고 목적으로 삼는 것은 연합과 교류의 결과에 의해서 규정된 것이다. 사회적 연합이 개인의 욕구와 목적에 미치는 영향을 흐리게 하고 신비화시키는 것은 이른바 특별한, 원초적인, 사회형성적 원인일 뿐이다 — 예를 들면, 본능, 의지의 명령, 개인적인 이성 또는 내재적 보편적이며 실천적인 이성, 또는 내재적이고 형이상학적인 사회적 본질과 본성 등등. 이런 것들은 아무것도 설명해 주지 않는다. 왜냐하면 그들은 그들이 설명해야 할 사실보다도 더 신비스럽기 때문이다. 별자리를 이루는 행성들은 만약 그들이 각자의 활동과 타자의 활동 간의 연관을 의식한다면 그리고 이 지식을 행동을 결정하는 데에 사용할 수 있다면 하나의 공동체를 형성하리라. 그러나 그것은 불가능하다.

우리는 지금 국가에 관한 논의에서 벗어나 사회라는 더 넓은 주제로까지 나왔다. 이러한 논제 이탈은 국가를 다른 형태의 사회적 삶으로부터 구별할 수 있게 해 준다. 사실 우리에게는 국가를 완전하게 조직된 사회와 동일시하는 오래된 전통이 있다. 국가는 모든 사회적 제도의 완전하고 포괄적인 실현이라고 말하기도 한다. 모든 사회적 제도로부터 귀결되는 가치를 모두 한곳에 결집하고 있는 것이 국가의 업적이라고 주장된다. 이러한 이해방식의 반대편에 있는 것은 모든 형태의 인간집단에서 나오는 악을 모두 결집하고 그것을 통틀어 국가의 탓으로 돌리는 철학적 무정부주의이다. 이에 따르면 국가의 종말은 자발적이고 형제애에 기초하는 새로운 공동체의 시대를 초래할 것이라고 한다. 국가가 한편에서는 신격화되고 다른 편에서는 악마로 간주된다는 것은 그들의 논의의 출발점 자체에 문제가 있다는 또 하나의 증거이다. 그 이론들은 모두 국가와 사회를 구별하지 않는다는 점에서 공통적이다.

## 연합의 다양성

그러나 조직화된 공공성[34]을 다른 양식의 공동체 생활과 구별 짓는 명확한 기준이 있다. 예를 들어, 우정은 연합의 비정치적인 형태이다. 우정은 교류의 결과에 대한 내밀하고 미묘한 감성으로 특징지어 진다. 우정은 교류의 가장 귀중한 가치들을 경험하는 데에 기여한다. 우정과 애착으로 이루어진 관계 - 이것은 모든 사회에서 주요한 유대이다 - 를 국가와 혼동하거나, 후자, 즉 국가의 존립이 전자에 의존한다고 주장하는 것은 선입견적 이론에 집착하는 데에 기인할 뿐이다. 또한 사람들은 과학적 탐구, 종교적 숭배, 예술적 생산과 향유, 스포츠, 교수와 학습, 상공업을 위해서도 무리지어 모인다. 이 모든 경우마다 어떤 결합된 공동적 행위는 '자연적인', 즉 생물학적 조건과 지역적 인접성에서 생겨나며, 특정한 결과를 낳는다. 즉 고립된 행동의 결과와는 종류가 다른 결과

---

[34] [역주] 조직화된 공공성은 곧 국가를 의미한다.

를 산출한다.

## 공공성의 기준

이 결과들이 지성적, 감성적으로 실감될 때, 관심의 공유가 일어나고 그리하여 상호 연결된 행동의 본성이 변형된다. 각 형태의 연합은 독특한 질과 가치를 가지며, 아무도 그 차이를 알아채는 데서 혼란을 느끼지 않는다. 국가로서의 공공성의 특징은 연합된 행동의 모든 양태가 확장적이고 지속적인 결과를 가지므로 거기에 직접 관여한 사람들 이외의 다른 사람들에게까지 파급력을 갖는다는 사실에서 유래한다. 이제 이러한 결과가 사유와 감정 속에서 실감될 때, 이러한 결과에 대한 인식은 그 파급력이 생겨나는 조건을 재구성하도록 하는 반작용을 일으킨다. 즉 그러한 결과들은 주의와 보살핌을 필요로 한다. 이러한 감독과 통제는 일차적인 집단들 자신에 의해서는 행해질 수 없다. 왜냐하면, 공공성을 생겨나게 하는 파급적 결과의 본질은 그것을 초래하는 데 직접적으로 참여한 사람들을 넘어서 확장된다는 데에 있기 때문이다. 따라서 이 결과들을 보살피려면 특별한 기관과 방책이 형성되어야 한다. 그렇지 않으면 이미 존재하는 집단 하나가 새로운 기능을 떠맡아야 한다. 공공성의 조직화 또는 국가의 외적인 표지는 공무원의 존재이다. 정부는 국가가 아니다. 왜냐하면, 정부는 공공성뿐 아니라 특별한 임무와 권력이 있는 통치자들을 포함하기 때문이다. 공공성은 공공의 이익을 위해서 행동하는 공무원들을 통해서만 조직될 수 있다.

## 국가의 기능

 따라서 국가는 중요한 - 물론 제한되고 특정한 - 사회적 이익을 대변한다. 이러한 관점에서 볼 때 조직화된 공공성의 요구는 일단 발동되면 여타의 다른 이해관심들에 대해 우월성을 갖는다는 것은 이상한 일이 아니며, 또한 과학, 예술 그리고 종교를 위한 친교나 연합에 대해 대부분 완전히 무관심, 무관계하다는 것도 이상한 일이 아니다. 어떤 친교가 결과적으로 공공성을 위협하면 그것은 모반으로 취급된다. 그러나 통상적으로 친교는 국가의 업무나 관심사에 속하지 않는다. 사람들은 당연히 어떤 일을 더 효과적으로 하려거나 상호부조를 하고자 할 때 서로 파트너 관계를 맺는다. 이것의 작동이 어떤 한도를 넘어서고 그래서 거기에 참가하지 않은 타인들의 안전과 번영이 위협 당하게 되면 갑자기 국가의 권력 장치들이 맞물려 돌아가게 된다. 따라서 국가는 어떤 조건 아래서는 모든 것을 흡수하고 포괄하기는커녕 가장 게으르고 공허한 사회적 기관이 된다. 그럼에도, 이러한 점에 착안하여 국가는 본래 중요치 않은 것이라고 결론짓고 싶은 유혹은, 즉각적인 도전에 직면한다. 즉, 어떤 혈연관계, 교회, 노동조합, 기업 또는 교육기관이 그 자신 외의 많은 사람에 영향을 미치는 행동을 하게 되면, 이 많은 사람은 공중을 형성하며, 공중은 적절한 구조체계를 통해서 행동하고 그리하여 감시와 통제를 위해 자신을 조직하려고 노력한다.
 그러나 정치적으로 조직된 사회만을 옹호하는 주장들은 불합리하다. 이것을 드러내는 가장 좋은 방법은 소크라테스, 부처, 예수, 아리스토텔레스, 공자, 호메로스, 베르길리우스, 단테, 성 토마스, 셰익스피어, 코페르니쿠스, 갈릴레오, 뉴턴, 보일, 로크, 루소 그리고 다른 수많은 사람이 공동체의 삶에 미친 영향을 상기해 보고, 이들이 과연 국가의 공무원이라고 할 수 있는지 자문해 보는 것이다. 국가 범위를 마구 확대해서 그런 결론을 내린다면, 그것은 단지 국가를 모든 종류의 연합을 총칭하는 이름으로 사용하는 것에 불과하다. 우리가 국가라는 단어를 그렇게 느슨하게 사용하는 순간, 우리는 그 속에서 다시 통상적인 의미, 즉 정치적이고 법적인 의미에서 국가를 구별해 내지 않을 수 없게 된다. 다른 한편, 국가를 아예 배제하거나 무시하려는 유혹을 받는 사람은 페리클레스, 알렉산더, 율리우스 카이사르와 아우구스투스 황제, 엘리자베스 여왕, 크롬웰, 리슐리외, 나폴레옹, 비스마르크 그리고 그와 유사한 수많은 이름을 떠올려 봐야 한다. 물론 그는 이 위인들에게도 사적인 삶이 있었으리라고 항변할 수 있으리라. 하지만 국가의 대변자로서의 그들의 행동에 비할 때 그것은 얼마나 미미한 것인가!

내가 제시한 국가에 대한 관념은 어떤 특정한 정치적 행동, 조처 또는 체제의 정당성과 합리성에 대한 믿음을 전혀 함축하지 않는다. 확장적 결과[35]에 대한 관찰은 적어도 자연적 사물에 대한 지각과 마찬가지로 오류와 착각에 빠질 수 있다. 확장적 결과들을 규제하기 위해서 무엇을 어떻게 할 것인가에 대한 판단도 다른 계획들과 마찬가지로 오류를 범할 수 있다. 종종 실수가 쌓여 공무원의 법률과 방법으로 고착화된다. 이 법률과 방법은 그것이 원래 통제하고자 했던 결과보다 더 큰 해악을 미칠 수 있다. 모든 정치사가 보여주듯이, 공직의 수행에 부여되는 권력과 위세는 종종 지배권을 그 자체 때문에 거머쥐고 이용해야 할 어떤 것으로 변질시킨다. 지배권은 우연적 출생에 의해서 또는 관직을 차지할 수 있게 하는— 그러나 그 대표적 기능의 수행과는 전혀 무관한— 특성의 소

---

[35] [역주] 위에서 말했던 하나의 연합의 행동이 자신 범위를 넘어서 외부의 사람들에게까지 미치게 되는 결과를 의미한다.

유에 의해서 분배된다. 그러나 정부의 통치자와 기관으로 공공성을 조직화하라는 요구는 지속적이며 어느 정도 정치적 사실 속에 체현되어 있다. 정치사가 기록하고 있는 진보는 사태를 흐리게 하고 또 혼란하게 만드는 수많은 부적절한 사태로부터 진보의 관념이 한줄기 빛처럼 떠오르는 데에 의존한다. 그러면 그 진보 관념을 완수하는 데에 좀 더 적합한 기관들을 마련하고자 하는 재구성이 일어난다. 진보는 지속적이거나 연속적이지 않다. 퇴행은 전진과 마찬가지로 주기적으로 나타난다. 예를 들어 산업과 기술적 발명들은 연합적인 행동의 양식을 변화시키고 그것의 간접적 결과의 파급력이 지니는 크기, 특성 그리고 영역을 근본적으로 변화시키는 수단을 창조한다.[36]

이러한 변화는 일단 정치 형태에 대해 외재적이다. 정치 형태는 일단 확립되면 자기 자신의 동력에 따라 존속한다. 새롭게 생성된 공공성은 전승된 기존의 정치적 기관들을 사용할 수 없어서 상당 기간 불완전하고 조직화되지 못한 상태에 머무른다. 후자는 정교하고 또 잘 제도화되어 있을 때 새로운 공공성의 조직화를 방해한다. 그들은 새로운 국가 형태의 발전을 방해한다. 이 새로운 국가 형태는 사회적 삶이 좀 더 유동적이

---

[36] [역주] 세계화 및 과학기술혁명의 시대에서 이런 듀이의 통찰은 아직도 현실성을 잃지 않고 있다. 현대의 변화는 연합적 행위가 일으키는 파급력의 정도, 영역, 특성을 근본적으로 변화시키므로 오늘날 국가 기능과 역할에 대해서 전적으로 새로운 관점이 필요해지고 있다. 예를 들어 오늘날 환경오염의 문제는 단지 한 나라에 제한되지 않고 전 세계 모든 국가에 사활적인 문제가 되고 있다. 중국 내륙의 사막화는 우리나라에 황사문제를 일으키고 있으며, 제3세계의 급속한 산업화는 오존층 파괴의 속도를 더욱 촉진하고 있다. 이러한 파급적 결과를 어떻게 조정하고 통제할 것인가의 문제-이것은 세계화시대에의 '공공성의 조직화' 문제라고 할 수 있다-를 해결할 수 있는 방안은 아직 마련되지 못하고 있다. 아마도 세계화의 시대에서 공공성의 조직화는 칸트가 기획한 '세계정부'와 같은 것의 출현을 통해서만 실현될 수 있을 것이라고 생각된다. 이와 연관된 듀이의 생각은 이 책의 말미에 번역된 1946년 후기를 보면 분명하게 나와 있다.

고 그래서 고정된 정치적 법적 주형 속에 덜 갇혀 있을 때에는 좀 더 빠르게 성장할 것이다. 공공성이 구체적 형태를 갖추려면 현존하는 정치 형태를 깨뜨려야 한다.[37] 이것은 어려운 작업이다. 왜냐하면, 변화를 일으키는 정규적인 수단은 바로 현존하는 정치 형태 자신이기 때문이다. 과거에 정치 형태를 생성시켰던 공공성은 사라지고 있지만, 권력과 소유욕은 여전히 이 소멸하는 공공성이 만들어낸 공무원과 기관의 손에 남아 있다. 국가 형태의 변화가 그렇게 자주 단지 혁명적으로만 일어나는 이유는 바로 여기에 있다. 적절히 유연하고 감응적인 정치적 법적 기제를 창출하는 일은 지금까지는 인간의 능력 밖의 일이었다. 새로 형성되고 있는 공공성의 요구가 기존 국가 형태에 억압되는 시기는 국가에 대한 멸시와 무시가 증가하는 시대이다. 널리 퍼진 냉담, 무관심 그리고 경멸은 직접적 행동을 통한 밀어붙이기식 해결 추구에서 표현된다. 직접적 행동은 '직접적 행동'을 구호로 채택하는 세력 아닌 다른 많은 세력이 채택하기도 한다.[38] 사실 그것을 가장 자주 정력적으로 채택하는 것은 현존하는 국가의 확립된 '법과 질서'를 절대적으로 존경한다고 공언하는 보수 세력이다. 본성적으로 하나의 국가는 항상 정밀하게 검사되고,

---

[37] [역주] 이것은 마르크스의 '토대와 상부구조 이론'의 듀이적 버전으로 읽힐 수 있다. 마르크스가 정치적 권력 장치의 혁명적 변화과정을 역동적인 토대와 화석화된 상부구조 간의 모순을 통해서 해명하려 했다면, 듀이는 '공공성의 역동성'과 '국가권력의 보수적 관성' 간의 갈등관계로서 설명하고 있다. 즉 인간의 연합의 형태가 변화함으로써 생겨난 새로운 공공성은 자신에게 맞는 새로운 국가 형태 또는 조정기구를 요구하는 데, 기존의 국가는 이러한 요구를 묵살하려는 경향이 있어서 역사상 국가 형태의 변화는 대체로 혁명적인 양상을 띠게 된다.

[38] [역주] 여기서 듀이는 공공성의 변화과정에서 일어나는 보수와 진보 간의 폭력 대결에 대해 말한다. 변화를 요구하는 세력이 종종 자신의 계획을 실현하려고 직접적 행동, 즉 폭력을 동원하지만, 이것은 변화를 거부하는 세력, 즉 보수적 권력도 마찬가지이다. 아니 오히려 보수적 권력이 더 자주 그리고 강력하게 폭력적인 수단을 동원한다고 듀이는 말한다.

조사되고 탐색되어야 할 어떤 것이다. 국가는 형태가 확립되자마자 재형성되어야 할 필요에 직면한다.

## 실험적인 문제로서의 국가

따라서 국가를 발견하는 문제[39]는 이미 존재하는 제도를 검토하는 데만 종사하는 이론적 연구자들의 문제가 아니다. 그것은 타인과의 연합 속에서 살아가는 인간, 또는 인류 전체의 실천적 문제이다. 그것은 복합적인 문제이다. 그것은 무리를 이룬 개인의 행동이 낳는 결과를 지각하고 인지하는 능력과 또 그것을 그 원천과 기원으로 소급할 줄 아는 능력을 요구한다. 그 문제는 이 지각된 결과에 따라 창출되는 이해관계의 대변자로서 복무할 사람을 선발하는 일과 이들이 소유하고 행사하게 될 기능을 정의하는 일을 포함한다. 또한 직무 수행에 뒤따르는 명예와 권력의 소유자들이 자신의 지위를 사사로운 이익을 위해서 전용하지 않고 공공성을 위해서만 사용하도록 보장하는 통치형태를 수립할 것을 요구한다. 그렇다면 국가가 수적으로 다수였을 뿐 아니라 유형과 종류에서도 다수였다는 사실은 더 이상 놀라운 일이 아니다. 왜냐하면, 지금까지 무수한 많은 형태의 연합적 행동이 있었고 그에 따라 다양한 결과가 있었기 때문이다. 이 결과를 탐지하는 능력은 특히 그 사회가 가지고 있는 인식 도구에 따라서 결정된다. 통치자들은 갖가지 상이한 근거에 따라서 선발되어 왔다. 그들의 기능은 다양했고 따라서 공동의 이익을 대변하려

---

[39] [역주] 더 정확히 말한다면 각각의 시대적 조건과 상황 속에서 올바른 국가의 형태를 찾아내는 문제이다.

는 그들의 의지와 열망도 서로 달랐다. '국가'에 대해 하나의 형태 또는 관념을 상정하고, 다양한 역사적 국가는 결국 이 하나의 국가 관념의 불완전한 실현이라는 생각은 어떤 완고한 철학에 휘둘릴 때만 가능하다. 우리가 할 수 있는 유일한 진술은 순수하게 형식적인 진술이다. 국가는 구성원들이 공유하는 이해관계의 보호를 위해 공무원을 통해 수행된 공공성의 조직화이다.[40] 그러나 그 공공성이 무엇이고, 공무원은 무엇이며, 그들이 얼마나 적절하게 자신의 직분을 수행하는가는 우리가 역사 속으로 들어갈 때만 발견할 수 있다.

그럼에도 나의 국가에 대한 이상의 분석은 어떤 국가가 얼마나 좋은 국가인가를 결정하는 기준을 제공한다. 그것은 공공성의 조직화가 얼마나 잘 달성되었는가 그리고 국가 공무원이 어느 정도까지 공적 이익을 보살피는 기능을 수행하도록 구성되어 있는가에 놓여 있다. 하지만 미리 설정하고 실현하기만 하면 자동으로 좋은 국가를 만들어 내는 선천적 규칙은 절대 있을 수 없다. 서로 동일한 공공성은 언제 어디에도 출현할 수 없다. 각각의 조건이 연합된 행동의 결과와 이 결과에 대한 지식을 달라지게 만들기 때문이다. 더욱이 공공성이 정부로 하여금 공적 이익에 봉사하도록 강제할 수 있는 수단은 천차만별이다. 최선의 국가가 어떤

---

[40] [역주] 이것이 국가에 대한 듀이의 정의이다. 이 정의는 국가를 어떤 본질적인 본성이나 원인으로 정의하지 않고, 경험 가능한 사회적 사실로부터 국가를 정의하고 있다. 이러한 듀이의 정의는 형식적이어서 모든 형태의 현실적 국가형태를 이해하고 설명하고 평가할 수 있는 기준으로 사용될 수 있다. 만약 어떤 국가가 단지 지배계급의 기득권만을 유지하려는 경향이 있고, 반면 여타 계층의 이익을 전적으로 도외시한다면 그 국가는 국가의 형식적 기능을 제대로 수행하지 못하고 있는 것으로 비판될 수 있다. 또한 아무리 일방적으로 지배 권력을 옹호하는 국가라도 최소한 전체의 이익을 고려한다는 가상을 내세우려하며 또 실제로 이런 전체의 대변자로서의 역할을 조금도 하지 않는 국가란 상상하기 어렵다. 이런 점에서 듀이의 국가에 대한 정의는 보편적으로 적용될 수 있다는 장점을 지니고 있다.

것인지에 대해서는 단지 형식적으로만 말할 수 있을 뿐이다. 구체적인 사실, 실제적이고 구체적인 조직과 구조에 관한 한, 최선이라고 말할 수 있는 국가 형태란 – 적어도 역사가 종결되어 국가의 모든 양태를 검토할 수 있게 되기 이전에는 – 존재하지 않는다.[41] 국가의 형성은 실험적인 과정일 수밖에 없다. 그 시행과정은 한편으로 많고 적은 맹목과 우연과 함께, 중단과 시도의 무질서한 과정 그리고 실수와 더듬질을 통해서 진행될 수 있다. 즉 그것은 자신이 찾고 있는 것에 대한 통찰 없이 그리고 – 그것이 달성된 때조차 – 좋은 국가에 대한 명확한 지식 없이 진행될 수 있다.[42] 다른 한편 그것은 완수되어야 할 조건에 대한 지식에 의해 인도됨으로써 좀 더 지성적으로 진행될 수 있다. 그럼에도 그 과정은 여전히 실험적이다. 행동, 탐구 그리고 인식의 조건이 언제나 변화하고 있기 때문에, 실험은 언제나 재시도되어야 하며 국가는 언제나 재발견되어야 한다. 다시 말하거니와 충족될 조건에 대한 형식적 진술을 제외하면 우리는 역사가 앞으로 드러낼 것에 대해 전혀 알 수 없다. 국가 일반이 어떠해야 하고 또 어떠할 수밖에 없는가를 정하는 것은 정치철학과 정치학의 과업이 아니다. 그것들이 할 수 있는 것은 실험이 덜 맹목적이고 덜 우연적으로, 즉 더 지성적으로 진행될 수 있도록 하고 그래서 사람

---

[41] [역주] 이것은 듀이가 민주주의를 하나의 정치적 제도로서가 아니라 생활양식으로 옹호한다는 점을 상기시킨다. 듀이의 정치철학적 입장에 따르면 하나의 완전한 또는 올바른 국가 형태를 미리 설정하는 것은 불가능하다. 듀이가 민주주의를 강조한 것은 모든 국민이 자유롭게 공동체 내에서 자신의 이해관계가 달린 문제들을 논의하고 공동으로 모두에게 용인될 수 있는 해결책을 찾아나가는 생활 방식을 강조한 것이다. 그리고 이러한 생활양식으로서의 민주주의는 '현실의 국가가 어떤 구체적 정치적 조직과 구조를 취해야 할 것인가'와는 다른 차원의 문제이다.

[42] [역주] 이것은 소크라테스나 플라톤의 철학적 입장에 대한 명시적인 비판으로 이해될 수 있다. 이들은 완전한 국가의 이념을 먼저 알아야만 현실의 국가를 올바로 알 수 있다고 주장했다.

들이 오류에서 배우고 성공에서 이득을 취할 수 있게 하는 방법을 창안하는 데 도움을 주는 것이다. 정치적 고정성에 대한 신념, 선조의 피땀으로 봉헌되고 전통에 의해 숭배되는 국가 형태의 신성함에 대한 신념은 질서 있고 지도된 변화를 가로막는 걸림돌이다. 그런 신념은 봉기와 혁명에 대한 초대이다.[43]

## 요약

논의가 산만하게 전개되어서 내용을 분명히 하기 위해서는 지금까지의 단계들은 요약하고 가는 것이 좋겠다. 공동적, 결합적, 연합적 행위는 만물things의 활동의 보편적 경향이다. 그런 행위는 결과를 낳는다. 인간의 집단적 행위의 어떤 결과들은 지각된다. 즉 그것은 고려의 대상이 되고 그런 의미에서 주의를 끈다. 그리되면 이제 선호되는 결과를 확보하고 해악적인 결과를 배제하기 위한 목적, 계획, 조처와 방책들이 등장한다. 따라서 행위의 결과에 대한 지각은 공동의 이해관계를 생겨나게 한다. 즉 그 결과들에 의해 영향을 받는 사람들은 자신들과 함께 그 결과를 통제하는 데에 이해관계를 함께하는 모든 사람의 행위에 관심을 두기 마련이다. 때로 연합적 행동의 결과는 그것을 산출하는 상호교류에 직접적으로 참여하는 사람들에 제한된다. 그러나 때로 그 결과는 직접적으로

---

[43] [역주] 듀이는 자신의 사상을 도구주의 또는 실험주의라고 불렀다. 그는 자신의 교육 사상을 경험적으로 검토하기 위해서 시카고 대학 재직 시절에 '실험실학교'를 세워 운영했다. 여기서는 이러한 실험의 정신이 정치의 영역에도 일관되게 적용되고 있음을 볼 수 있다. 그러므로 그의 정치철학을 실험주의적 정치철학이라고 말할 수도 있다. 듀이의 '실험적 정치'라는 생각을 포퍼의 '점진적 사회공학'과 비교해 보는 것은 흥미로운 작업이 될 것이다.

참여한 사람들을 넘어서 널리 파급된다. 따라서 연합적 행동의 결과와 연관해서 두 가지 종류의 이해관계와 행동규제조치가 생겨난다. 첫 번째 관심과 통제는 직접적으로 관계된 사람들에 한정된다. 두 번째 관심과 통제는 행동의 수행에 직접적으로 참여하지 않는 사람들에게까지 확장된다. 그런데 문제의 행동에 영향을 받아 생겨나는 확장된 이해관계가 어떤 실제적인 영향력을 미친다면, 결과들을 산출하는 행동들에 대한 통제가 [직접적 이해당사자들을 넘어서 있는] 어떤 간접적인 조처들에 의해 행해져야 한다.

지금까지의 진술들은 – 내 생각에는 – 현실적이고 확인 가능한 사실 문제들을 다루었다. 이제 가설이 뒤따른다. 간접적으로 그리고 심각하게 – 좋은 것이든 나쁜 것이든 – 영향을 받는 사람들은 별도의 인정과 명칭을 요구할 정도로 독자적인 집단을 형성한다. 이 집단의 이름은 '공중' The Public[44]이다. 이 공중은 그의 대표자들에 의해서 조직되고 또 작동한다. 이 대표자들은 세관원, 입법가, 행정관리, 판사 등등인데, 이들은 개인과 집단의 공동적 행동을 규제하려고 제정한 방법들에 따라 공중의 특별한 이해관계를 보살핀다. 그러므로 사회적 연합은 정치적 조직을 더하게 되고 동시에 정부라고 할 수 있는 어떤 것이 등장하면, 공공성은 정치적 국가가 된다.

이 가설에 대한 직접적인 확증은 관찰가능하고 검증 가능한 일련의 사실에 대한 진술 속에서 발견된다. 이런 사실들은 말하자면 정치적 삶의 특징적 현상 또는 국가 활동을 설명하기에 충분한 조건들을 구성한다. 만약 이것이 옳다면 다른 설명을 구하는 것은 쓸데없는 짓이다. 마지

---

[44] [역주] 여기서의 문맥상 'the public'은 명확하게 공동의 이익을 공유하는 사람들의 집단, 즉 '공중'을 의미한다. 이 공중이 조직화되면 국가가 된다.

막으로 두 개의 유보조항이 추가되어야 한다. 첫째로, 방금 제시한 설명은 일반적이다. 따라서 그것은 도식적이며 많은 세부적인 조건을 생략하고 있다. 이 조건 중 몇 가지는 이어지는 장들에서 다루어질 것이다. 두 번째 유보조항은 다음과 같다. 논증의 소극적 부분에서 나는 국가를 특수한 인과적 힘이나 동인에 의해 설명하려는 이론들을 공격했는데, 그것은 결코 현상들 자체 내에서의 인과관계나 연관을 내가 부인하는 것은 아니라는 점이다. 인과관계는 명백히 모든 지점에서 인정된다. 인과적 연관 없이는 결과도 있을 수 없고, 결과의 출현 양태와 특성을 규제할 수 있는 조처도 있을 수 없다. 내가 부정한 것은 관찰 가능한 일련의 연관된 현상 외부에 **특별한** 동인을 설정하려는 태도이다.[45] 이러한 인과적 힘은 물리학이 떨쳐 버려야 했던 신비적인 힘과 전혀 다른 종류가 아니다. 그것은 기껏해야 연관된 현상들 자체의 국면일 뿐인데도, 사실들 전체를 설명하기 위해 동원된 것이다. 성과 있는 사회적 탐구를 이끌어 나가는 데 요구되는 것은 관찰 가능한 행동과 그 결과들의 상호관계를 토대로 하여 진행하는 방법이다. 이것이 우리가 따르고자 하는 방법의 핵심이다.

---

[45] [역주] 이 말을 통해 듀이는 앞부분의 논의('창시자(author)'의 관점에서 국가를 설명하려는 시도에 대한 비판)에서 석연치 않았던 문제를 다시 건드리고 있다. 앞에서 듀이는 '창시자'의 관점 또는 '인과관계'의 관점에 따른 설명방식을 전적으로 거부하는 듯이 보였다. 그러나 여기서는 현상적 연관을 벗어난 '창시자' 또는 '인과관계'만을 거부한다는 식으로 범위를 축소시키고 있다.

## 02 국가의 발견

　우리가 공공성을 엉뚱한 곳에서 찾는다면, 국가도 절대 찾을 수 없을 것이다. 공공성이 명확한 기능을 가진 사회적 집단으로 조직화하는 데 촉진되거나 방해되는 조건이 무엇인지 살펴보지 않으면, 국가의 발전과 변형에 관한 문제는 절대 이해하지 못할 것이다. 이 조직화란 결국 공공성의 이해관계를 보살펴 줄 공식적 대표자들이 출현하는 것에 다름아니라는 사실을 깨달을 때, 비로소 우리는 통치의 본성을 이해할 실마리를 잡을 수 있다. 이것이 지금까지의 논의에서 도달하거나 제시된 결론이다. 우리가 보았듯이 엉뚱한 곳이란 바로 내적인 생성 능력에 의해서 국가를 만들어 낸다고 가정되는 힘, 즉 이른바 인과적 동인 또는 작자authorship의 영역이다. 국가는 아이가 자궁 속에 배태되듯 유기체적 교접에 따라 창조되는 것도 아니고, 기계가 발명되듯 직접적인 의도에 따라서 창조되는 것도 아니며, 인격적 신이든 형이상학적인 의지이든 어떤 내재적 정신의 숙고에 의해서 창조되는 것도 아니다. 우리가 설령 국가의 기원을 이런 원천에서 찾는다고 하더라도, 사실에 대한 현실적인 고찰은 결국 우리가 개별적인 인간들, 즉 너, 그들 그리고 나 이외에는 아무 것도 발견할 수 없다는 결론으로 인도한다. 그때 우리는 – 적어도 우리가 신비주의를 받아들일 수 없다면 – 공공성이 신화 속에서 태어나고 미신에 의해 지지되고 있다고 추론하지 않을 수 없다.

## 공공성과 국가

무엇이 공공성인가에 대해서는 많은 대답이 있다. 그런데 불행히도 대부분의 대답은 질문을 재진술restatement한 것에 불과하다. 예를 들면, 공공성은 전체로서의 공동체community 라고 말해지고, 전체로서의 공동체는 자명하고 설명할 필요가 없는 현상으로 간주된다. 그러나 **전체**로서의 공동체는 다양한 방식으로 개인들을 결합하는 다양한 연합적 유대관계를 포함하고 있을 뿐 아니라 또한 거기에는 어떤 통합적 원리에 따라 모든 요소가 조직화되어 있다. 이 통합적 원리가 바로 우리가 찾고 있는 것이다. 왜 거기에 모든 것을 포괄하며 규제하는 어떤 통일적인 것이 있어야만 하는가? 만약 우리가 그런 것이 있다고 가정한다면, 그 물음에 답할 수 있는 유일한 근거는 인간성이지, 역사에서 국가로서 등장하는 [선험적] 사태들이 아니다. 연합적 힘이 선험적 보편성을 가진다는 생각¹은 즉시 다수의 국가가 여러 곳에 산재하고, 자신의 고유한 영역과 한계를 가지며 다른 국가에 대해 무관심하거나 심지어 적대적으로 존재한다는 명백한 사실과 충돌한다. 형이상학적인 일원론적 정치철학이 이 명백한 사실에 대해서 할 수 있는 일은 단지 그것을 무시하는 것밖에 없다. 또는 헤겔이나 그의 추종자들처럼 신화적인 역사 철학을 구성하여 신화

---

¹ [역주] 인간은 본래 사회를 이루며 살아가는 선천적 본성을 보편적으로 지니고 있다는 생각을 말한다. 대표적으로 '인간은 사회적 동물이다'라고 말한 아리스토텔레스를 예로 들 수 있다. 이것은 결국 연합하여 사회를 이루는 경향성은 선천적 보편성을 갖는다는 주장이라고 할 수 있다.

적인 국가이론의 빈곤함을 보완할 수밖에 없다. 보편적 정신은 현실의 국가들을 차례로 자신의 이성과 의지의 객관화를 위한 수단들로 장악해 나간다.

이런 점들을 고려할 때, 직접적으로 관련된 개인이나 연합체들을 넘어서 확장되는 중요한 결과들이 공공성의 원천이라는 우리의 명제는 더욱 힘을 얻는다. 또한 공공성이 국가로 조직화되는 것은 이러한 결과를 보살피고 조절하는 특별한 기관들의 확립을 통해서라는 우리의 명제도 더욱 강화된다. 그러나 동시에 위의 고려는 현실의 국가가 드러내는 특성도 제시한다. 이 특성은 이미 언급한 기능을 수행하며, 어떤 것을 국가라고 부를 수 있게 하는 실제적 표지가 된다. 이러한 특성에 대한 논의는 공공성의 본성과 그 정치적 조직화의 문제를 명확히 규정하고 또한 우리의 이론을 검토하는 데 기여할 것이다.[2]

## 지리적인 범위

국가의 본성을 드러내는 지표나 기호로서 가장 적당한 특징은 앞서 언급한 것, 즉 시간적, 지리적으로 정위$^{location}$ 되어 있다는 것이다. 범위가 너무 좁고 제한적이어서 하나의 공공성이 될 수 없는 연합체가 있고 마찬가지로 서로 너무 고립적이어서 하나의 공공성으로 포섭될 수 없는 연합체도 있다. 국가로 조직될 수 있는 공공성을 발견하는 문제는 부분적으로는 너무 근접하고 친밀한 것과 너무 멀고 소원한 것 사이의 어떤

---

[2] [역주] 이하에서부터 듀이는 현실 역사 속의 조직된 공공성 즉, 국가가 지니는 현실적 특징에 대해서 살펴보려 한다.

가에 경계선을 긋는 문제이다. 직접적인 근접성 또는 얼굴을 직접 마주하고 있는 관계에서 생겨나는 결과는 너무 직접적이고 생생한 이해관계의 공동체, 가치의 공유를 초래하므로 정치적 조직화의 필요성을 불러일으키지 않는다. 한 가족 내의 연관은 가족 모두에게 친숙하며, 그래서 직접적인 앎과 관심의 문제들이다. 사회적 단위들의 구획에서 중요한 역할을 해 온 이른바 혈연적 유대는 대체로 공동적인 행위의 결과에 직접적으로 관여한다는 사실에 기초해서 생겨난 것이다. 가정 내에서 한 사람의 행위는 다른 사람에게 직접적으로 영향을 미치며 그 결과는 즉각적으로 그리고 지극히 사적인 방식으로 실감된다. 흔히 말하듯이 그 결과는 "자명하다." 그 결과를 보살피는 특별한 조직은 필요 없다. 그 유대가 한 씨족 내의 여러 가족들로, 또 한 부족 내의 여러 씨족들로 확장될 때, 연합적 행동의 결과들은 너무 간접적으로 되어서 특별한 조처가 요청된다. 반면 이웃 관계는 주로 가족에서 보이는 것과 같은 연합의 패턴에 따라 구성된다. 갑자기 발생한 특별한 돌발 사태들에 대응하기 위한 관습과 임시적인 조처들은 그것을 통제하기에 충분하다.

허드슨[3]이 아름답게 묘사한 윌트셔 Wiltshire의 한 마을을 생각해 보라. "모든 집은 새와 짐승의 삶과 더불어 각기 인간의 삶의 본거지를 지니고 이 본거지들은 서로 잇닿아 있고 손과 손을 맞잡고 일렬로 늘어선 아이들처럼 연결되어 있다. 그 전체가 하나의 유기체, 하나의 생명이 있는 그리고 하나의 마음에 의해 움직이는 본능을 형성하고 있다. 마치 땅 위에 길게 펴 휴식을 취하는 얼룩 뱀처럼 말이다. 가령 마을 한쪽 끝에

---

[3] [역주] 허드슨(Hudson)은 1841년에 태어나 1922년에 세상을 떠났다. 아르헨티나 태생의 작가, 자연연구가이자 조류학자이며, 지금까지 아르헨티나의 국민작가로 존경받고 있다. 안데스 산맥의 한 산(Cerro Hudson)이 그의 이름을 따서 명명되었다. 자연스럽고 아름다운 글쓰기로 유명하다.

사는 사람이 장작을 패고 있다가 그만 날카로운 도끼를 발등에 떨어뜨려 중상을 입었다고 하자. 그러면 사고 소식이 입소문을 타고 1마일이나 떨어진 다른 쪽 끝으로 전해질 것이다. 모든 마을 사람이 즉시 그 사실을 알게 될 뿐 아니라 동시에 사고 순간의 이웃의 모습 - 그의 발등에 떨어지는 시퍼런 도끼, 상처에서 흘러나오는 붉은 피 - 을 생생하게 머리에 떠올릴 것이다. 또한 그는 동시에 자신의 발에 통증을 느끼고 몸 전체에 충격을 느낄 것이다. 이와 마찬가지로 모든 사고와 감정이 굳이 말을 통해서 의사소통되지 않을지라도 서로 자유롭게 이전된다. 모든 사람은 그들 작은 고립된 공동체의 성원들을 통합하는 공감과 연대성 덕분에 이미 참여자이다. 아무도 다른 사람들에게 낯설게 느껴지는 생각이나 감정을 가질 수 없을 것이다. 개인과 마을 전체의 기질, 기분, 외모는 동일할 것이다."[4] 이러한 친밀성의 조건 아래서 국가는 불필요하다.

인류 역사의 오랜 기간, 특히 동방에서 국가는 종교적 신념에 의해 신격화된 멀리 있는 인물들[5]이 가족과 이웃관계에 드리우는 그림자에 불과하다. 거기서 국가는 지배$^{rule}$하지만 [직접적으로] 통제$^{regulate}$[6]하지는 않는다. 왜냐하면, 거기서 지배는 공물과 의례적인 존경을 받는 데에 제한되어 있기 때문이다. 의무는 가족 관계 내에 있다. 재산은 가문에 의해 소유된다. 연장자에 대한 개인적 충성이 정치적 복종을 대신한다.

---

[4] W. H. Hudson, 『A Traveler in Little Things』, pp. 110~112
[5] [역주] 신의 아들로 자처한 황제나 백성의 어버이로 간주한 왕을 가리킨다.
[6] [역주] 듀이는 '지배'라는 말로서 권력이 있다는 의미로 사용한다. 국가나 정당은 그런 권력을 가질 수 있는데, 이것이 곧 그런 권력을 통해서 실제적으로 사회적, 정치적 관계를 '통제'(regulate)하거나 '통치'(govern)하는 상황을 필연적으로 포함하는 것은 아니다. 예를 들어, 위의 사례인 동양의 고대 국가에서 국가는 권력을 소유하지만, 실제로 사회적 정치적 관계를 조정하고 규정하는 힘은 국가의 지배적 권력이 아니라 도덕적인 규칙이나 관례에 있었다.

부부관계, 부자관계, 노소관계, 친구관계가 권위를 작동하게 하는 기초를 제공한다. 정치는 도덕에서 파생된 한 분야가 아니다. 정치는 도덕에 포함되어 있다. 모든 덕목은 효의 관계 속에서 집약된다. 비행非行은 조상과 혈족에게 누累가 되므로 비난받아야 한다. 관리들은 알려져 있지만, 단지 회피될 뿐이다. 송사訟事를 일으키는 것은 수치스러운 일이다. 고원한 신정정치 국가의 가치척도는 자신의 권력을 행사하지 **않는** 것에 놓여 있다. 국가의 완성은 자연적 과정과 일치되는 데에 있다. 이러한 일치 때문에 사계절은 변함없이 순환되고 들판에서는 태양과 비의 은혜로운 지배 아래서 곡식이 산출되며 이웃들은 평화롭게 번영을 이룬다. 친밀하고 가족적인 근접 집단은 포괄적 전체 내의 하나의 사회적 단위가 아니라 거의 모든 목적들에 있어서 독립된 사회 그 자체이다.

다른 한편 강, 바다, 산맥, 낯선 언어나 종교에 의해 분리된 사회적 집단들도 있는데, 이들 간에는 전쟁을 제외하고는 서로에 대해 실감될만한 결과가 생기지 않는다. 그러므로 거기에는 공동의 이해관계, 공공성이 없으며 포괄적인 국가의 필요성이나 가능성도 존재하지 않는다. 국가의 다수성은 아주 보편적이며 잘 알려진 현상이기 때문에 당연시된다. 그것은 설명을 요하지 않는 것으로 보인다. 그러나 그것은 이미 보았듯이 여러 이론이 쉽사리 대처하기 어려운 문제를 제기한다. 국가의 토대라고 주장되는 공통의지와 이성을 괴상한 방식으로 제한함으로써만 이 문제의 어려움은 극복될 수 있다. 간단히 말하면, 보편적 이성이 산악 지형을 건너뛸 수 없다거나 객관의지가 강물 때문에 멈추어 선다는 것은 기이하게 들린다. 물론 이런 어려움은 다른 이론들의 경우 그렇게 크지 않다. 그러나 연합적 행위의 결과를 결정적 요소로 삼는 국가 이론[7]만이

---

[7] [역주] 이것이 바로 듀이가 이 책에서 제시하려는 국가 이론이다.

무수한 국가가 있다는 사실에서 자신을 증거하는 특성을 발견할 수 있다. 연합된 행동의 결과가 확산되는 것을 방해하는 것은 무엇이든 바로 그 사실로 인해서 정치적 경계를 설정하는 기능을 수행한다. 이러한 설명은 설명되고 있는 사태와 마찬가지로 평범한 사실이다.

## 국가의 다수성

국가의 영역은 협소하고 친밀한 연합체들과 단지 드물고 가냘픈 접촉만을 갖는 매우 소원한 연합체 사이의 어딘가에 놓여 있다. 우리는 이에 대한 뚜렷하고 간결한 구획선을 찾을 수 없으며, 그런 기대를 해서도 안 된다. 마을과 주변에 있는 마을이 알아 볼 수 없게 정치적 공공성으로 변화된다. 상이한 국가들은 연맹과 동맹을 통해서 국가제도의 몇 가지 표지를 가지는 더 큰 전체로 이행할 수 있다. 우리의 이론에 기초해서 예견할 수 있는 이러한 상황은 역사적 사실에 의해서도 확인된다. 국가와 다른 형태의 사회적 연합체를 구별하는 선이 불안정하고 가변적이어서, 개념처럼 분명히 구획되어 있는 어떤 것을 구체적인 대응물로서 제시하려는 국가 이론[8]은 어려움을 겪는다. 그런 장애는 경험적 결과에 기초할 때, 당연히 일어날 수밖에 없는 것이다. 정치적 지배가 단지 조세와 군인의 강제적인 징발에 머무르는 곳에서는 정복에 의한 제국들이 있다. 거기서는 비록 국가라는 단어가 사용될 수는 있지만 공공성의 특징적 표지들이 보이지 않는다. 다른 한편 고대 그리스의 도시국가들처럼 공동

---

[8] [역주] 이것은 선험적 원리나 근원적 주체를 통해서 국가의 본질과 특징을 개념적으로 명쾌하게 제시하려 시도하는 기존의 국가이론들을 가리킨다.

의 조상이라는 허구를 핵심적 요소로 하고 한 가문의 신들과 숭배예식이 공동체의 신, 신전 그리고 숭배예식으로 대치되는 정치적 공동체들이 있다. 이 국가들에서는 가족에서와 같은 생생하고 즉각적인 접촉이 존속하는 한편, 다양하고 더 자유롭고 풍부한 삶을 향한 변형적 영감 transforming inspiration 또한 존재했다. 이 변형적 영감의 이슈들은 매우 중요해서 여기에 비하면 이웃의 삶은 협소하고, 가문의 삶은 지루하다.

내가 제안한 가설에 따를 때 국가 형태가 다양하고 지속적으로 변하는 것은 독립적인 국가들이 수적으로 다양한 것과 마찬가지로 잘 설명된다. 공동적 행위의 결과들은 "물질적 문화"에서의 변화, 특히 원자재, 완제품 그리고 무엇보다도 기술, 도구, 무기와 장비의 교환에서 생겨나는 변화와는 종류도 다르고 규모도 다르다. 반대로 물질적 문화에서의 변화는 이동, 운송 그리고 통신 수단의 발명에 의해 직접적인 영향을 받는다. 양떼나 소떼를 기르며 살아가는 민족은 말을 타고 자유롭게 돌아다니는 민족과 매우 다른 조건에 적응하게 마련이다. 어떤 형태의 유목생활은 대체로 평화적이고 다른 형태는 호전적이다. 대체로 말해서 도구와 장비들은 과업을 결정하며 과업은 연합된 행의의 결과를 결정한다. 과업들은 이렇게 결과를 결정하는 가운데 상이한 이해관계가 있는 공공성을 등장시킨다. 그리고 이 상이한 이해관계는 자신을 돌보아 줄 상이한 유형의 정치적 행동을 요구한다.

정치 형태에서 통일성보다 다양성이 대세라는 사실에도 원형적인 실재로서의 국가 자체에 대한 신념이 정치철학과 정치학에서 사라지지 않고 있다. 그동안 엄청난 변증법적 재능이 동원되어 국가의 어떤 본질이나 내재적 본성 - 이것을 통해서 어떤 특정한 연합체는 자신을 국가라고 규정할 수 있는 자격을 가진다 - 을 구성하려 하였다 마찬가지로 이 형태론적 유형에서 벗어나는 것을 모두 제거하고 또 (이것이 더 선호되는 데) 국가들을 미리 정의된 본질에의 접근 정도에 따라서 위계적인 가치질서 아래 배열하기 위해서도 같은 재능이 사용되었다. 한 국가를 좋은 또는 참된 국가로 만드는 범형이 있다는 생각은 이론뿐 아니라 실천에도 영향을 미친다. 무엇보다도 그런 생각은 국가구조를 아무 사전작업 없이 직접적으로 형성하고 또 그것을 기성복처럼 국민에게 부과하려는 노력을 낳는다. 이러한 견해의 오류가 지각되었을 때, 불행하게도 그것은 국가는 만들어지는 것이 아니라 '성장'하거나 발전한다는 사상으로 대체되었다.[9] 이때 '성장'은 단지 국가가 변화한다는 것을 의미하지 않는다. 거기서 성장은 어떤 내재적인 의지나 원리 때문에 규칙적인 단계를 거쳐서 미리 예정된 결과로 진화하는 것을 의미한다. 이 이론은 정치적 형태의 변화를 의식적으로 지도direct할 수 있는 유일한 방법, 즉 결과를 미리 판단하기 위해 자신의 지성을 사용하려는 용기를 꺾는다. 이 이론은 자신이 대체시킨 이론[10]과 마찬가지로 국가 자체를 본질적이고 참된 것으로 정의하는 유일무이한 표준적 형태가 있다고 가정한다. 그리고 잘못된 자연과학적 유추를 통해서 주장하기를 이런 과정적 단일성을 가정해야만 사회를 "과학적으로" 다룰 수 있다고 주장한다. 첨언하면, 그런 이론은 어떤 국가가 정치적으로 "선진화되어서" 자신이 진화의 정점에 근접했으며 따라서 최상의 국가라고 자만할 때 거기에 빌붙어 아첨하였다.

---

[9] [역주] 통상적으로 듀이는 '성장'을 삶과 교육의 핵심적 요소로서 긍정적으로 평가한다. 그러나 여기서 '성장'은 다른 의미로 사용되었다. 즉 여기서의 성장은 '선천적으로 예정된 과정의 전개과정'이라는 - 듀이의 프래그머티즘의 관점에서 볼 때 부정적인 - 의미로 사용되었다. 듀이가 교육의 목적을 계속적인 성장이라고 했을 때, 이 성장은 학생이 미리 지니고 태어난 소질의 자연적인 발전과정을 의미하는 것이 아니라, 학생이 환경과의 지속적인 상호작용 속에서 점점 더 능숙한 문제해결의 능력을 기른다는 것을 의미한다. 여기서 듀이가 비판하고 있는 국가관은 헤겔이나 마르크스의 국가관인 것으로 보인다.

[10] [역주] 즉, 참된 국가의 이데아 또는 원형이 있다는 이론.

내가 제시한 가설은 정치적 형태와 조직들에서의 변화를 일관되게 경험적으로 또는 **역사적으로** 다룰 수 있게 한다. 즉 "참된" 국가가 – 의도적으로 만들어진 것으로서든 자신의 내적 법칙에 따라 진화한 것으로서든 – 가정될 때 불가피하게 등장하는 어떤 위압적인 개념의 지배 없이 그 변화를 다룰 수 있게 한다. 산업이나 기술영역에서 발생하는 비정치적인 내적 사건들에서 그리고 차용 borrowings[11], 여행, 이민, 탐험, 전쟁 같은 외적인 사건들에서 오는 교란은 새로운 기관이나 기능들이 필요하게 될 정도로 이전에 존재했던 연합들의 결과들을 변화시킨다. 또한, 정치 형태들은 좀 더 간접적인 종류의 변화들에서 영향을 받는다. 개선된 사고 방법의 발전은 조야한 지적 수단들로는 볼 수 없었던 결과들을 관찰할 수 있게 한다. 더욱 민첩해진 지적 통찰력도 새로운 정치적 수단들을 고안할 수 있게 해 준다. 정치학은 사실 그리 큰 역할을 하지 않았다. 그러나 정치가와 정치이론가들의 통찰은 종종 사회적 힘들의 작동을 꿰뚫어 봄으로써 입법과 행정에서 새로운 전환을 일으켰다. 유기체에서와 마찬가지로 정치체 body politic에서도 가변성의 영역이 존재한다. 결코 필연적이지 않은 조처들이 일단 채택된 다음에는 정치체 일부로 수용된다. 이에 의해서 더욱 진전된 다양성이 정치적 관습 속으로 도입된다.

### 귀결된 결과들의 확산

간단히 말해서 공공성이 행위들의 넓고 지속적인 결과를 인지함으로써 구성된다고 주장하는 나의 가설은 국가들이 지닌 상대성을 설명해

---

[11] [역주] 바람직한 외국의 제도와 관습을 받아들이는 모든 활동을 말한다.

준다. 반면 특별한 인과적 주체에 따라서 국가들을 정의하는 이론들은 사실과는 일치하지 않는 절대성을 함축한다. "비교의 방법"에 의해서 고대와 현대 그리고 서양과 동양의 국가들에 공통되는 구조를 발견하려는 엄청난 노력은 모두 수포로 돌아갔다. 그 국가들에서 유일한 상수 常數는 공동적 행동이 복합적이고 간접적으로 확장됨으로써 초래된 이해관계들을 돌보고 조절하는 기능이다.[12]

그래서 우리는 시간적 지역적 다양화는 정치적 조직화 과정의 주된 특징이며, 이것을 잘 분석하면 우리의 이론에 대한 확증을 얻을 수 있으리라고 결론 내린다. 두 번째 특징[13]이자 증거는 공동적 행동의 양적인 범위가 조직화를 필요로 하는 공공성을 생성시킨다는 분명한 사실에서 발견된다. 이미 지적했듯이[14] 한때는 사적인 격분이나 도발이었던 것을 현재는 공적인 관할과 판결의 대상인 범죄로 간주한다. 이 사적인 격분이나 도발은 요즘으로 말하면 한 사람이 다른 사람에게 가하는 모욕과 같은 것으로 간주되었다.[15] 상대적으로 사적인 것에서 공공성으로 이행

---

[12] [역주] 여기서 잘 드러나듯이 듀이는 탐구의 대상을 정의할 때, 그것의 본질적 구조에 주목하기 보다는 실제적 기능에 주목한다.

[13] [역주] 현실 속의 국가의 첫 번째 특징이 시간적 지역적으로 다양한 형태를 취한다는 것이었다. 이제부터 설명하려는 두 번째 특징은 사적인 것과 공적인 것의 경계가 역사적으로 그리고 상황에 따라서 유동적으로 변화된다는 사실이다.

[14] [역주] 이 책의 17쪽에서 듀이는 먼 옛날에는 폭행도 공적인 판결의 대상이 아니라 당사자들 간의 사적인 해결에 맡겨져 있었다고 지적한 바 있다.

[15] [역주] 당시 뿐 아니라 현재에도 미국에서 모욕죄는 '공적인 관할과 판결'의 대상이 아니다. 물론 민사상의 위자료 청구 등은 가능하다. 이것은 서유럽 여러 나라에서도 마찬가지인데, 이렇게 모욕죄를 형법의 대상으로 삼지 않는 것은 표현의 자유를 중시하기 때문이다. 반면 독일과 일본 그리고 우리나라의 경우에는 명예 훼손과 함께 모욕죄를 형법으로 규정하고 있다. 현재 독일에서는 표현의 자유가 위축되는 것을 피하기 위하여 명예훼손 및 모욕죄를 범죄 목록에서 삭제하려는 방안이 논의되고 있다. (위키피디아, 2011년 1월 15일 검색) 우리나라 형법 제311조는 다음과 같이 모욕죄를 규정하고 있다. "공연히 사람을 모욕한 자는 1년 이하의 징역이나 금고

하는 흥미로운 단계, 적어도 제한된 공공성에서 더 확대된 공공성으로 이행하는 흥미로운 단계는 왕의 평화 시대의 영국England of the King's Peace16에서 볼 수 있다. 12세기까지 재판은 주로 장원 내의 법정이나 주州법정, 백호법정百戶法廷, courts of hundreds17 등에 의해 관장되었다. 충분한 수의 신민과 농노를 보유한 영주는 누구나 분쟁에 대해 판결을 내리고 처벌을 가할 수 있었다. 왕의 법정은 많은 법정 중의 단지 하나였고 주로 왕의 농노, 하인, 소유물 그리고 위엄에만 관심을 기울였다. 그러나 국왕들은 자신의 조세수입을 증대시키고 자신의 권력과 위신을 확대하려 하였다. 다양한 방책이 고안되었고 왕의 법정이 행사하는 사법권을 확대할 수 있는 법률적 허구가 만들어졌다. 그 방법은 과거에는 지방 법정에 의해 관리되던 다양한 범죄가 사실은 왕의 평화에 대한 위반이라고 주장하는 것이다. 이러한 중앙집권화의 움직임은 왕의 재판이 득점권을 가질 때까지 계속되었다. 이 사례는 매우 의미심장하다. 왕실의 권력과 이익을 증

---

또는 200만원 이하의 벌금에 처한다." 이와 연관해서 우리나라에는 현재 표현의 자유를 가로막는 법 조항들을 둘러싸고 진보와 보수 간의 논쟁이 진행되고 있다.

16 [역주] 왕의 평화(King's Peace)는 - 여왕이 재위하는 시기에는 여왕의 평화(Queen's Peace)라고 부른다 - 영국의 국왕이 영국, 캐나다, 오스트레일리아, 뉴질랜드를 위시한 영국령의 여러 나라들의 신민들에게 제공하는 보호를 표현하기 위해 사용되는 용어이다. 그러므로 '왕의 평화'는 여러 개별국가가 서로 느슨하게 하나의 우산 아래 통합되어 있는 상태를 표현한다. (Wikipedia Queen's Peace 항목, 2011년 1월 15일 검색)

17 [역주] hundred는 원래 100명의 병사를 징발할 수 있는 지역(또는 100호의 집이 있는 지역)을 지칭하는 용어였는데, 나중에는 하나의 행정구역을 가리키는 용어로서 영국, 웨일즈, 덴마크, 남 오스트레일리아 그리고 부분적으로는 미국, 독일, 스웨덴, 핀란드, 노르웨이 등에서 사용되었다. 특히 영국에서 hundred는 주(州, shire) 아래의 행정단위를 의미했다. hundred의 주요 기능은 주로 법의 집행에 있었고, 정기적으로 (한 달에 한번 또는 두 번 정도) 법정이 개최되었는데, 이것을 court of hundred라고 불렀다. (Wikipedia Hundred(courtry subdivision) 항목, 2011년 1월 15일 검색)

가시키려는 [사적인] 욕망 때문에 부추겨졌던 조처가 단지 확장을 통해서 하나의 비인격적인 공적 기능으로 되었다. 개인적인 특권이 표준적인 정치적 과정 속으로 이행할 때 이런 일은 반복적으로 발생한다. 오늘날에도 사적인 과업들이 양적인 팽창으로 "공적인 이익과 결부"될 때도 그와 똑같은 일이 일어난다.[18]

반대의 사례는 종교적 예식이나 신념이 공공성에서 사적인 영역으로 이행하는 경우에서 볼 수 있다. 대부분의 사람이 경건함과 무종교의 결과가 전체 공동체에 영향을 미친다고 생각하는 한, 종교는 필연적으로 공적인 사안이다. 관습적 숭배에 대한 견실한 헌신은 아주 높은 정치적 함의를 가진다. 신들은 공동체의 혈연적 조상이거나 공동체의 창시자였다. 그들은 올바로 숭배하면 공동체의 번영을 가져다주고, 만약 열정적으로 섬김을 받지 못하면 기근, 전염병 그리고 패전을 가져오는 주인공들이 된다. 종교적 행위들이 그런 확대된 결과들을 낳을 때는 당연히 사원들은 광장이나 공회당처럼 공공건물의 역할을 한다. 예식은 시민적 임무이고 성직자는 공공관리이다. 신정정치가 사라진 이후에도 오랫동안 기적奇蹟은 정치적 제도였다. 불신앙이 높아졌을 때조차도 감히 예식을 무시하려는 사람은 별로 없었다.

경건함과 예배를 사적 영역으로 격하시키는 혁명적 사건[19]은 개인의 양심의 고양과 양심의 권리에 대한 확신 탓이라고 설명된다. 그러나 우

---

[18] [역주] 예를 들면 재벌이나 금융기관의 부도가 초래할 국가 전체의 혼란을 우려하여 이들의 방만한 경영으로 인한 부도위기를 정부가 공적 자금의 투여를 통해서 해결하는 사례들이 여기에 해당할 수 있을 것이다.

[19] [역주] 루터나 칼뱅이 주도한 종교개혁이 여기에 해당한다. 종교개혁은 신교와 구교 간의 30년 전쟁을 촉발했고, 아직도 유럽인의 뇌리에 트라우마(trauma), 즉 정신적 상흔으로 남아 있는 이 전쟁은 결국 베스트팔렌 조약에 의해 종교적 자유와 관용을 선언하는 것으로 귀결되었다.

리가 설명해야 하는 것은 바로 양심의 고양이 무엇을 뜻하는가 하는 것이다. 양심이 잠재적으로 언제나 거기에 있었으며 마침내 용감히 자신을 드러냈다고 가정하는 것은 사건의 순서를 뒤집어 놓은 것이다. 사회적 변화는 여러 국민peoples의 지성적이고 내면적인 구성에서든 아니면 그들의 외적인 관계에서든 다음과 같은 결과를 낳았다. 즉 사람들은 더는 신에 대한 존경과 경멸의 태도를 공동체의 길흉화복과 연결하지 않게 되었다. 신앙과 불신앙은 여전히 심각한 결과들을 초래하지만, 그러나 이제는 이 결과가 직접 관련된 사람들의 일시적인 또는 영원한 행복에 제한된다고 생각되었다. 이와 다른 생각이 지배적일 때, 박해와 불관용은 범죄에 대한 조직적인 적대감만큼이나 정당화될 수 있었다. 불경함은 공공의 평화와 복지에 대한 위협 중에서 가장 위험한 것이었다. 그러나 사회적 변화는 점차로 사적인 양심과 신조의 권리를 공동체적 삶의 새로운 기능 중 하나로 만들었다.

또한, 일반적으로 지성적인 문제와 연관된 활동은 공적 영역에서 사적 영역[20]으로 이행했다. 이러한 급격한 변화는 물론 천부적이고 신성한 사적 권리에 기초해서 촉구되고 정당화되었다. 그러나 종교적 신념에 대해서도 말했듯이, 만약 이런 설명을 받아들인다면, 인류가 그렇게 오랫동안 그 신성한 천부적 권리를 까맣게 모르고 살았다는 것을 이해하기가 매우 어렵게 된다. 사실, 의식의 순수한 사적인 – 그래서 무슨 일이 일어나도 아무런 외적인 결과를 낳지 않는 – 영역이라는 관념은 무엇보다도 우선 정치적이든 종교적이든 제도적 변화의 산물이었다. 물론 다른 신념들과 마찬가지로 그것은 일단 확립되면 다시 정치적인 귀결을 낳는

---

[20] [역주] 여기서 듀이는 the public과 the private realm을 병렬조으로 사용하고 있으며, 따라서 여기서 the public은 '공적 영역'으로 번역하였다.

다. 지성적인 결론을 내릴 때 개인적인 판단과 선택이 많이 허용될수록 공동체의 이익이 잘 보장된다는 사실은, 사회적 유동성과 이질성이 기술과 산업에서 창안과 발명을 불러일으키고 또 세속적인 노력이 교회와 국가에 두려운 경쟁자로 부상하기 전까지는, 관찰될 수 없었다. 그러나 아직도 판단과 신념의 문제에서의 관용은 대체로 소극적인 상태에 머물러 있다. 즉 우리는 그와 반대되는 행동방식[21]에서 유래하는 나쁜 결과를 인정함으로써 (일정 한도 내에서) 서로 내버려 두는 데 동의하고 있을 뿐, 관용의 행동방식이 낳을 적극적인 사회적 이득에 대한 깊은 신념에서 우러나와 서로 관용하지는 못하고 있다. 이 신념이 깊이 지각되지 못하고 있는 한, 소위 사적인 판단의 자연권은 지금까지 등장한 적당량의 관용을 다소 위태롭게 합리화하는 데에 머무를 것이다. 인종차별 단체인 큐 클럭스 클랜 Ku Klux Klan[22]과 과학을 규제하려는 입법적 움직임 같은 현상들은 사고의 자유에 대한 신념이 아직도 피상적이라는 사실을 보여준다.

내가 치과의사나 의사에게 진료를 받는다면, 이 교호작용은 주로 나와 의사 사이에 머무른다. 거기서 영향을 받는 것은 나의 건강과 의사의 돈지갑과 기술 그리고 명성이다. 그러나 그 직업의 수행은 매우 광범위한 결과를 낳기 때문에 의료행위를 하는 사람들의 시험과 면허는 공적인 일이 된다. 존 스미스는 부동산을 사고 판다. 이 거래는 그와 다른 사람

---

[21] [역주] 즉 불관용의 태도를 말한다. 유럽인들은 신교와 구교 간에 벌어진 30년 전쟁이라는 참혹하고 쓰라린 경험을 통해서 불관용의 태도가 초래하는 폐해를 뼛속 깊이 깨달았다. 그러나 듀이가 보기에 이러한 깨달음은 단지 부정적인 경험에 기초한 것일 뿐, 관용이 갖는 적극적인 의미에 대한 깨달음은 아니었다.

[22] [역주] 1865년 12월 14일 미국 남부에서 결성된 비밀 인종차별 단체를 말한다. 설립 목적은 흑인을 억압하고 다시 노예화하는 것에 있으며, 오늘날까지도 수 천 명의 회원을 거느리고 있는 것으로 알려져 있다.

사이에서 일어난다. 그러나 토지는 매우 중요한 사회적 의미가 있어서, 사적인 거래는 법적인 규제를 통해서 제한된다. 등기이전과 소유권의 증거는 공적으로 지정된 양식에 따라 담당 공무원의 일회 아래 기록되어야 한다. 배우자의 선택과 성적인 결합은 극히 사적이다. 그러나 그 행위는 공동체의 존속 수단인 자식을 낳는 조건이다. 공적인 이해관계는 어떤 성적 결합을 합법적으로 만들기 위해 그리고 그것의 법적인 종료, 즉 이혼을 위해 필요한 형식적 절차에서 표현된다. 한마디로 말해 성적 결합의 결과는 거기에 직접적으로 관련된 사람 이외의 많은 사람에게 영향을 미친다. 종종 사회주의 국가에서 결혼과 이혼은 공적인 측면을 상실하리라고 생각된다. 그럴 수 있다. 그러나 그런 국가가 - 현재의 공동체보다 - 남녀의 결합이 아이들이나 국가 자신의 복리와 안정에 미치는 결과에 훨씬 더 민감할 수도 있다. 그럴 때 어떤 규제는 완화되지만 대신 건강, 경제적 능력, 심리적 친화성에 대한 엄격한 규칙이 결혼의 전제 조건으로서 부과될 수 있다.

아무도 자신이 수행하는 모든 결과를 고려할 수는 없다. 우리는 보통 우리의 관심과 예견을 명확히 자신의 관심사에 속하는 것에 제한하게 마련이다. 하려고 하는 일의 결과를 너무 멀리 내다보는 사람은 만약 일반적 규칙들이 존재하지 않는다면 머지않아 극히 복잡한 고려사항 속에서 허덕이게 될 것이다. 가장 시야가 드넓은 사람도 어느 지점에서 한계선을 그어야 하고 또 자신과 긴밀히 연합된 사람들과 관련된 일에서도 그런 한계선을 긋지 않을 수 없다. 어떤 객관적인 규제가 없을 때, 그는 이 사람들에 대한 영향을 어느 정도 합리적인 선에서만 확신할 수 있을 뿐이다. 이기심이라고 불리는 것 중 많은 부분은 관찰력과 상상력의 한계에서 유래하는 것이다.[23] 따라서 파급력이 있는 결과가 다수의 관심사, 즉 단지 간접적으로 연루되어 있어서 도대체 어떻게 영향을 받는지 미리 알 수 없는 다수의 관심사로 될 때, 그 다수가 공중을 형성해서 개입한다. 그것은 다수의 결합된 관찰이 한 사람의 관찰보다 더 광범위하기 때문만은 아니다. 그것은 오히려 공중 자신도 모든 결과를 예측하고 평가할 수 없어서, 여러 경로와 통로를 설정하여 행위가 미리 규정된 한계 내에 제한되도록 하고 그래서 어느 정도 예측 가능한 결과를 낳도록 하기 위함이다.

## 법은 명령이 아니다

그러므로 국가의 규제와 법률을 명령commands으로 간주하는 것은 잘못된 이해이다. 관습법이나 성문법을 "명령"으로 해석하는 이론은 사실은 앞에서 비판한 – 국가를 선행하는 원인에 의해서 정의하는 – 이론의 변증법적 귀결이다. 그중에서도 특히 "의지will"를 국가 생성의 원인으로 간주하는 이론의 변증법적 귀결이다. 만약 어떤 의지가 국가의 기원이라면, 국가의 행위는 그 의지가 신민의 의지에 강요하는 명령과 금지로서 표현된다. 그러나 조만간 명령을 내리는 의지의 정당성에 대한 물음이 등장한다. 왜 지배자의 의지는 다른 사람들의 의지보다 더 권위를 갖는가? 왜 다른 사람들은 복종해야 하는가? 그 논리적 결론은 복종의 근거는 결국 우월한 힘에 있다는 것이다. 그러나 이러한 결론은 어디에 우월

---

[23] [역주] 듀이의 인간관의 일면을 잘 보여 주는 대목이다. 듀이는 인간을 기본적으로 '이기적인 존재'이기보다는 '협동적인 존재'라고 본다. 인간은 사회 속에서 성장하는 과정에서 자연스럽게 타인의 기분이나 마음을 고려하는 법을 배우게 된다. 물론 인간에게 이기적인 면이 있음을 듀이가 부정하지는 않겠지만, 여기서 보듯이 듀이는 그 이기심을 '관찰력과 상상력'의 한계에 기인하는 것이라고 해석한다. 이것은 인간의 이기적 태도에 대한 매우 흥미로운 해석이라고 생각된다.

한 힘이 놓여 있는가를 알아내려고 여러 힘이 서로 경합하는 데로 이끈다. 따라서 사실상 권위의 관념은 폐기되고 힘의 관념이 대신 들어선다. 그다음의 변증법적 결론은 문제의 의지가 어떤 사적인 의지들 또는 그들의 집합을 넘어서는 어떤 것이라는 결론이다. 즉 그 의지는 어떤 압도적이고 지배적인 "일반의지"[24]라는 것이다. 루소가 내린 그리고 독일 형이상학의 영향 아래 있는 이런 결론은 신비적이고 초월적인 절대 의지라는 도그마로 확립된다. 물론 이 초월적 절대 의지는 절대적 이성과 동일시되었기 때문에 단지 힘의 다른 이름에 불과한 것은 아니었다. 이런 [받아들일 수 없는] 두 결론에 대한 대안은 인과적인 동인이 있다는 이론을 포기하고, 대신에 간접적 결과들이 지각되면 그것은 공동적 이해관계를 창출하고 동시에 사태를 관리하기 위한 특별한 기관의 필요성을 제기한다는 이론을 채택하는 것이다.

법규는 사실 개인들이 서로의 이해관계를 조절할 수 있게 하려고 설정한 기초 조건들이다.[25] 그것은 행위의 흐름을 인도하는 구조들이다. 그것은 강물의 흐름을 제한하는 제방과 같은 의미에서만 활동적인 힘이며, 제방들이 흐름을 명령한다는 의미에서만 명령이다. 만약 개인들이 서로 합의에 도달하는 데 필요한 조건들이 명확히 진술되어 있지 않다

---

[24] [역주] 장 자크 루소(1712~1778)에 의해서 널리 알려지게 된 정치철학적 개념으로서 '공동의 선에 대한 전체 인민의 의지'를 가리킨다. 이것은 루소의 정치적 정당성 이론에서 핵심적 역할을 한다. 민주주의 사회에서 국가는 국민의 일반의지를 대변하며, 국가의 법을 준수함으로써 개인은 자기 자신의 실제적 이익을 추구하고 있는 것이다. 일반의지는 공동선을 추구하는 도덕적 의지이다. 루소는 모든 사람이 이런 도덕적 관점을 취할 능력이 있다고 인정한다. 법에 의해 표현되는 일반의지는 개인들이 이런 도덕적 관점을 취할 때 공유하게 되는 의지이다. 이런 맥락에서 루소는 『정치경제학논고』에서 일반의지는 대중에 대한 개인의 희생을 요구하는 것이 아니라 오히려 개인을 보호하는 기능을 한다고 강조했다.

[25] [역주] 결국 법은 '명령'이 아니라 공동적 삶의 '조건'이라는 점을 듀이는 강조하고 있는 것이다.

면, 어떤 합의도 흐릿한 어둠 속에서 끝나거나 아니면 도저히 실행할 수 없을 정도의 방대한 세부 사항을 포함해야 할 것이다. 더욱이 각 합의는 서로 전혀 다를 수 있어서 우리는 하나의 합의에서 결코 어떤 다른 합의의 개연적인 결과를 추론할 수 없을 것이다. 법규는 그것이 준수될 때 합의를 계약으로 만들어 주는 조건을 진술한다. 합의의 조건은 이리하여 적당한 한계 내에서 규제되며 하나로부터 다른 것으로 일반화하고 또 예견하는 것이 가능하다. 단지 어떤 이론에 매몰될 경우에만 우리는 합의가 이런저런 형식으로 이루어져야 한다는 [미리 주어진] 명령이 있다는 주장에 동의할 수 있으리라.[26] 실제로는 먼저 일정한 조건이 설정되고, 한 사람이 이 조건들에 충실하면 그는 일정한 결과를 기대할 수 있고, 반면 그렇지 못하면 그 결과를 예견할 수 없다. 후자의 경우 그는 어떤 우연에 몸을 맡기고, 그리하여 때로는 전체 거래나 교류가 무효가 되어 손해를 입는 위험을 감수한다. 형법의 "금지"들도 이와 달리 해석할 이유는 없다. 형법 조건들은 금지가 침해되거나 위반되면 초래될 수 있는 결과를 고려하고 나서 진술된다. 마찬가지로 우리는 강물이 제방을 무너뜨릴 때 일어날 수 있는 바람직하지 않은 결과를 진술할 수 있다. 그럴 리는 없겠지만, 만약 그 강물이 이러한 결과들을 예견하고 이 예견으로 자신의 행동을 인도할 수 있다고 한다면 우리는 은유적으로 제방이 어떤 금지를 명령하고 있다고 해석할 수 있을 것이다.[27]

---

[26] 판관들이 법의 규칙을 제정한다. "의지" 이론에 따르면 이것은 입법적 기능에 대한 침해이다. 그러나 만약 판관들이 행위의 조건을 더 자세히 정의하는 것이라면 그렇지 않다.

[27] [역주] 뒤집어 말하면, 강물에 의지라는 속성을 부여하는 것이 적절치 않듯이, 국가에 의지를 부여하는 것도 적절치 않다. 국가의 법은 루소가 주장하듯 의지의 소산이 아니라, 예견 또는 통제 가능한 공동적 삶의 조건을 표현하고 있는 것이다.

## 법과 합리성

이 해석은 법이 지닌 수많은 자의적이고 우연적인 요소와 동시에 법과 이성의 그럴듯한 동일화를 설명해 준다. 비록 이 두 가지 사항은 서로 다른 것임에도 말이다.[28] 많은 교류 또는 상호작용에서 중요한 것은 결과들이 어떤 내재적 원리에 의해 이러저러하게 세세히 결정되는 것이 아니라 **어떤** 특정한 양식을 띠는 것이다. 다시 말하면 제시된 조건에 의해서 어떤 세부적 결과들이 확정되어 나오는가는 – 일정한 한계 내에 머무르는 한 – 전혀 중요하지 않다. 거기서 중요한 것은 결과들이 예측 가능한 한도 내에 머물러 있어야 한다는 것이다. 교통법규는 수많은 규칙의 전형이다. 또한, 타인의 집에 무단 침입하는 행위가 평소보다 더 심각한 문제를 일으키게 되는 일몰 시간의 확정 또는 특정한 시간을 정확하게 확정하는 것도 마찬가지이다.[29] 다른 한편 법률의 규칙들은 매우 합리적이어서 몇몇 사람들은 흄의 지적[30]에 근거해서 "이성"이 규칙들의 원천이자 기원이라고 주장한다. 인간은 천성적으로 근시안적이고 이런 특성은 욕망과 정열의 영향을 받아 더 증대되고 또 왜곡된다. "법"은 멀리 떨어진 그리고 장기적인 결과들을 명확하게 드러낸다. 또한 "법"은 직접적인 욕망과 관심이 결심에 미치는 과도한 영향을 방지하는 간결하고

---

[28] [역주] 법이 다양한 자의적이고 우연적인 요소를 갖는다는 측면과 법과 이성이 동일화 될 수 있다는 측면은 사실상 서로 양립하기 힘든 이질적인 것이다. 그럼에도 듀이의 해석은 아래에서 보듯이 양자를 하나의 맥락 속에서 설명해 줄 수 있다.

[29] [역주] 일몰 시간 이전의 주거침입과 이후의 주거침입은 법적으로 전혀 상이한 차원을 획득한다. 예를 들어, 일몰 시간 이후의 주거침입에 대해서는 총기의 사용이 허용될 수 있다. 이때, 이렇게 중요한 일몰 시간을 몇 시 몇 분으로 정하는가는 파급적 결과를 통제하려는 필요성에 의해서 "자의적이고 우연적인" 방식으로 결정되는 것이다. 즉 객관적이고 사실적인 '일몰 시간'이란 있을 수 없다.

[30] 『인간 오성론』, 제2부, sec. vii.

유용한 수단이다. 그것은 어떤 사람 자신의 통찰력이 만약 완전히 이성적이라면 마땅히 행할 수 있을 것을 행하는 수단이다. 왜냐하면, 법의 규칙은 비록 상응하는 경우에 따라서 어떤 특별한 행위 때문에 제정되었을지라도 동시에 다른 가능한 행위들의 무한한 다양성을 고려해서 정식화되기 때문이다. 그것은 어쩔 수 없는 일반화이다. 왜냐하면, 그것은 어떤 종류의 행위로부터 예측되는 여러 결과를 포섭해야 하기 때문이다. 만약 아주 특수한 사건들이 법률의 규칙 내용에 심각한 영향을 미친다면 그 규칙은 명시적으로 또는 무시됨으로써 파기된다. 이 이론에 의하면 "구현된 이성"으로서의 법은 원하는 것을 얻는 데에 적합하게 된 행동의 수단들과 절차들의 공식화된 일반화를 의미한다. 여기서 이성은 인과적 기원이 아니라 기능을 표현한다. 법이 이성적인 이유는 인간들이 스스로 바람직하게 여기는 목적을 산출하는 데 적합한 조건들을 현명하게 선택하고 다듬을 줄 알기 때문이다. "이성" 자체가 법을 생성시킨다고 생각하는 한 저술가는 이렇게 말한다. "부채는 이성 속에서는 시간이 지났다고 해서 부채이기를 멈추지 않는다. 그러나 법률은 일정한 시효를 둔다. 권리침해는 이성 속에서는 무한히 반복된다고 해서 권리침해이기를 멈추지 않는다. 그러나 법률은 상당기간 묵과된 권리침해에 권리의 지위를 부여한다. 시간, 거리 그리고 우연은 순수한 이성의 관심사가 아니지만, 법적 질서에서는 일정한 역할을 한다."[31] 그러나 합리성이 수단을 결과에 적합하게 만드는 것이라면 시간과 거리는 매우 큰 중요성을 지녀야 하는 것들이다. 왜냐하면, 이것은 파급적 결과에 영향을 미치는 동시에 그 결과를 예견하고 또 거기에 대응하는 능력에도 영향을 미치기 때문이다. 사실 우리는 시효에 관한 법률들을 법이 포함하고 있는 합리성을

---

[31] Hocking, 『Man and the State』, p. 51

잘 보여 주는 사례로 선택해도 좋을 것이다. 이성을 "순수한" 것으로 즉 형식논리의 문제로 간주할 때에만 위에서 언급한 예[32]는 이성의 한계를 드러내는 것이 된다.

## 공공성과 오래전부터 확립된 행위 습관

국가 즉 조직된 공공성의 세 번째 표지 – 이것도 우리의 가설에 대한 검토를 가능하게 하는 표지인데 – 는 오래된 그래서 잘 확립되고 뿌리 깊은 행동 양식에 관심을 쏟는다는 것이다.[33] 많은 사람이 모여서 새로운 어떤 것을 만들려고 하는 경우에조차 발명은 특히 개인적인 행위이다. 새로운 관념은 어떤 사람에게 독특한 의미에서 떠올라야 하는 그런 것이다. 새로운 프로젝트는 사적인 발의發意에 의해 시도되고 진행되어야 할 어떤 것이다. 어떤 관념이나 계획이 새로우면 새로울수록 그것은 이미 관례로 인정되고 확립된 것에서 벗어난다. 사태의 본성상 혁신은 관습적인 것에서의 이탈이며, 따라서 저항에 부딪히기 쉽다. 분명히 우리는 발견과 발명의 시대에 살고 있다. 일반화해서 말하면 혁신 그 자체가 관례로 되었다. 상상력이 습관화되었다. 즉, 어디서나 상상력이 기대된다. 새로운 것이 기술적 적용의 형태를 띠면 우리는 이것을 환영하는 경향이 있다. 그러나 항상 그래 왔던 것은 아니다. 지배층은 도구나 장비를 포함

---

[32] [역주] 법률이 시효 규정을 두고 있다는 사실을 가리킨다.
[33] [역주] 현실 속의 국가의 첫 번째 특징은 시간적 지역적으로 다양한 형태를 취한다는 것이었다. 두 번째 특징은 사적인 것과 공적인 것의 경계가 역사적으로 그리고 상황에 따라서 유동적으로 변화된다는 것이었다. 그리고 이제부터 설명하려는 세 번째 특징은 국가가 대체로 전통과 관습을 유지하려는 경향을 갖는다는 것이다. 역주 57)도 참조.

한 모든 새로운 것의 출현을 의심과 적대의 눈초리로 바라보았다. 왜냐하면, 혁신은 이탈이며, 이미 익숙해지고 "자연스럽게" 보이는 행동에 예측 불가능한 교란을 불러일으키는 것이기 때문이다. 최근의 저술가가 분명히 보여주었듯이 혁신은 은밀하게 호시탐탐 진행되어왔다. 그리고 그것은 어떤 직접적인 편리함 때문이었다. 혁신이 행동의 습관을 바꾸는 데서 얻는 효과와 장기적인 결과가 예견되었더라면 아마도 그중 대부분은 사악한 것이라고 거부되었을 것이다. 그중 여러 혁신들을 신성모독이라고 느끼고 채택을 늦게 한 것도 마찬가지 맥락이다.[34] 어쨌든 우리는 혁신의 창안이 국가의 과업이라고는 생각할 수 없다.[35]

## 새로운 것에 대한 공포

조직화한 공동체는 ― 기술이나 공학과 무관한 ― 자연에 대한 새로운 사상에 대해서도 미온적이다. 새로운 사상은 사회적 행동을 교란한다고 생각된다. 낡고 확립된 행동에 관한 한 그것은 물론 올바른 판단이다. 사람들은 대부분 신념상의 습관이든 외적 행위의 습관이든 그들의 습관이 흔들리는 것에 대해 반발한다. 새로운 사상은 이미 수용한 신념의 동요이다. 그렇지 않다면 그것은 새로운 사상이 아니다. 그러므로 새로운 사상의 생산은 특히 어떤 사적인 행위수행이다. 지금까지 존재했던 국가들에서 판단하건대, 우리가 국가에 요청할 수 있는 최대한은 국가가 부당한 간섭 없이 사적인 개인의 새로운 사상적 생산 활동을 용인하는

---

[34] Ayres, 『Science: The False Messiah』, Chapter IV, The Lure of Machinery.
[35] 하나의 명백한 예외는 전쟁 수행의 수단에 관해서이다. 전쟁 수단에 관한 한 국가는 다른 발명들에 대해서는 주저하고 방관적이었던 것만큼이나 탐욕적이었다.

것이다. 새로운 사상과 새로운 사고방식을 만들고 전파하고자 노력하는 국가는 언젠가는 나타날 터이지만, 그런 국가는 아직 막연한 믿음의 대상이지 예측의 대상은 아니다. 만약 그런 국가가 도래한다면, 그것은 새로운 사상의 유익한 결과들이 공통적 신념과 긍정적 평가의 대상으로 변모되었기 때문일 것이다. 사실 지금도 국가는 사적인 개인이 효과적으로 발견과 발명에 종사하는 데에 요구되는 안전을 의해 필요한 조건을 제공한다고 말할 수 있다. 그러나 그것은 단지 부수적인 산물이다. 공공성이 이런 필요한 조건들을 제공하는 근거는 엉뚱한 곳[이를 테면 국제적 경쟁력]에서 오기 때문이다. 그러한 국가의 기여는 공중이 결국 기술적인 노선의 사고에만 우호적이라는 점을 생각할 때 곧 빛이 바랜다. 어쨌든 공공성이 － 좋은 의미에서의 국가라고 불린다고 해서 － 평균적인 국민의 지적 수준을 넘어서리라고 기대하는 것은 불합리하다.

그런데 어떤 행동 양식이 오래되고 친숙해졌을 때 그리고 어떤 수단들이 당연한 것으로서 사용될 때 그것은－다른 관습적인 일들의 전제라는 또 하나의 조건이 충족될 때－국가의 범위 속으로 포함되는 경향이 있다. 개인은 숲 속에서 자신만의 오솔길을 만들 수 있다. 그러나 고속도로는 보통 공적인 관심사이다. 마음대로 사용할 수 있는 도로망이 없다면 우리는 무인도에 표류한 사람과 별로 다를 바가 없을 것이다. 이동과 의사소통의 수단은 그것을 사용하는 사람뿐 아니라 어떤 식으로든 운송되고 전달되는 것에 의존하는 사람들－생산자든 소비자든－에게도 영향을 미친다. 용이하고 신속한 상호소통의 증대는 생산이 점점 더 먼 시장을 위해서도 이루어진다는 것을 의미하므로 대량 생산을 촉진한다. 같은 맥락에서 고속도로와 마찬가지로 철도도 공적으로 관리되어야 하지 않느냐는 논쟁이 일고 있다. 어쨌든 철도가 사회적 삶의 확고한 토대가 되면서 그것을 공적으로 규제하려는 조처들이 취해지고 있다.

오래되어 이미 확립된 것을 질서 있게 국가의 규제 아래 두고자 하는 경향은 심리학적인 지지를 받는다. 습관은 지적이고 육체적인 에너지를 절약하게 한다. 습관은 마음을 수단들에 대한 숙고에서 벗어나게 하며 그리하여 사고가 자유롭게 새로운 조건과 목적들을 다루도록 허용한다. 더구나 잘 확립된 습관이 방해되면 불편함과 반감이 등장한다. 무엇이든 반복되는 것에 대한 주의집중에서 벗어나는 일의 효율성은 귀찮은 일을 회피하려는 감정적 경향에 의해서 더욱 강화된다. 따라서 고도로 표준화되고 단조로워진 활동들을 공공성의 대표자에게 넘겨주려는 일반적인 경향이 존재한다. 따라서 철도의 운용과 경영뿐 아니라 현존하는 기계생산 방식 자체가 반복적 일상routine으로 되어서 기업인들이 공적 소유제를 거부하기는커녕 오히려 극성스럽게 요청하게 되는 때가 올 것이다. 기업인들은 자신의 정력을 새로움, 변화 그리고 긴장 어린 기회를 포함하는 일에 더 많이 쏟으려 한다. 그래서 그들은 사유재산제가 대체로 유지되는 경우라 하더라도 일상화되고 판에 박힌 일을 하느라 정력을 낭비하려 하지 않을 것이다. 이것은 그들이 공공 도로의 관리를 떠맡으려 하지 않는 것과 마찬가지이다. 현재도 상품생산 기계의 공적 운용 문제는 "개인주의" 대 "사회주의"의 문제가 아니다. 그것은 오히려 생산 기계의 경영에서 실험과 혁신이 기존의 습관 및 관례와 비교하여 어느 정도의 비율을 차지해야 하는가의 문제이다. 그리고 다른 것들의 조건으로서 당연시되는 것과 그 자체의 작동을 위해 중요한 것 간의 비율의 문제이다.[36]

---

[36] [역주] 전자, 즉 다른 것들의 조건으로서 당연시되는 것의 비율이 높을수록 그 일은 사회적 습관의 영역에 속하며 따라서 공적 운용의 대상으로 편입될 것이다.

## 회복 불가능한 결과들

공공성의 네 번째 특징은 어린이와 다른 의존적인 사람들(예를 들면 영속적인 도움이 필요한 정신병자)은 특별한 피보호자들이라는 생각에서 표현된다. 어떤 교호작용에 참여하는 사람들이 서로 다른 지위를 가지고 있다면 관계는 일방적이 되기 쉽고 한쪽의 이익에 손상이 가해지기 쉽다. 그 결과가 심각하고 또 특히 되돌릴 수 없다고 생각되면 공공성은 조건을 평등하게 하는 조처를 한다. 입법기관들은 어른보다는 아이, 남자보다는 여성의 근로시간을 규제하는 데에 더 적극적이다. 일반적으로 노동 관련 법규가 계약의 자유를 침해한다는 비난을 피할 수 있는 것은 계약 당사자 간의 경제적 자원이 너무 불균등하기 때문에 진정한 계약의 조건이 빠져 있다는 논거에 의해서이다. 국가의 개입행위는 거래가 이루어지는 하나의 [동등한] 수준을 형성하기 위한 것이다. 그러나 노동조합들은 종종 단체협약을 보장하는 자발적인 결합들이 노동자들의 활동적 참여 없이 이루어진 국가의 개입행위보다 더 당사자들에게 유리하다는 이유로 "온정주의적인" 법률에 대하여 반대한다. 온정주의는 그 대상자들을 자구노력을 하지 못하는 미성년자의 지위에 영구히 붙잡아 두는 경향이 있다는 일반적인 반론도 같은 토대 위에 서 있다. 그럼에도 이러한 반론은 지위의 불평등이 공적인 개입을 부를 수 있다는 원칙에 대한 것이 아니라, 평등을 확보하고 유지하는 최선의 수단에 대한 것이다.

어린이는 주로 가족이 보살펴야 하는 것이 사실임에도 교육을 주로 국가의 책임으로 간주하는 경향이 확립되어 있다. 교육이 어느 정도 효과적으로 이루어질 수 있는 시기는 아동기이다. 이 시기를 잘 이용하지 않으면, 그 결과는 회복불능이다. 방치된 아동기는 나중에 가서 보충되기가 심히 어렵다. 수업과 훈련을 위해 취한 조처는 사회 전체에 대해서 중요한 결과를 초래하기 때문에 법률은 부모가 자녀에 대해 어떤 행위를 해야 하는가를 규정한다. 또한, 부모가 아닌 사람들도 – 허버트 스펜서는 이에 반대하지만 – 학교를 유지하기 위해서 세금을 내야 한다. 또한, 위험한 기계를 운용하거나 비위생적 조건을 지닌 기업들에서 보호조치를 게을리 하면 그 결과는 매우 심각하고 회복불능이어서 현대의 공공성은 안전과 건강이 보호되는 조건을 유지하기 위해 개입한다. 국가의 후원 아래 질병과 노후에 대비하려는 움직임들도 같은 원리를 보여준다. 최저 임금을 공적으로 규제하는 일은 아직 논쟁 중이긴 하지만, 어쨌든 최저임금을 옹호하는 논거는 이미 언급한 기준에 호소하고 있다. 즉 생존 임금은 사회에 대해 매우 심각한 간접적 결과를 낳기 때문에 직접적 이해 당사자들에게만 맡겨둘 수 없다는 것이 그 핵심 논거이다. 동시에, 직접적이고 매우 급한 필요는 교호작용의 한쪽으로 하여금 효과적인 거래를 할 수 없도록 만들 수 있기 때문이라고 그들은 말한다.

   이상에서 우리는 이런저런 결론을 확보하려고 미리 예정된 방식으로 적용할 수 있는 기준을 확정하려는 시도를 전혀 하지 않았다. 우리는 국가 행위가 미래에 취하게 될 특별한 형태들을 예견하는 데에 관심이 없다. 우리는 단지 공적 행위를 사적 행위와 다른 것으로 특징짓는 표지들을 지적하는 데에 집중했다. 개인 간의 그리고 집단 간의 교호작용은 그의 간접적 결과 – 즉, 직접 관여된 사람들을 넘어서는 파급효과 – 들이 '중요성'을 가질 때 공적인 영역을 만들어 낸다. 여기서 중요성의 관념은 아직 불분명한 요소들을 지닌다. 그러나 적어도 우리는 중요성을 생겨나게 하는 몇몇 요소들을 지적했다. 예를 들면 시간적 공간적인 결과의 광범위함, 결과가 고정되고, 단일하며 반복적인 성격을 가짐, 또한 회복불가능한 영향을 미침 등등이다. 이들 각각은 또한 정도의 문제를 포함하고 있다. 마치 썰물이 남겨 놓은 선처럼 분명하게 그어진 명쾌한 경계선은 없다. 중요한 이해관계가 있고 또 그 이해관계가 특별한 기관이나 정부 공무원에 의해 감시되고 관리되어야 하는 공공성이 정확히 어느 지점에서 생겨나는가는 분명하지 않다. 따라서 종종 논쟁의 여지가 있게 마련이다. 사적인 발의와 경영에 맡겨지는 행위와 국가에 의해 규제되는 행위의 구획선은 실험적인 방식으로 발견되어야 한다.

## 시간 및 장소적 환경에 따른 국가 기능의 변이

나중에 보게 되겠지만, 왜 공적 영역과 사적 영역의 구획선이 시간과 장소에 따라서 전혀 다르게 그어지게 되는가에 대해서는 여러 이유가 제시될 수 있다. 공공성이 행위의 결과들과 그 결과에 대한 지각에 의존하며 동시에 공공성이 국가로 조직화하는 것이 특수한 기관들을 발명하고 운영하는 인간의 능력에 의존한다는 사실은 어떻게 그리고 왜 공공성과 정치적 제도가 시대와 장소에 따라 전혀 다르게 나타나는가를 설명해 준다. 그러므로 한편으로 개인과 다른 한편으로 국가의 내재적 본성과 한계에 대한 선천적 관념이 언제 어디서나 좋은 성과를 낳으리라고 가정하는 것은 부조리하다. 그러나 국가가 만약 인과적 등인에 의해 형성되었다면 당연히 가지게 될 그런 명확한 본성을 갖는다면 또는 만약 개인들이 연합의 조건들과 무관하게 영원히 고정된 본성을 갖는다면, 개인적 행위와 국가 행위의 영역을 단번에 결정적으로 분할하는 일은 논리적으로 필연적인 귀결이다. 그러나 그런 이론은 실천적인 해결책을 내놓을 수 없는데, 바로 이것이 행위의 결과를 본질적인 사항으로서 강조하는 나의 이론의 타당성을 확증해 준다.

## 국가와 정부

결론적으로 우리는 이상의 논의가 공공성, 정부 그리고 국가 간의 상호관계에 대해서 어떤 시사점을 주는지를 분명히 하고자 한다.[37] 여기에 대해서는 두 가지 극단적 견해가 대립하고 있다. 한편으로 국가는 정부와 동일시된다. 다른 한편 국가는 일단 자립적인 실존을 확보하면 정부를 구성하는 어떤 기관들을 형성하고 운영하는 데로 나아간다고 사람들은 말한다. 마치 우리가 하인들을 고용하고 그들에게 임무를 부과하듯이 말이다. 후자의 견해는 인과적 동인의 이론에 의지할 때 적절하다. 결합된 assembled 개인들의 일반의지든 개별의지든 어떤 힘이 국가를 존재하게 한다. 그리고 나서 국가는 자신의 행위를 대리할 특정한 사람들을 선택한다. 이 이론의 지지자들은 국가가 본래 신성하다는 관념을 가지기 쉽다. 즉 역사가 풍부하게 보여 주는 구체적인 정치적 악들은 오류를 저지르는 타락한 정부의 탓으로 돌리고 반면 국가는 자신의 명예를 고스란히

---

[37] 이 글 전체를 통해서 이해되어야 하지만 단지 가볍게 다루어지는 하나의 사항을 여기서 밝혀둔다. 여기서 "정부"와 "공무원"라는 단어는 우리에게 매우 익숙해서 이 말과 함께 즉시 떠오르는 어떤 특수한 구조와 연관해서 사용되고 있지 않다. 기능적 의미에서 그 두 단어는 우리가 영국이나 미국의 정부와 공무원에 대해 말할 때 의미하는 것보다 훨씬 더 넓은 의미에서 사용된다. 예를 들어 가사 영역에서도 보통 규칙과 '우두머리'가 존재한다. 부모 특히 아버지는 가족 이해관계의 공무원이다. "가부장적 가족"은 가정이 다른 사회적 형식들에서 비교적 고립되어 있기 때문에 사실 좀 더 미약한 형태로 거의 모든 가족들 속에 있는 것의 명백한 강화를 제시한다. 이와 같은 종류의 언급이 공공성과 연관해서 "국가"라는 용어에도 적용된다. 이 글은 현대적 조건에 관심을 기울인다. 그러나 내가 제시한 가설은 일반적인 타당성을 의도하고 있다. 따라서 국가는 매우 현대적인 제도라는 명확한 반론에 대해서 나는 현대성이 국가라고 불리는 구조의 한 성질이지만 그럼에도 (거의) 모든 역사는 국가와 유사한 기능이 이미 발휘되고 있음을 기록하고 있다고 대답하려 한다. 나의 논증은 이러한 기능과 이 기능의 작동 양식에 관심이 있으며, 반면 어떤 용어가 사용되는가에는 무관심하다. 따라서 나는 이 글에서 간략함을 위해서 "정부" 또는 "공무원" 같은 단어와 마찬가지로 "국가"라는 단어도 자유롭게 사용하고 있다.

보존할 수 있다. 반면 국가를 정부와 동일시하는 견해는 구체적이고 관찰 가능한 사실들에 주목할 수 있다는 장점이 있다. 그러나 그것은 지배자와 국민 간의 설명할 수 없는 분리를 초래한다. 만약 정부가 [공중에 의존하지 않고] 스스로 자립적으로 실존한다면, 정부가 존재해야만 하는 이유는 어디에 있는가? 정부의 지배를 허용하는 충성과 복종의 습관이 계속 존속해야 하는 이유는 무엇인가?

앞에서 제시한 가설을 통해서 우리는 이상의 두 가지 관념[38]에 부수되는 난점들에서 벗어날 수 있다. 연합된 행위에서 파급되는 지속적이고 또 심각한 결과가 공공성을 존립하게 한다. 공공성은 그 자체로는 조직화되어 있지 않고 형태도 갖지 않는다. 공무원들과 그들의 특별한 권력에 의해서 공공성은 국가로 된다. 대표자인 공무원들을 통해서 조직화되고 작동하는 공공성이 국가이다. 정부 없이는 국가도 없으며, 또한 공공성이 없이는 정부도 국가도 없다. 공무원은 여전히 개별적인 존재이지만 동시에 새롭고 특별한 권력을 행사한다. 이 권력은 공무원의 사적인 이익을 위해 전용될 수 있다. 그럴 때 정부는 부패하고 자의적이다. 의도적인 뇌물수수, 사적인 명예와 이익을 위해 특별한 권력을 사용하는 것과 전혀 별도로 마음의 아둔함과 행동의 거만함 그리고 계급적 이익과 편견은 관직에 의해서 강화된다. "권력은 독약"이라는 통찰은 워싱턴의 정치가 중 가장 현명하고 경험 많은 관찰자의 논평이다. 다른 한편 관직의 수행은 어떤 사람의 관점을 확대하고 그의 사회적 관심을 자극하여 그가 정치가로서 자신의 사적인 삶과는 무관한 특성을 가지게 할 수 있다.

그러나 공공성은 국가를 단지 공무원과 공무원의 행동을 통해서만 형

---

[38] [역주] 정부를 국가와 동일시하는 입장과 국가가 먼저 존립하고 자신의 대리인으로 정부를 만들어 낸다는 입장을 말한다.

성하기 때문에 그리고 공적 지위를 맡는 것이 성체변환transubstantiation의 기적을 일으키지는 않으므로 정치적 행동에서 나타나는 엄청난 우둔함과 오류의 광경은 당혹해할 일도 실망할 일도 아니다. 이러한 광경을 불러오는 여러 가지 사실을 고려할 때, 우리는 정치적 기관과 방법에서의 단순한 변화가 어떤 엄청난 변화를 가져오리라는 환상적 기대를 하지 않게 된다. 물론 때로는 그런 변화가 일어난다. 그러나 그것은 사회적 조건이 새로운 공공성을 산출함으로써 그런 변화를 가능하게 했기 때문에 일어난 것이다. 국가는 이미 작동하고 있는 힘들에 명확한 행위의 경로를 제공함으로써 그들을 공식적으로 인증한다. "국가"를 자립적인 어떤 것, 본래 일반적 의지와 이성을 드러내는 어떤 것으로서 간주하는 것은 환상에 불과하다. 그런 입장은 본래적 국가와 하나의 정부[39]를 너무 날카롭게 구별한 나머지, 이론적 관점에서 볼 때, 정부는 타락하거나 불법적일 수 있지만 동시에 본래적 국가는 본래적 위엄과 고귀함을 유지할 수 있다고 생각한다. 그래서 공무원은 비열하고, 완고하고, 오만하고 어리석을 수 있지만 그들이 복무하는 국가의 본성은 본질적으로 아무 손상 없이 유지된다. 그러나 공공성은 정부를 통해서 국가로 조직화되므로 국가는 그 공무원의 모습과 같은 모습을 띤다. 그러므로 시민이 공무원을 지속해서 감시하고 비판할 때만 국가는 성실성과 유용성을 유지할 수 있다.[40]

---

[39] [역주] 본래적 국가는 'The State'를 번역한 것이고 하나의 정부는 'a government'의 번역이다. 대문자로 쓴 국가는 선천적인 이념 또는 이상화된 기구로서의 본래적인 국가를 의미한다. 이 국가는 본질적 차원 속에 고이 보존되는 반면, 하나의 정부는 그것이 현상하는 하나의 형태로서 국가의 모든 잘못과 왜곡을 떠맡는 기능을 한다. 이하에서도 '본래적 국가'는 대문자로 쓴 국가의 번역어로 사용될 것이다.

[40] [역주] 듀이는 공무원 또는 공직자들이 언제라도 자신에게 부여된 공적인 사명을 망각하고 사적인 이익을 위해서 자신의 권력을 사용할 수 있다는 점을 강조한다.

## 국가와 사회

이제 논의는 좀 더 분명한 통찰들과 함께 다시 국가와 사회의 관계 문제로 되돌아온다. 개인과 연합체 간의 관계 문제, 즉 때때로 개인과 사회의 관계로서 제시되는 문제는 무의미한 문제이다. 알파벳의 철자와 알파벳 간의 관계를 문제 삼는 편이 차라리 더 유의미할 것이다. 알파벳은 여러 개의 철자이며, "사회"는 서로 관계 맺고 있는 개인들이다. 철자 서로 간의 결합 양식은 물론 중요한 문제이다. 철자들은 결합하여 단어와 문장을 형성하고, 어떤 결합 속에 있지 않으면 아무 의미도 없다. 나는 이것이 직접 개인들에게도 똑같이 적용될 수 있다고는 말하지 않겠다. 다만 개별 인간들이 서로 간의 지속적이고 다양한 연합 속에서 실존하고 행동한다는 사실은 반박될 수 없음을 말하고자 할 뿐이다. 이러한 공동 행위의 양식들과 그 파급적 결과들은 개별 인간의 외적인 습관뿐 아니라 그들의 감정, 욕망, 계획, 가치평가의 성향에 심오한 영향을 미친다.

그러나 "사회"는 추상명사이거나 아니면 군집명사이다. 구체적 현실에서는 엄청나게 많은 종류의 사회, 연합, 집단이 존재하며, 이들은 서로 다른 유대를 가지며 서로 다른 이해관계를 제기한다. 그들은 깡패집단, 범죄조직일 수도 있고, 스포츠, 사교, 식사 클럽일 수도 있으며, 과학적이며 전문적인 조직일 수도 있고, 정치적 정당들과 그들 내의 연합체일 수도 있고, 가족들, 종교적 교파, 동업관계 그리고 법인체들일 수도 있

---

지금도 연일 신문지상을 장식하는 각종 비리와 부정부패는 그래서 놀라운 일도, 통탄할 일도 아니다. 공직을 맡는다는 것은 자동으로 사적인 인간을 공적인 인간으로 변환시키는 것은 아니기 때문이다. 중요한 것은 국민이 공무원과 그들의 활동에 대해서 지속적인 감시와 통제를 할 때만 부정과 부패가 사라질 수 있다는 것이다.

다. 그것을 헤아리자면 끝이 없다. 연합들은 지역적, 전국적, 국제적일 수 있다. 이들의 불명료한 중첩영역을 제외하고는 사회라고 불릴 수 있는 단 하나의 것은 없다. 즉 "사회"라는 용어에 부여될 수 있는 하나의 무제약적이고 적극적인 의미는 없다. 어떤 사회집단은 대체로 승인되고, 어떤 사회집단은 거기에 관여하는 사람들의 성격과 행동에 미치는 결과 때문에 그리고 다른 사람들에게 미치는 간접적 결과 때문에 비난받는다. 모든 사회는 모든 인간적인 것들이 그렇듯이 질적으로 혼합되어 있다. "사회"는 비판적으로 그리고 차별적으로 접근되고 판단되어야 하는 어떤 것이다. 어떤 종류의 "사회화" – 즉 통일된 행동에 참여하기 때문에 생겨나는 필요, 신념 그리고 일의 반사적인 변형 – 는 불가피하다. 그러나 그것은 유능한 연구자, 학식 있는 학자, 창조적 예술가와 좋은 이웃의 형성에서뿐 아니라 변덕스럽고, 방탕하며, 광신적이며, 편협하고 범죄적인 인간의 형성에서도 나타난다.

우리의 관심을 바람직한 결과에 제한하더라도, 인간의 연합체들에 의해 생성되고 유지되는 모든 가치를 국가의 업적으로만 돌릴 이유는 없는 듯하다. 그러나 인간의 마음이 지닌 무제한적인 일반화와 고정화의 경향은 사회의 일원론적 고정화로 인도하고, 또 사회의 실체화로 나아가며, '본래적 국가'의 찬란한 이상화를 이끌어 낸다. 모든 종류의 연합체에서 결과되는 모든 가치는 한 사회철학자들의 학파에 따르면 국가의 덕분인 것이다. 그 결과는 당연히 국가를 비판의 피안으로 옮겨 놓은 것이다. 그러면 국가에 대한 반역은 용서할 수 없는 사회적 범죄로 간주된다. 때때로 이러한 신격화는 스피노자[41]나 헤겔[42]의 경우처럼 시대의 특별한

---

[41] [역주] 스피노자의 국가론은 합리적인 인간은 본래 평화적이며 관용적이라는 신념에서 출발한다. 그러나 대체로 인간은 아직 이성의 명령에 따르지 못하기 때문에, 국가가 규칙을 정하고 관철시켜야 한다. 따라서 개인은 자신의 권리를 공동체에 위

필요에서 나온다. 때때로 그것은 보편적 의지와 이성에 대한 선행하는 믿음에서 그리고 거기서 생겨나는 절대적 정신의 발현에 대응하는 어떤 경험적 현상들을 발견해야 할 필요에서 솟아 나온다. 그러면 이 경험적 현상은 순환적 논리에 따라서 다시 절대 정신의 실존에 대한 증거로써 사용된다. 우리 논의의 핵심 논지는 국가는 분명히 이차적인 연합의 형식이며, 수행해야 할 특정한 과정과 작동을 위한 특수한 기관들을 포함하고 있다는 사실이다.

대부분의 국가가 일단 성립된 이후에는 원초적인 집단들에 다시 반작용한다는 것은 분명한 사실이다. 국가가 좋은 국가일 때, 즉 공공성의 공무원들이 성실하게 공적 이익에 복무할 때, 국가의 이러한 반작용 효과는 크나큰 중요성이 있다. 그것은 바람직한 연합체들이 더 굳건해지고 더 일관성을 갖게 한다. 그것은 간접적으로 바람직한 연합체들의 목적을 명료하게 만들고 그들의 행동을 순화시킨다. 이러한 일에 복무함으로써 국가는 가치 있는 연합체들의 개별 구성원들에게 더 큰 자유와 안정을 부여한다. 국가는 이들을 여러 가지 방해조건에서 벗어나게 한다. 만약 이들이 개인적으로 이런 방해조건과 대결해야 한다면, 이들은 단지 악에 대항하는 투쟁에서 모든 정력을 낭비하게 될 것이다. 국가는 개별 구성원들이 타인들이 무슨 행동을 할지에 대한 합리적 확신에 의지할 수 있게 하고, 그리하여 상호 원조적인 협력을 촉진한다. 국가는 타인에 대한 그리고 자기 자신에 대한 존경을 창조한다. 좋은 국가의 척도는 국가가

---

[42] [역주] 임해야 하고, 전적으로 국가에 복종해야 한다는 것이 그의 국가론의 요체이다. 헤겔은 국가가 자립적인 개인들의 계약을 통해서 성립되었다는 사회계약론을 비판하고, 국가는 절대적 권위를 갖는 것, 객관적 의지의 실현이라고 주장했다. 이 객관적 의지는 개인들에 의해 인식되는 것과 상관없이 이성적이다. 이런 점에서 헤겔 역시 국가를 신성시하고, 비판의 피안에 옮겨 놓았다고 할 수 있다.

얼마나 개인을 부정적 투쟁과 무익한 갈등의 낭비에서 보호하며 또 얼마나 개인에게 자신이 하는 일에 대한 긍정적 확신과 원조를 제공하는가에 있다.[43] 이것은 위대한 임무이며, 국가들이 역사적으로 집단과 개인의 행동을 변화시켜왔다는 것을 인정하는 데서 인색할 필요는 전혀 없다.

그러나 이러한 인정이 모든 연합을 본래적 국가에 전적으로 흡수시키거나 모든 사회적 가치들을 정치적 가치로 환원하는 것을 정당화하지는 않는다. 국가가 모든 것을 포괄하는 본성을 갖는다는 사실이 의미하는 것은 다른 것이 아니라 공공성의 공무원들(물론 입법자들을 포함해서)은 모든 다양한 형태의 연합이 작동할 수 있도록 하는 조건을 확정하기 위해 행동해야 함을 의미한다. 국가의 포괄적 특성은 단지 그의 행동의 영향력에 관련된 것이다. 지진과 마찬가지로 전쟁은 결과적으로 주어진 영역 속의 모든 요소를 "포괄할" 수 있다. 하지만 이러한 포함은 효과에 의한 것이지 본래적 본성이나 권리에 따른 것이 아니다. 일반적인 경제적 부흥의 조건처럼, 사회보장법은 어떤 특정한 지역의 모든 이익에 우호적인 영향을 미칠 수 있다. 그러나 그것은 영향받는 요소들을 부분으로 하는 하나의 전체라고 불릴 수 없다. 또한, 공적 행위의 해방적이며 긍정적인 결과들은 다른 연합체들과 대비하여 국가를 무조건 이상화하는 근거가 될 수 없다. 왜냐하면, 국가 행위는 종종 이 다른 연합체들에 해로운 영향을 미치기 때문이다. 국가의 주요한 과업 중 하나는 전쟁을 수행하고 반대의견이 있는 소수파를 억압하는 일이었다. 더구나 국가의 행위는 자비로울 때조차 비정치적인 공동적 삶의 형태들에서 요구되는 가치들을 전제로 하고 있다. 그리고 이 비정치적 삶의 형태들은 다시

---

[43] [역주] 여기서 듀이가 제시하고 있는 좋은 국가의 척도를 우리나라의 상황에 적용해 보는 것은 흥미로운 작업일 것이다. 우리나라에서 개인은 얼마나 자신의 일에 전념하며 살아갈 수 있는가? 또 부정적인 갈등과 사회적 낭비에서 보호받고 있는가?

공공성에 의해 그리고 그 대표자들을 통해서 확장되고 강화되는 것이다.

## 다원주의적인 이론

우리가 지지하는 가설은 다원주의적 국가관the pluralistic conception of the state[44]이라고 알려진 것과 여러 가지 점에서 분명히 일치한다. 그러나 동시에 분명한 차이를 지닌다. 우리의 다원적 형태 이론은 좋고 나쁜 그리고 이도 저도 아닌 다수의 사회적 집단이 존재한다는 사실에 대한 진술이다. 그것은 [다원주의적 국가관처럼] 국가 행위의 본래적인 한계를 미리 제시하는 이론이 아니다. 그것은 국가의 기능이 다른 집단 사이의 갈등을 해결하는 데에 제한되어 있다는 암시를 하지 않는다. 그런 주장은 집단들 각각이 자신의 고정된 행동 범위를 지니고 있다고 가정한다. 만약 이것이 사실이라면 국가는 한 집단의 다른 집단에 대한 침해를 예방하고 또 치료하는 심판관에 불과할 것이다. 우리의 가설은 국가 행위가 얼마나 확장될 수 있는가에 대한 어떠한 일반적, 전면적 주장들에 대해서도 중립적이다. 또 우리의 가설은 공적 행위의 어떤 특별한 정치적 체제도 암시하지 않는다. 때때로 어떤 사람들의 공동적 행위의 결과들은 커다란 공공적 관심을 만들어 내는데, 이 관심은 그 집단 내의 대규

---

[44] [역주] 20세기 초에 미국에 등장했던 국가이론 중 하나이다. 이 이론은 국가가 신성한 주권을 지닌다는 전통적 주장의 논리적 타당성과 실천적·도덕적 적합성을 부인한다. 이들은 사회적이며 경제적인 변화의 경향은 오늘날 국가 권력을 점진적으로 약화시키고 있다고 주장한다. 그리고 이러한 권위의 해체와 분산으로 인해 인간과 사회의 경제적, 도덕적, 지적인 복지가 증대되리라고 보았다.(Francis Coker, The Technique of The pluralistic State, in 『The American political science Review』 Vol. 15 No.2 May. 1921. 186쪽 참조)

모적 재구성을 일으키는 새로운 조건들을 확립함으로써 실현된다. 교회, 노동조합, 기업, 가족제도에 본래적인 신성함이 깃들어 있지 않듯이 국가에도 그런 것은 깃들어 있지 않다. 또한, 그들의 가치는 그들이 낳은 결과에 따라서 측정되어야 한다. 이 결과는 구체적 조건들에 따라서 가변적이다. 그래서 어떤 때와 장소에서는 방대한 국가 행위가 요구될 수 있고 다른 때에는 불개입 quiescence과 자유방임의 정책이 요구될 수 있다. 공공성과 국가가 시간과 장소의 조건에 따라서 가변적이듯이 국가에 의해서 수행되어야 할 구체적 기능도 마찬가지이다. 국가의 기능을 제한하거나 확대하게 하는 미리 정해진 보편적 원칙은 존재하지 않는다. 국가의 범위는 비판적으로 그리고 실험적으로 결정되어야 할 어떤 것이다.

# 03 민주주의적인 국가

 개별 인간들은 외적으로 드러나는 행위뿐 아니라 정신적, 도덕적 행위의 중심이다. 그들은 모든 종류의 사회적 영향의 주체인데, 이 사회적 영향들은 동시에 그들이 생각하고 계획하고 선택하는 것에 영향을 미친다. 서로 갈등하는 사회적 영향의 흐름은 개인적인 의식과 행동 속에서만 단일하고 명확한 이슈로 된다. 공중이 생겨났을 때도 그것은 마찬가지이다. 공중은 개인들을 매개로 해서만 결정을 내리고 합의를 하고 결정된 것을 실행한다. 이 개인들이 공무원이다. 공무원은 어떤 공중을 대표하고, 그 공중은 공무원을 통해서만 행위한다. 우리나라 같은 경우 입법부와 행정부는 공중에 의해서 선출된다고 말할 수 있다. 이런 말은 마치 공중이 직접 행위를 한다는 뜻으로 들린다. 그러나 결국은 개인들이 선거권을 행사한다. 공중은 여기서 각기 익명의 단위로서 선거에 참여하는 수많은 개인을 칭하는 집합명사이다. 그런데 이런 개인들도 각기 한 사람의 유권자로서는 공중의 공무원이다.[1] 그는 공적 이익의 대표자

---

[1] [역주] 여기서 우리는 듀이가 '공무원'(officer)이라는 단어를 얼마나 넓은 의미로 사용하고 있는지 알 수 있다. 즉 공무원은 하나의 직업군에 대한 명칭이 아니라, 공적인 사안에 대해 어떤 권한을 가지고 결정을 내리는 활동에 대한 명칭이다. 따라서 선거권을 행사하는 유권자도 그 순간에는 공무원으로서 활동하고 있는 것이다. 결국 유권자로서의 공무원이든 공적인 임무를 직업적으로 떠맡고 있는 공무원이든

로서 자신의 의지를 상원의원이나 보안관과 마찬가지로 표현한다. 그의 투표는 어떤 사람을 선출하거나 어떤 제안된 법을 승인함으로써 사적인 이익을 얻고자 하는 희망을 담고 있을 수 있다. 다시 말하면 그는 자신에게 맡겨진 공적 이익을 대표하는 데 실패할 수 있다. 그러나 그 점에서 그는 명시적으로 임명된 공무원들과 다르지 않다. 왜냐하면, 이들도 마찬가지로 자신에게 맡겨진 공적인 이익을 충실히 대표하지 못하고 오히려 배반하는 때도 있기 때문이다.

## 공무원들의 사적 역할과 대변자적인 역할

다시 말하면 공공성의 공무원은 모두 – 그가 공공성을 유권자로서 대표하든 국가 공무원으로서 대표하든 – 양면적 가능성을 가진다. 바로 이 사실에서 정부의 가장 심각한 문제가 등장한다. 우리는 보통 어떤 정부들은 대표성이 있지만 반면 다른 정부들은 그렇지 않다고 말한다. 우리의 가설로는 모든 정부는 공중이 개인적이고 집단적인 행동 속에서 지니는 이해관계들을 떠맡으려 한다는 점에서 대표적이다. 그럼에도 여기서 모순이 생겨나는 것은 아니다. 정부에 관여하는 자들은 결국 인간들이다. 그들은 모두 인간 본성의 일반적 특성들을 공유하고 있다. 그들도 역시 지키고 싶은 개인적 이익, 특별한 집단의 이익, 자신이 속한 가문이나 계층, 계급의 이익이 있다. 한 사람이 자신의 정치적 기능에만 전적으로 몰입하는 것은 매우 어려운 일이다. 대다수 사람이 할 수 있는 최선은 사회 전체의 복리를 위해서 자신의 다른 욕망을 통제하는 것이다. "대표

---

모두 공무원에 속한다.

성이 있는" 정부가 의미하는 것은 공공성이 이러한 통제를 달성하려는 의도에 의해서 명확히 조직되어 있다는 것이다. 모든 공무원이 지닌 양면적 가능성은 개인들이 자신의 진정한 정치적 목적 및 행위와 자신의 비정치적 역할들에서 갖는 목적 및 행위 사이에서 갈등하게 한다. 공공성이 이러한 갈등을 최소화하기 위해서 그리고 대표적 기능이 사적인 기능을 통제하도록 하기 위해서 필요한 수단을 갖추고 있을 때, 정치적 제도들은 대표성이 있다고 할 수 있다.

그런데 최근까지 공중은 자신이 공중이라는 사실을 의식조차 못했으므로 공중이 자신의 이익을 보호하고 확보하려고 스스로를 [국가로] 조직했다고 말하는 것은 어불성설이라고 말할 사람이 있을 수 있다. 이런 주장을 따르면 국가는 최근에 발전된 것이다. 사실 으리가 국가에 대한 철저하고 엄격한 개념적 정의를 사용한다면, 국가가 오랜 역사를 가진다는 주장은 사실과 전혀 맞지 않는다. 그러나 우리의 정의는 어떤 기능의 발휘에 기초하는 것이지 어떤 내재적인 본질이나 구조적 본성에 기초하고 있는 것이 아니다. 그러므로 어떤 나라 또는 민족이 국가라고 불리는가는 다소 언어적인 문제일 뿐이다. 중요한 것은 다양한 형태를 서로 유의미하게 구분 짓는 사실들을 인식하는 일이다. 그러나 위에서 제시된 반론은 "국가"라는 단어가 사용되든 되지 않든 상관없이 매우 중요한 사실 하나를 가리킨다. 그것은 지배자의 공적 역할이 아주 오랫동안 다른 목적들과 결부되었고 지배자는 자신의 권력을 이 다른 목적을 위해서 사용했다는 사실을 가리키고 있다. 정부라는 하나의 장치는 있었지만, 이 장치는 엄밀한 의미에서는 비정치적인 목적들 즉 황조의 이익의 달성이라는 목적에 이용되었다. 그래서 여기서 우리는 공공성의 기본적 문제와 만난다. 그것은 공적인 대표자들의 선발과 이들의 책임 및 권리의 획정이 자신에게 힘을 실어 줄 수 있는 공공성 또는 공중 자신의 인정을 획득하는 문제이다.² 이 문제에 대한 고려는 이제 보게 되듯이 우리를 민주주의 국가에 대한 논의로 이끈다.

## 부적합한 방법에 의한 통치자의 선택

역사 전체를 놓고 볼 때, 통치자의 선택과 그들에게 권력을 부여하는 일은 정치적 우연의 문제였다. 사람들은 공적 이익에 봉사할 가능성과는 무관하게 판사, 집행관 그리고 행정관 등으로 선발되었다. 고대 그리스의 몇몇 도시국가와 중국의 과거제도는 예외적인 사례에 속한다는 이유 때문에 주목할 만하다.³ 사람들이 통치자가 된 것은 대체로 그들이 분명한 공적 역할과는 무관한 어떤 특권적이고 두드러진 지위가 있었기 때문임을 역사는 보여준다. 다시 말해 우리가 일단 공공성이라는 이념에 근거해서 본다면, 우리는 어떤 사람들이 정치적 고려와는 무관한 특성들 때문에 통치자가 되기에 적당하다고 생각되었음을 부인할 수 없다. 예를 들어 많은 사회에서 나이 많은 남성들은 단지 그들이 나이가 많다는 사실 때문에 지배권을 행사하였다. 연장자 지배 제도는 널리 알려진 사실이다. 물론 나이가 집단 전통에 대한 지식과 성숙한 경험의 표지라는

---

² [역주] 공공성이 단지 사실적으로 존재하는 것으로는 불충분하고, 공공성이 자기 자신의 존재를 스스로 지각하고 인정함으로써 비로소 국가다운 국가의 형태가 등장할 수 있다. 여기서 국가다운 국가란 정부가 왕조와 같은 소수집단의 사적 이익에 의해서가 아니라, 자신의 참된 기능인 공적 영역의 관리와 조정이라는 목적에 의해서 작동할 때의 국가이다. 그리고 이런 국가는 민주주의적 특성을 지니게 마련이다.
³ [역주] 예를 들어 아테네에서는 민주적인 절차에 따라 시민들이 공동체의 업무를 관장하기에 적합하다고 생각되는 사람들을 선발하였다. 공개 경쟁시험에 의해서 관리를 선발한 중국의 과거제도 역시 합리적인 공무원 선발제도였다고 할 수 있다.

가정이 존재했다. 그러나 사람들이 바로 이러한 가정 때문에 의식적으로 노인들에게 독점적 지배를 허용했다고는 말하기 어렵다. 오히려 사실적으로 지배력을 가졌기 때문에 노인들이 지배했던 것이다. 관성 즉 최소한의 저항과 최소한의 행위라는 원칙이 작동했다. 어떤 측면에서 이미 두각을 드러낸 사람들은 비록 그것이 긴 흰 수염 때문일지라도 정치적 권력을 손에 쥐었다.

  군사적인 공적은 통치할 사람의 선발에 영향을 미쳤지만 실은 그것 [통치자의 선발]과 무관한 사항이다. 주둔지들이 도시들의 참된 어머니이건 아니건, 정부가 전쟁 수행을 위한 장군제도에서 유래했다는 허버트 스펜서의 말이 옳든 그르든, 대다수의 공동체에서 전쟁에서 승리하는 능력의 소유자는 공동체의 시민적 업무를 맡은 사람으로 지목되었던 것은 분명한 사실이다. 그러나 이 두 개의 지위가 서로 다른 재능을 요구한다는 것 그리고 한쪽에서의 성공이 다른 쪽에도 적임자가 되리라는 보장이 되지는 못한다는 것은 재론의 여지가 없다. 그러나 그렇다고 사실이 변하는 것은 아니다. 또한, 우리는 그것이 사실이었다는 증거를 찾기 위해서 고대국가들을 살펴볼 필요도 없다. 명목상 민주적인 현대의 국가들도 마찬가지로 승리한 장군이 당연히 정치적 직위를 맡는다고 가정하는 경향을 보여준다.[4] 이성이 가르치는 바로는, 국민의 전쟁 의지를 환기하는 데 탁월한 정치인들은 종종 바로 그 사실로 인해서 정당하고 지속적인 평화를 유지하는 일에는 부적합하다. 그러나 베르사유 조약[5]이 보여주듯이 조건들이 급격히 변화되어 [즉 전쟁이 종결되어] 새로운 전망과

---

[4] [역주] 제2차 세계대전의 전쟁 영웅인 아이젠하워가 미국의 34대 대통령으로 당선된 것은 그 전형적인 사례이다.
[5] [역주] 1919년 6월 독일 제국과 연합국 사이에 맺어진 제1차 세계대전의 평화협정을 말한다.

관심이 있는 사람이 필요할 때에도 인물교체를 단행하기는 매우 어렵다. 이미 가지고 있는 자들에게 주어질 것이니라.[6] 가장 쉬운 길을 따라 생각하는 것은 인간 본성이다. 이 때문에 사람들은 시민적 기능에서 탁월한 지도자를 원할 때, 어떤 이유에서든 이미 탁월함을 보인 사람들에게 매달리게 된다.

노인이나 전사들 이외에도 무당 medicine men과 성직자들은 통치의 역할을 하도록 이미 예정되어 있다. 공동체의 복지가 위태롭고 초자연적인 존재의 호의에 의존하는 곳에서, 국가를 다스릴 탁월한 능력이 있는 사람은 신의 분노와 질투를 회피하고 신의 호의를 획득하는 기술에 능통한 사람들이다. 늙은 나이까지 사는 것, 전쟁과 마술적인 기예에서의 성공은 흔히 정치적 통치제도의 창설 initiation에서 분명히 표현된다. 결국, 가장 결정적인 것은 왕조적인 요인이다. 소유한 자에게 축복이 있다. Beati possidentes[7] 어떤 통치자를 낳은 가문은 그 사실로 인해 두드러진 지위와 우세한 권력을 차지한다. 지위에서의 탁월함은 곧 우월성으로 간주한다. 관직 때문에 신성한 가호가 이 가문에게 주어진다. 이 가문은 여러 세대에 걸쳐서 통치해 왔기 때문에, 최초의 침탈에 대한 기억은 희미해지거나 전설이 되어 버렸다. 지배에 뒤따르는 이득, 화려함 그리고 권력은 정당화될 필요가 없다고 간주한다. 이것은 지배를 아름답게 장식하고 또 위엄 있게 할뿐 아니라, 지배력의 장악에 내재하는 가치의 상징적 표현으로 간주된다. 관습은 우연이 처음 생겨나게 한 것을 공고하게 한다. 확립된 권력은 자신을 정당화하는 방식을 가진다. 나라 안팎의 다른

---

[6] [역주] 신약성서 누가 복음 19장 11~27의 '금화의 비유'에 나오는 구절을 듀이가 약간 변용한 것이다. "주인은 '잘 들어라. 누구든지 있는 사람은 더 받겠고 없는 사람은 있는 것마저 빼앗길 것이다."(루가 19:26)

[7] [역주] 우리식 표현으로 풀어서 말한다면 '유전무죄, 무전유죄' 정도가 될 것이다.

강력한 가문과의 동맹, 거대한 토지의 소유, 궁정의 시종들과 국가 조세 수입의 점용, 그리고 그밖에 공적 이익과는 무관한 다른 많은 것이 왕조의 입지를 확고히 하며, 동시에 진정한 정치적 기능이 사적인 목적들에 전용되도록 한다.

그리고 통치자의 영광, 부 그리고 권세는 그 자체도 관직을 장악하고 찬탈하려는 욕망을 불러일으키기 때문에 문제는 한층 더 복잡해진다. 사람들로 하여금 어떤 반짝이는 물체를 추구하게 하는 원인이 권력자들에게는 더 큰 유혹으로 작용한다. 다시 말하면, 공공성의 이익에 봉사하는 데 요구되는 기능의 집중화와 범위는 국가 공무원으로 하여금 사적인 목적에 복종하게 하는 유혹이 된다. 역사는 통치자들이 권세와 화려함을 갖는 대신에 떠맡게 된 [본래의] 목적들을 잊지 않고 명심하는 것이 얼마나 어려운가를 잘 보여 준다. 역사는 그들이 얼마나 쉽게 자신의 권력을 사적인 또는 계층적 이익을 위해서 전용하는가를 보여 준다. 만약 실제적인 불성실이 유일한 또는 주된 장애물이라면 문제는 훨씬 더 간단할 것이다. 통례의 편안함, 공적 필요를 확인하는 데서의 어려움, 권좌에서 뿜어 나오는 광채, 직접적이고 구체적인 결과에 대한 욕망 등이 더 큰 장애물의 역할을 한다. 우리는 사회주의자들이 종종 현재의 경제적 제도에 불만을 품고 성급하게 "산업이 사적인 소유에서 분리되어야 한다."고 말하는 것을 듣는다. 우리는 그들이 의도하는 것을 모르지 않는다. 경제 제도가 더는 사적인 이윤의 욕망으로 조종되어서는 안 되며, 금융가나 주주들의 이익을 위해서가 아니라 생산자와 소비자의 이익을 위해서 작동해야 한다는 것이다. 하지만 궁금한 것은 쉽게 그런 주장을 하는 당사자들은 과연 산업이 누구의 손으로 넘어가야 하는지 스스로 자문해 보았는가? 공중의 손에? 하지만 애석하게도 공중은 개인들의 손을 제외하고는 손을 갖지 않는다. 그러므로 본질적인 문제는 이러한 개인의 손들의 행위를 변화시켜서, 그들이 사회적 목적에 따라서 움직이게 하는 것이다. 이러한 결과가 홀연 달성될 수 있는 마술 같은 것은 없다.[8] 인간으로 하여금 집중된 정치적 권력을 이용하여 사적인 목적을 달성하게 하는 원인은 동시에 마찬가지로 집중된 경제적 권력을 공적이지 않은 목적들을 위해 사용하게 할 것이다. 이러한 사실은 이 문제가 해결 불가능한 것임을 의미하지 않는다. 하지만 그것은 어디에 문제가 놓여 있고 그것이 어떤 가면을 쓰고 있는지 보여준다. 공공성의 공무원은 양면적인 얼굴과 가능성이 있다. 그렇다면 공무원의 통찰력, 충성 그리고 정력이 공적이고 정치적인 역할에 사용되려면 어떤 조건과 어떤 기술이 필요한가?

## 공무원의 통제 문제

이상의 상식적인 고찰은 민주적 정부의 문제와 전망을 논의하는 배경으로서 제시되었다. 민주주의는 많은 의미를 지닌 단어이다. 이 의미 중 어떤 것은 너무 넓은 사회적 도덕적 함의를 지니므로 우리의 직접적 주제와는 무관하다. 그러나 그 의미 중 하나는 명확히 정치적이다. 왜냐하면, 그것은 정부의 형태, 공무원을 선발하고 이들의 공무원으로서의 행동거지를 통제하는 특수한 실천방식을 지시하기 때문이다. 이것은 민주주의의 여러 의미 중 가장 중요한 것은 아니다. 그것은 특성상 비교적 특수한 것이다. 그러나 **그것은** 정치적 민주주의와 연관된 거의 모든 것을 포함한다. 정치적 민주주의를 구성하는 공직자들의 선발과 행동방식

---

[8] [역주] 아마도 가장 넓은 의미에서의 교육만이 이러한 변화를 가능하게 할 것이다. 그러나 이것은 분명 긴 시간과 각고의 노력을 요구하는 어려운 작업이 될 것이다.

에 대한 이론과 실천은 방금 위에서 언급한 역사적 배경 아래서 마련되어 온 것이다. 그것은 첫째로 지배권의 소유를 우연하고 부적절한 요소에 의해 결정되게 한 힘에 대항하려는 노력을 표현한다. 둘째로 그것은 정치적 권력을 공적 목적 대신에 사적 목적을 위해 이용하는 경향에 대항하려는 노력을 표현한다.[9] 민주주의적 정부를 그 역사적 배경에서 뚝 떼어내 논의하는 것은 요점을 놓치는 것이며 민주주의적 정부에 대한 지성적 비판의 수단을 모두 포기해 버리는 것이다. 명확히 역사적인 관점을 취한다고 해서, 우리가 윤리적이며 사회적인 이상으로서의 민주주의에 대한 중요하고도 고귀한 요구를 폄하하는 것은 아니다. 우리는 논의를 위해 주제를 그렇게 좁힘으로써 '커다란 잘못', 즉 구분될 필요가 있는 것들을 뒤섞어 버리는 일을 피하려 한다.[10]

## 민주주의의 의미

민주주의는 지난 150년간 거의 지구 전체에 걸쳐서 정부의 형태에 영향을 미쳤던 일련의 운동에서 드러나는 하나의 역사적 경향이다. 이렇게 볼 때, 민주주의는 복합적인 사태이다. 하나의 널리 퍼진 전설에 따르면 이 운동은 하나의 단일하고 명료한 이념에서 유래했으며, 단일한 연속적

---

[9] [역주] 이 두 가지가 바로 듀이가 중요하게 생각하는 정치적 의미에서의 민주주의의 골자이다. 전자는 지배자의 합리적 선정과정에 관한 것이고, 후자는 선발된 지배자가 제대로 역할을 하도록 감시하고 통제하는 과정에 관한 것이다. 민주주의적 정부는 이 두 가지 사항을 제대로 지키지 못할 때, 언제라도 타락과 부패의 길로 들어설 수 있다.
[10] [역주] 이하에서 듀이는 민주주의를 역사적 발전 과정이라는 관점에서 고찰하는데, 이를 통해서 그는 민주주의의 이념과 실제를 혼동하는 '큰 잘못'을 피하려고 한다.

충동으로 진전되어 - 승리의 영광이든 운명적 파국이든 - 예정된 결과로 발전되었다. 물론 이 신화는 그렇게 단순하고 순수한 형태로 주장되지는 않는다. 그러나 이 신화와 유사한 어떤 것이 사람들이 민주주의 정부를 절대적으로, 즉 다른 대안적 정치제도와 비교 없이 찬양하거나 비난할 때마다 발견된다. 가장 덜 우연적이고 가장 많이 의도적으로 계획된 정치 형태조차도 어떤 절대적이고 의문의 여지가 없는 선善을 체현하지는 못한다. 그것들은 경쟁하는 힘의 각축 속에서 벌어지는 어떤 선택을 표현할 뿐이다. 이 선택은 가장 적은 악을 동반하면서 가장 많은 선을 약속하는 듯이 보이는 어떤 가능성의 선택이다.[11]

## 민주주의적 정부의 기원에 대한 오해

더구나 그런 신화적 서술은 지극히 단순화한 것이다. 정치 형태는 한꺼번에 완전하게 생겨나는 것이 아니다. 가장 커다란 변화도 일단 달성되고 나서 보면 단지 각각의 특수한 상황에서 벌어지는 적응들과 반응적 포섭들의 결과이다. 과거를 되돌아보면서, 많든 적든 한 방향으로의 지속적인 변화 경향을 찾아내는 것은 가능하다. 그러나 반복하건대 이러한 실제적인 결과의 통일성(이것은 언제나 과장하기 쉽다)을 단일한 힘이나 원리의 탓으로 돌리는 것은 단지 신화에 불과하다. 정치적 민주주의는 수많은 상황에 대한 수많은 반응적 적응의 최종적 결과로서 등장하였

---

[11] [역주] 듀이는 민주주의가 어떤 명확한 이념과 기획의 지속적인 관철의 과정으로서 등장했다는 생각을 거부한다. 그가 보기에 민주주의는 여러 가지 각축하는 정치, 경제, 사회적 세력들의 상호작용 속에서 자연발생적으로 또는 우연적으로 발전되어 나온 것이다. 이런 생각은 아래에서 계속해서 개진되고 있다.

다. 어떤 상황도 서로 유사하지는 않지만, 그들은 어떤 공동 결과로 수렴되는 경향이 있다. 더구나 민주주의적 수렴은 단지 정치적인 힘과 동인들만의 결과가 아니다. 또한, 민주주의는 '민주주의', 즉 어떤 내재적 충동 또는 내재적 관념의 산물은 더더욱 아니다. 적절한 일반화는 민주주의적 운동의 통일성이 선행 정치 제도들의 결과에서 경험되는 악을 치유하는 노력 속에서 발전되었다는 데에 놓여 있다. 이 일반화에 따르면 민주주의는 단계적으로 천천히 발전했으며 각 단계는 어떤 궁극적 결과에 대한 예측 없이, 그리고 대부분 여러 다른 충동과 구호의 직접적 영향 아래서 이루어졌다.

## 비정치적인 요소들의 영향

또한, 눈앞의 악을 치유하려는 노력을 성장시킨 그리고 성공적이게 만든 조건들은 그 본성에서 주로 비정치적이었음을 깨닫는 것은 한층 더 중요하다. 왜냐하면, 악들은 오래전부터 존립해 왔고 따라서 민주주의적 운동에 대한 설명은 항상 두 가지 의문을 제기하기 때문이다. 왜 개선의 노력이 이전에는 이루어지지 않았으며, 이루어졌을 때 그 노력은 왜 그들이 취했던 바로 그런 형태를 취했는가? 이 두 질문에 대한 대답은 명확히 종교적이고, 과학적이며 경제적인 변화에서 발견될 것이다. 이런 변화는 그 자체로는 비정치적이고 민주주의적 의도와는 무관하지만, 궁극적으로는 정치적 영역에 영향을 미쳤다. 커다란 질문과 광범위한 관념과 이상들이 민주주의 운동의 과정에서 등장했다. 그러나 개인의 본성과 권리, 자유와 권위, 진보와 질서, 자유와 법률, 공동선과 일반의지, 민주주의 자체에 대한 이론들이 그 운동을 산출한 것이 아니다. 오히려 그 이론은 민주주의적 운동이 사유 속에 반영된 것이다. 이론들은 일단 등장한 이후에는 후속적인 노력에 관여하며 실천적인 효과를 낳는다.

정치적 민주주의의 발전은 수많은 사회적 변화가 수렴된 결과이지만, 이 변화 중 어느 것의 기원이나 추동력도 민주주의적 이상이나 궁극적 결과에 대한 계획에서 나온 것이 아니다. 이 사실은 민주주의에 대한 개념적 해석에 기초하는 칭송과 비난을 모두 부적절한 것으로 만든다. 그러한 해석은 참이든 거짓이든, 좋은 것이든 나쁜 것이든, 사실들을 사유 속에서 반성한 것이지 사실들의 인과적 원인이 아니다. 어쨌든 여태까지 작동해 온 역사적 사건들을 여기서 다시 서술하기는 그 복잡성 때문에 불가능하다. 설사 내가 그럴만한 지식과 능력이 있다 해도 그것은 불가능하다. 그러나 두 개의 일반적이고 명확한 고려사항은 언급될 필요가 있다. 민주주의적 정치 형태를 낳은 일련의 사건은 정부와 국가의 기존 형태에 대한 반역 속에서 태어났기 때문에 정부에 대한 두려움으로 짙게 물들어 있고, 또한 정부를 최소한으로 축소하여 그것이 초래할 수 있는 악을 제한하려는 욕망으로 추동되었다.


### "개인주의"의 기원

기존의 확립된 정치적 형태들은 다른 제도들 특히 교회제도 그리고 강고한 전통 및 전승된 신념의 체계와 결부되어 있었기 때문에, 반역은 또한 거기까지 확대되었다. 따라서 반역의 과정에서 등장한 지적인 용어들은 비록 적극적으로 보일 때조차도 소극적인 함의를 가지는 일이 종종 있었다. 자유는 자신을 자체적 목적으로서 제시했지만, 그럼에도 그것은 사실 억압과 전통에서의 해방을 의미했다. 지성적인 면에서 보자면 반역의 운동에 대한 정당화를 발견하는 것이 필요했기 때문에, 그런데 확립된 권위는 제도적인 삶의 편에 있으므로, 반역의 자연적인 근거는 항의하는 개인들 속에 있는 어떤 양도할 수 없는 신성한 권위에서 찾아야 했다.[12] 그래서 "개인주의"가 태어났다. 개인주의는 개인들을 – 그들이 자신의 목적을 위해서 의도적으로 형성한 연합체를 제외하고는 – 어떤 연합체와도 분리되어 있다고 보고, 그들에게 자연권을 부여하는 이론이다. 낡고 제한적인 연합체들에 대항하는 반역은 [자연권에 기초하는] 모든 연합체의 독립성이라는 주장으로 지성적으로 전환되었다.

따라서 정부의 권력을 제한하고자 하는 실천적 운동은 영향력 많은 존 로크의 철학에서와 같이 제한의 근거와 정당화가 개별적 개인 자체에 내재하는 선험적인 비정치적 권리들에 있다는 주장과 결합하였다. 이러한 주장에서 정부의 유일한 목적이 개인의 자연적인 권리들을 보호하는 것이라는 결론으로 나아가는 것은 시간문제였다. 미국혁명은 기존 정부에 대한 반란이었고, 따라서 자연스럽게 이러한 사상을 식민지의 독립을 달성하려는 노력에 대한 사상적 근거로서 빌려 왔고 또 확대했다.[13] 사실 기존의 정부 형태에 대항하는 반역이 자신의 이론적 정식화를 [개인이 아닌] 집단의 권리에서, 즉 정치적 연합체가 아닌 다른 연합체의 권리에서 찾을 수도 있었음을 상상하기는 어렵지 않다. 독립적이고 분리된 존재로서의 개인에 대한 호소를 필연적이게 한 논리 같은 것은 없었다. 추상적인 논리에서라면 어떤 근원적 집단들이 내세우는 요구주장은

---

[12] [역주] 이것은 서구사회가 전통적인 봉건적 질서에서 근대적인 정치질서로 이행하는 과정에서 '자연권'과 '자연법'을 정치적 정당화의 논거로서 사용한 것에 대한 듀이의 정치철학적 해석이라고 할 수 있다. 그리고 이 자연권 사상은 근대적 '개인주의'의 효시로서 간주된다.

[13] [역주] 미국의 독립선언서가 천부인권설에 기초하고 있음은 주지의 사실이다.

국가가 정당하게 침탈할 수 없음을 단언하면 충분했을 것이다. 만일 그랬더라면, 개인과 사회 간의 저 악명 높은 대립과 양자의 화해 문제는 생겨나지 않았을 것이다. 그리고 문제는 비정치적인 집단이 정치적 통일체에 대해 취해야 할 관계를 정의하는 문제가 되었을 것이다. 그러나 우리가 이미 언급했듯이, 증오스러운 국가는 사실적, 전통적으로 다른 연합체, 즉 교계제도(그리고 그것의 영향을 통해서 가족제도), 동업조합이나 기업 같은 경제제도 그리고 심지어는 과학적 연구 단체나 교육제도들과 밀접히 결합되어 있었다. 이런 곤경에서 벗어나는 가장 손쉬운 탈출구는 벌거벗은 개인으로 돌아가는 것이었고, 모든 연합체를 ─ 개인 자신의 선택으로 구성되고 또 개인의 사적인 목적 달성을 보장하는 것이 아닌 한 ─ 개인의 본성과 권리에 반하는 것으로 송두리째 제거해 버리는 것이었다.[14]

철학적 인식론은 마음 자체와 동일시되는 개인적 의식을 상정함으로써 자아에 대해서 정치적 이론이 자연적인 개인을 최종적인 심급으로 만들었을 때와 똑같은 주장을 했다. 이 사실은 위의 개인주의 운동의 광범위함을 가장 잘 보여준다. 로크와 데카르트의 학파는 여러 가지 면에서 매우 대립적일지라도 이 점에서는 동일하다. 다른 것은 단지 개인

---

[14] [역주] 이 문단에서 듀이의 논지를 단순화의 위험을 무릅쓰고 간략히 정리하면, 근대 시민혁명의 시기에 기존의 정부형태에 반대했던 사람들은 단도직입적으로 기존의 정치적 연합체가 아닌 다른 비정치적 형태의 연합체들에 기초해서 자신의 혁명을 이론적으로 정당화할 수도 있었을 것이다. 그러나 현실에서 정치적 연합체, 즉 국가는 사회의 다른 모든 연합체와 직간접적으로 결합되어 있었다. 따라서 이런 비정치적 연합체에 기초해서 기존의 정부형태를 비판하는 것은 불가능했다. 따라서 새로운 정부형태의 추종자들은 어쩔 수 없이 '벌거벗은 개인'으로 돌아가서 새로운 사회의 정당성을 찾을 수밖에 없었고, 이 때문에 근대 정치학의 아포리아인 개인과 사회의 문제가 발생했다는 것이다. 따라서 듀이가 보기에 근대 정치학에서 개인주의의 등장은 논리적 필연의 문제가 아니라 현실 정치의 역학 관계에서 생겨난 우연적인 사건이었던 것이다.

의 감정이 근본적이냐 아니면 이성적 본성이 근본적이냐에 놓여 있을 뿐이었다. 이러한 사상은 철학에서 심리학으로 잠입했고, 심리학은 고립되고 궁극적인 사적 의식에 대한 내성적이고 내향적인 설명으로 되었다. 이로부터 도덕적, 정치적 개인주의는 자신의 주의 주장에 대한 "과학적" 보장에 기댈 수 있게 되었고 심리학에 의해 널리 펴진 어휘를 사용할 수 있게 되었다. 그러나 사실상 정치적 개인주의의 과학적 토대로 사용된 심리학은 바로 그 정치적 개인주의의 산물이었다.

"개인주의적" 운동은 프랑스혁명의 위대한 선언군들에서 고전적인 표현을 발견한다. 프랑스혁명은 단번에 모든 형태의 연합체를 폐지했고, 이론적으로, 발가벗은 개인을 국가와 직접 대면하게 했다. 그러나 두 번째의 요인이 없었다면 이 지경까지 도달하지는 않았을 것이다. 이 두 번째 요인을 살펴볼 필요가 있다. 새로운 과학적 운동이 새로운 기계적인 장치들 - 대표적인 예로는 렌즈 - 의 발명과 사용으로 가능해졌다. 새로운 기계적 장치들은 지레와 추와 같은 도구에 관심을 쏟게 했는데, 이 도구들은 오래전부터 사용되었지만 과학적 이론의 출발점이 되지는 못했던 것들이다. 탐구에서의 새로운 발전은 베이컨이 예언했듯이 거대한 경제적 변화를 초래했다. 과학적 탐구는 기계의 발명으로 인도함으로써 도구에 빚진 것을 갚고도 남음이 있었다. 생산과 교역에서 기계의 사용은 새로운 역동적인 사회적 조건, 개인적인 기회와 욕구들을 산출하기에 이르렀다. 그러나 이들의 적절한 발현은 이전에 확립된 정치적 법적 관례에 의해서 제한되었다. 그래서 법적인 규제들이, 새로운 경제적인 동인을 이용하는 데에 관심을 둔 삶의 모든 국면에 심각한 영향을 미쳤고 결국 대공업과 교환의 자유로운 놀이를 방해하고 억압하기에 이르렀다. 국가의 확립된 관습은 애덤 스미스가 "국가의 (참된) 부"에 대해 설명하면서 비판했던 중상주의 이론에서 지적으로 파악되었다. 그 관습은 국가 간의 교역의 증대를 가로막았는데, 이러한 제한은 다시 내수산업을 제한했다. 거기에는 봉건주의에서 물려받은 제한의 그물망이 개재해 있었다. 노동과 생산물의 가격은 시장에서 흥정으로 형성되지 않고 치안판사justices of peace에 의해서 결정되었다. 산업발전은 직업 선택, 수습제도, 노동자의 이민 등을 통제하는 법에 의해 방해되었다.

## 새로운 산업의 영향: "자연적" 경제법칙의 이론

따라서 정부에 대한 두려움과 정부의 작동영역을 제한하려는 욕망은 엄청나게 강화되었다. 왜냐하면, 정부는 서비스나 상품의 생산과 분배를 담당한 새로운 주체의 발전에 대해 적대적이었기 때문이다. 경제적인 운동은 개인이나 개인의 내재적 권리가 아닌 자연의 이름으로 작동했기 때문에 아마도 더 큰 영향력을 미쳤을 것이다. 경제적인 "법칙들", 예를 들면 자연적 필요에서 생겨나고 부의 창출에 이르는 노동의 법칙, 미래의 향유를 위한 현재의 절약이 더 많은 부를 축적할 수 있는 자본의 창출에 이른다는 법칙, 경쟁적인 교환의 자유로운 놀이 법칙(이것은 수요와 공급의 법칙이라고 불린다) 등은 "자연적" 법칙이다. 이들은 인간이 인위적으로 만든 사태인 정치적 법률과 대립한다. 기존의 전통 중에서 별다른 의심 없이 유지되었던 것은 자연을 신봉의 대상으로 삼는 자연관이었다. 그러나 낡은 형이상학적인 자연법칙관은 경제적인 관념으로 변화되었다. 즉 인간 본성에 심어진 자연의 법칙이 재화와 용역의 생산과 교환을 규제했다. 그리고 이 법칙들이 인위적인, 즉 정치적인 개입에 구애되지 않고 자유롭게 작동하면 그것은 최대한의 사회적 번영과 진보를 초래하리라고 생각되었다. 대중적 여론은 논리적 일관성 문제에 별로 개의치 않는다. 자유방임주의 경제이론은 개인적인 이윤과 사회적 이익의 조화를 초래하는 자애로운 자연법칙을 믿었고, 다라서 쉽사리 자연권 이론과 융합되었다. 양자는 동일한 실천적 함축이 있었으니, 친구들 사이에 논리가 무슨 의미가 있겠는가?[15] 따라서 경제학에서 자연권 이론에 대항하면서 자연법칙의 경제 이론을 옹호한 공리주의 학파의 반론도 결국 양측의 대중적인 결탁을 막을 수 없었다.

공리주의 경제 이론은 민주주의적 정부의 – 실천이 아닌 – 이론의 발전에서 중요한 요소였으므로 여기서 간단히 설명할 필요가 있다. 모든 사람은 자연적으로 자신의 처지를 개선하려고 한다. 이것은 오직 근면 industry에 의해서만 달성될 수 있다. 모든 사람은 본래 자신의 이익을 가장 잘 판단하며 만약 인위적으로 부과된 제약에서 벗어난다면 일의 선택과 용역 및 재화의 교환에서 자기의 판단에 따라 행동할 것이다. 따라서 우연적 요인이 방해하지 않는 한, 그는 정력적으로 일하고, 현명하게 교환하며, 악착같이 절약하면서 자신의 행복을 증진할 것이다. 부와 안정은 경제적인 덕의 자연스러운 보답이다. 동시에 근면, 상업적 열의 그리고 개인적 능력들은 사회적 선에 기여한다. 자연법칙을 만들어 낸 보이지 않는 손의 자애로운 섭리 아래서 일, 자본 그리고 교역은 조화롭게 작동하며 그리하여 집단으로 또 개인적으로 인간에게 이익과 진보를 가져다준다. 두려워해야 할 적은 정부의 간섭이다. 정치적인 규제는 개인들이 우연히 그리고 의도적으로 타인의 활동과 재산을 침해하기 때문에

---

[15] [역주] 듀이가 보기에 자연적 경제적 법칙의 인정과 자연권의 인정은 서로 상충하는 주제이다. 그러나 현실 속에서 양자는 논리적 비일관성에도 불구하고 별 문제없이 결합되었다. 보이지 않는 손에 의해 작동하는 경제의 조화로운 법칙적 과정은 개인에게 무한정 자유로운 경제활동의 자연적 권리를 허용하는 요구와 결합되었다. 왜냐하면 양자는 동일한 실천적 함축을 지니고 있는 '친구'들이었기 때문이다. 그러나 듀이가 보기에 양자는 논리적으로 서로 다른 차원에 놓여 있는 것이다.

필요할 뿐이다. 근면하고 능력 있는 사람들이 소유하는 재산은 게으르고 무능한 사람들에게 유혹을 일으킨다고 생각된다. 이러한 재산의 침해는 부정의의 본질이며 정부의 기능은 정의를 확립하는 것이다. 이것은 주로 재산권의 보호와 상업적 교환에 수반되는 계약의 보호를 의미한다. 국가의 존립 없이는 사람들은 서로의 재산을 약탈할지도 모른다. 이러한 약탈은 근면한 개인들에게 부당한 것일 뿐 아니라 재산권을 위태롭게 하여 정력적인 노력 자체를 꺼리게 하고 그리하여 사회적 진보의 원천을 약화시키거나 파괴한다. 다른 한편 국가의 기능에 대한 이러한 주장은 자동으로 정부의 활동에 부과되는 제한으로서 등장한다. 국가는 방금 밝혔던 의미에서의 정의를 확보하고자 행위할 때만 본연의 모습을 가진다.

이렇게 생각할 경우, 정치적인 문제는 다름아닌 정부의 작동영역을 가급적 경제적 이익의 보호라는 합법적 임무에 한정하는 기술을 발견하고 채용하는 문제이다. 어떤 사람이 자신의 생명과 육체의 보존에서 가지는 이해관계는 이러한 경제적 이익의 일부이다. 통치자들도 최소한의 개인적 노력으로 재산을 소유하려는 탐욕을 갖는다. 그들에게 맡겨두면 그들은 공적 직위가 부여한 권력을 이용하여 멋대로 타자의 부에 세금을 매길 것이다. 만약 그들이 다른 사적인 시민의 침해에 대항하여 시민의 기업과 재산을 보호한다면 그것은 단지 자신의 목적에 이용할 더 많은 재원을 가지려는 것뿐이다. 따라서 정부의 본질적 문제는 다음의 물음으로 환원된다. 통치자가 피치자를 희생하여 자신의 이익을 취하지 않도록 하려면, 어떤 장치가 필요한가? 또는 긍정적으로 표현하면, 어떤 정치적 수단에 의해서 지배자의 이익이 피지배자의 이익과 동일하게 될 수 있는가?

## 민주주의 정부에 관한 제임스 밀의 철학

이에 대한 해답은 주지하듯이 제임스 밀James Mill[16]이 정치적 민주주의의 본성에 대한 고전적 정식을 만들어 낼 때 이미 제시되었다. 민주주의의 중요한 특징은 대중에 의한 공무원officials의 선거, 짧은 재임 기간 그리고 잦은 선거이다. 공직자들이 공직과 그에 따른 보답을 위해서 시민에게 의존한다면 그들의 개인적 이해는 대다수 국민 - 적어도 근면하고 재산이 있는 사람들 - 의 이해와 일치할 것이다. 대중 투표로 선발된 공무원은 자신의 공직 선임이 대중populace의 이익을 보호하려는 열의와 기술을 보여주는 데에 달려 있음을 발견할 것이다. 짧은 임기와 잦은 선거는 그들이 규칙적으로 평가되도록 할 것이다. 투표소는 그들에게 심판을 내릴 것이다. 이에 대한 두려움이 지속적인 억제장치로서 작동할 것이다.

물론 이상의 설명에서 나는 제임스 밀이 이미 과도하게 단순화한 것을 또다시 지나치게 단순화했다. 제임스 밀의 논문은 1832년의 개혁 법안Reform Bill of 1832[17]이 통과되기 이전에 쓰였다. 실용적 측면에서 볼 때, 그의 논문[18]은 당시 대체로 세습 지주에게 있던 선거권을 공장주와 상인에게로 확대하라는 주장이었다. 제임스 밀은 순수한 민주주의에 대한

---

[16] [역주] 제임스 밀(1773~1863)은 영국의 역사가, 경제학자이자 철학자였다. 철학적 근본주의라고도 불리는 공리주의(utilitarianism)의 대표자 중 한 사람. 존 스튜어트 밀의 아버지였다. 브리태니커 사전의 '정부' 항목을 저술하면서 대의제 민주주의의 기본 골격을 제시하였는데, 이것이 영국의 1832년 개혁 법안에 큰 영향을 미쳤다.

[17] [역주] 일명 '대 개혁 법안'으로 불리는 영국의 1832년 개혁 법안은 잉글랜드와 웨일즈 지역의 선거 제도에 큰 변화를 일으켰던 법안이다. 법안의 서문에 따르면 이 법은 하원에서 봉직하는 의원의 선발에서 오랫동안 자행되어 온 다양한 부조리를 개정하는 효과적인 조치로서 입안되었다.

[18] [역주] Mill, J., 『Essays on Government, Jurisprudence, Liberty of the Press, and Law of Nations』, London, J. Innes, 1825. 위 문단의 인용문은 이 책의 32쪽에 나온다.

두려움이 있었다. 그는 선거권을 여성에게까지 확대하는 데에 반대했다.[19] 그는 증기기관이 공장과 교역에 적용됨으로써 비로소 형성되던 새로운 "중산계급"에 관심이 있었다. 그의 태도는 선거권이 하층으로 확대된다고 하더라도 중산계급이 "공동체 내에서 궁극적인 결정권을 행사하는 집단"이라는 확신에서 잘 표현된다. "중산계급은 과학, 예술 그리고 입법 자체를 가장 탁월하게 장식하는 집단이며, 인간 본성 중에서 세련되고 품격 있는 모든 것의 주된 원천이다." 그러나 이러한 과도한 단순화와 또 그것의 특수한 역사적 동기에도 아랑곳없이 그는 자신의 이론이 보편적인 심리학적 진리에 기초한다고 주장했다. 사실 그의 이론은 민주주의적 정부를 향한 운동을 정당화한다고 생각되는 원리를 그런대로 잘 보여 준다. 여기서 장황한 비판을 가할 필요는 없다. 이론에 의해 요청되는 조건과 민주주의적 정부의 발전과 더불어 실제로 달성된 조건 간의 차이는 저절로 드러난다. 이러한 격차가 바로 하나의 충분한 비판이다. 그러나 이 격차 자체가 보여 주는 것은 실제로 일어난 일은 이론에서 솟아나는 것이 아니라 이론이나 정치와 무관하게 진행된 것 속에 내재한다는 사실이다. 민주주의적 정부의 실제 발전은 일반적으로 말해서 기계적 발명에 응용된 증기기관의 사용 때문이었다.

## '개인주의'에 대한 비판

그러나 "본성적으로" 연합과는 무관한 고유한 권리가 있는 고립된 개

---

[19] 이 마지막 입장은 즉시 공리주의 학파의 수장이었던 제레미 벤담의 항의를 불러일으켰다.

인이라는 사상과 자연적인 것으로서의 경제적 법칙 – 반면 인위적인 정치적 법률은 (조심스럽게 경제법칙 아래 종속된 경우를 제외하면) 유해하다 – 이라는 사상을 무력하고 무능한 것이라고 간주하는 것은 큰 실수이다. 사상들은 돌아가는 바퀴 위의 파리들 이상의 어떤 것이다. 사상들은 대중적 정부를 향한 운동을 만들어 내지 않았지만, 이 운동이 취한 형태에 심각한 영향을 미쳤다. 아니 어쩌면 민주주의 국가를 표방하는 철학은 완고한 낡은 조건을 오히려 공고하게 함으로써 거기서 커다란 영향을 미쳤다고 말하는 편이 더 사실에 맞을 것이다. 민주주의의 이론들은 자신이 추구한다고 표방하는 사태보다는 오히려 완고한 낡은 조건에 더 긍정적으로 기여했다. 그 결과는 민주주의적 형태가 비틀리고, 일그러지고, 왜곡되는 것이었다. 그 "개인주의적인" 것을 대략적으로 요약한다면(이 요약은 이어서 언급할 보충들을 통해서 수정될 것이다), 우리는 새로운 철학의 관심을 집중시킨 "개인"은 사실 이론 속에서 높이 고양되는 순간 실제에서는 완전히 침잠의 상태 속에 떨어졌다고 말할 수 있다. 또한, 위에서 말했던, 정치적 사안들을 자연적 힘이나 법칙에 종속시켜야 한다는 주장에 대해서, 우리는 실제의 경제적 조건들은 – 그 이론이 인위적인 것을 비난하고 있는 바로 그런 의미에서 – 철저히 인위적이었다고 말할 수 있다. 경제적 조건들은 인공적인 man-made 도구 일체를 제공했으며, 새로운 정부의 주체는 이 도구를 통해서 새로운 기업가 계급의 욕망을 충족시키곤 했다.[20]

이 두 주장은 형식적이며 너무 일반적이다.[21] 지성적인 의미를 획득하

---

[20] [역주] 듀이는 경제의 운동과정이 결코 자유방임주의자들이 주장하듯 자연법칙에 따른 것이 아님을 지적하고 있다. 이것은 경제적 법칙을 자연법칙으로 전제하면서 인위적 법률의 영역인 정치를 경제적 '자연' 법칙에 종속시켜야 한다는 – 오늘날의 신자유주의를 포함해서 – 자유주의적 입장에 대한 비판이다.

려면 두 주장은 좀 더 자세히 전개되어야 한다. 그레이엄 월러스Graham Wallas[22]는 『거대한 사회』Great Society라는 제목의 저서 제1장 맨 앞에 다음과 같은 우드로우 윌슨Woodrow Wilson[23]의 말을 『새로운 자유』에서 인용하였다. "과거에 또는 역사가 시작된 이래, 인간은 개인들로서 서로 관계했다. … 오늘날 인간의 일상적인 관계는 대체로 거대한 비인격적인 사업이나 조직과의 관계이지 다른 개인들과의 관계가 아니다. 이제 이것이 새로운 사회적 시대이며, 삶의 드라마를 위한 새로운 무대장치와 다름없다." 만약 우리가 이 말에 조금이라도 진리가 포함되어 있다고 인정한다면, 그것은 개인주의적인 철학이 새로운 시대의 요구에 대처하고 또 새로운 시대의 요소들을 통제하는 데서 얼마나 부적합한 것인가를 보여준다. 욕망과 요구를 가지며 또한 자신의 개선에 대한 예견, 숙고 그리고 애정을 지닌 개인에 대한 이론[24]이 하필이면 개인이 사회적 사안들의 처리에서 덜 중요한 때에, 즉 기계적인 힘과 광범한 비인격적 조직이 현실의 틀을 결정할 때에, 형성되었다 – 이것이 바로 위의 인용문이 시사하는 의미이다.

"과거에 또는 역사가 시작된 이래 인간은 개인들로서 서로 관계했다"

---

[21] [역주] 바로 위에서 '대략적으로 요약'했던 두 가지 주장을 이제 좀 더 세련된 형태로 설명하려 하고 있다.

[22] [역주] 그레이엄 월러스(Graham Wallas 1858~1932)는 영국의 사회주의자, 사회심리학자, 교육학자이자 점진적 사회개혁 운동단체였던 Fabian Society의 지도자였다. 주저인 『거대한 사회』(1914)에서 월러스는 산업혁명이 근대사회에 미친 영향과 거기서 생겨난 문제들을 사회심리학적 분석을 통해서 설명할 수 있다고 주장했다. 그는 근대 사회에서 인간 본성과 양육의 역할을 대조하고, 인간성은 양육에서의 개선에 의존한다고 결론 내렸다.

[23] [역주] 우드로우 윌슨(Woodrow Wilson 1856~1924)은 미국 민주당의 정치인으로 28대(1913~1921) 미국 대통령이었다. 제1차 세계대전 후 국제연맹의 결성에 기여했고, 민족자결주의를 주창하여 우리나라의 3·1운동에도 영향을 미쳤다.

[24] [역주] 위에서 언급한 근대 사회에서의 '개인주의' 이론의 등장을 말한다.

는 진술은 참이 아니다. 인간은 언제나 삶 속에서 함께 연합했으며, 공동적 행동 속에서의 연합은 개인으로서의 그들의 관계에 영향을 미쳤다. 인간관계가 얼마나 광범위하게 가족에서 직, 간접으로 도출된 패턴에 의해 침윤되어 있는가를 상기해 보는 것으로 충분하다. 국가조차도 왕조의 문제였다. 그럼에도 윌슨 씨가 염두에 둔 대조는 사실에 부합한다. 초기의 연합체들은 대부분 쿨리[25]가 "직접적 대면"이라고 올바로 칭했던 유형에 속했다. 중요하고 정서적, 지성적 성향을 형성하는 데서 중요했던 연합체들은 지역적이고 근접해 있으므로 가시적이었다. 사람들이 그 연합체에 참여하고 있는 이상 직접 그리고 의식적으로 그들의 감정과 신념을 공유하였다. 국가는 전제적으로 간섭할 때조차도 멀리 있었고 일상적인 삶과 소원한 주체였다. 그렇지 않으면, 국가는 조세와 관습법을 통해서 사람들의 삶에 개입했다. 그러나 조세와 관습법의 작동범위가 아무리 넓다 해도 중요한 것은 범위와 포괄성이 아니라 직접적인 지역적 현전이었다. 교회는 사실 보편적이면서도 친밀한 사안이었다. 인간의 사고와 습관에 관한 한 교회는 보편성을 통해서가 아니라, 예식과 성사 聖事의 직접적 수행을 통해서 대다수 인간의 삶에 개입했다. 반면 생산과 상업에 응용된 새로운 기술은 사회적 혁명을 초래했다. 지역 공동체들은, 의도하지 않은 상황에서 또는 예측하지 못한 사이에 자기의 일이 멀리 떨어진 보이지 않는 조직에 의해서 제약된다는 사실을 발견했다. 후자의 활동 범위가 너무 방대하고 또 직접적 대면의 연합체에 미치는 영향이 너무 깊숙하고 끈질겨서 "인간관계의 새로운 시대"에 대해 말하는 것은 과장이 아니다. 증기기관과 전기에 의해 만들어진 거대사회는 사회일지 모르지만, 공동체는 아니다. 새롭고 비교적 비인격적이며 기계

---

[25] C. H. Cooley, 『사회적 조직 Social Organization』, Ch. iii, "일차적 집단"에 대하여.

적인 공동적 행동방식이 공동체 속으로 침입해 들어온다는 데에 근대적 삶의 특이성이 놓인다. 이런 군집적 aggregate[26] 행위 방식 속에서 공동체는 엄밀한 의미에서는 의식적인 파트너가 아니다. 또한, 공동체는 군집적 행위 방식들을 직접적으로 통제하지 못한다. 그러나 군집적 행위방식은 민족적이며 영토적인 국가가 생겨나게 하는 주요한 요인이다. 군집적 행위 방식을 통제할 필요는 이 국가들의 정부를 현대적 의미에서 민주적 또는 대중적으로 만든 주요한 동인이었다.

그렇다면 이렇게 개인적 행위를 소원하고 접근 불가능한 집단적 행위들의 범람하는 결과 속으로 흡수해 버리는 운동이 어째서 개인주의 철학으로 표출되었는가? 완전한 해답은 불가능하다. 그러나 두 가지 고려사항은 명확하고 또 중요하다. 새로운 조건들은 이전에는 잠자고 있던 인간적 가능성을 일깨웠다. 새로운 조건의 영향은 한편으로 공동체를 뒤흔들지만, 개인과 연관해서는 해방적이었다. 물론 이것의 억압적 측면[27]은 아직 미래의 짙은 안갯속에 숨겨져 있었다. 더 정확하게 말한다면, 그 억압적인 측면은 낡은 준봉건적 조건 속에서 이미 핍박받고 있던 공동체의 성원에게만 주로 영향을 미쳤다. 이들은 – 전통적으로 물장수나 나무꾼이었고, 단지 법률적 의미에서만 예속상태에서 벗어난 사람들인

---

[26] [역주] 구성원들의 의식적인 상호작용에 의해서가 아니라 대공업과 산업기술에 의해서 자연발생적으로 또는 기계적으로 생겨나는 공동적인 행동방식을 듀이는 '군집적인' 행동방식이라고 표현한다. 이 군집적인 행동방식이 사회적 운동의 주요한 요소로 됨으로써 근대 사회는 더는 공동체가 아닌 사회로 변모되었다. 이 책에서 듀이 정치철학의 핵심적인 문제 중 하나는 '거대사회'를 '거대한 공동체'로 변모시키는 것이다.

[27] [역주] 대공업에 기초하는 근대 사회가 인간의 해방과 더불어 동시에 경제적 합리성의 논리에 기초하는 구조적인 억압을 동반한다는 사실을 지적하고 있는 것이다. 그러나 산업화의 초창기에는 당연히 이러한 새로운 사회의 억압적 측면은 아직 분명히 드러나지 않았다.

데 - 어쨌든 별로 중요하지 않았기 때문에, 새로운 경제적 조건이 노동하는 대중에게 미치는 영향은 대체로 간과되었다. 고전적 철학에서 여실히 드러나듯이 일용노동자들은 여전히 공동체의 구성원이라기보다는 공동체적 삶의 토대가 되는 조건에 불과했다. 단지 점차적으로 이들에게 미치는 [해방적] 영향이 분명해졌다. 그때 이들은 - 새로운 경제적 제도 속에서 꽤 중요한 요소였다 - 정치적 해방을 달성하고 그리하여 민주주의적 국가 형태들을 그려 볼 수 있는 충분한 힘을 획득했다. 한편 해방적 효과는 "중산계급" 즉 공장주나 상인 계급의 구성원들에게서 분명하게 드러났다. 권력의 탄생을 부를 획득하고 부의 산물을 향유하는 기회에만 제한하는 것은 근시안적이리라 - 물론 물질적 욕구를 창출하고 또 그것을 만족하게 하는 능력이 과소평가되어도 좋다는 말은 아니지만 말이다. 주도력, 창조력, 예견 그리고 계획 활동도 역시 자극되고 촉진되었다. 새로운 권력의 이러한 발현은 매우 광범위해서 충격과 관심을 유발했다. 그 결과는 개인의 발견으로 정식화되었다. 관례적인 것은 당연시되고, 무의식적으로 작동한다. 관습과의 단절이 초점에 놓인다. 그리고 그것이 "의식"을 형성한다. 연합의 필연적이고 영속적인 방식들은 주목되지 않은 채 그대로 유지되었다. 자발적으로 만들어지는 새로운 연합들이 배타적으로 사고를 사로잡았다. 이 새로운 연합들이 지각의 지평을 독점했다. "개인주의"는 당시의 사고와 목적에서 초점이 되는 것을 진술했던 개념이다.

또 하나의 다른 고려사항도 이와 유사하다. 새로운 권력의 탄생과 함께 개인은 수많은 낡은 습관, 규제 그리고 제도에서 해방되었다. 우리는 이미 새로운 기술에 의해 가능해진 생산과 교환의 방법이 얼마나 선행하는 제도의 규칙과 관습에 의해서 방해받는가를 살펴보았다. 그럴 때 후자는 도저히 참을 수 없을 만큼 제약적이고 강압적으로 느껴진다. 그것은 주도적인 기업 및 상업 활동의 자유로운 활동을 방해하기 때문에 인위적이며 속박하는 것이다. 이것의 영향에서 벗어나려는 투쟁은 개인의 자유 자체와 동일시된다. 투쟁의 강도가 높아지면서, 연합체와 제도들은 개인적인 동의와 자발적 선택의 산물인 경우를 제외하고는 무차별적으로 자유의 적으로서 비난 되었다. 그러나 연합의 여러 형태가 실제로 아무런 손상 없이 유지됐다는 사실은 쉽게 간과되었다. 왜냐하면, 그것들은 당연하게 여겨졌기 때문이었다. 사실 당연시됐던 연합들 특히 확립된 가족 연합의 형식이나 사유재산제도를 건드리려는 어떠한 시도도 전복적인 것으로, 즉 신성한 의미에서의 자유가 아닌 방종으로 간주하였다. 민주주의적 정부 형태를 이렇게 등장한 개인주의와 동일시하는 것은 손쉬운 일이었다. 선거권은 대중에게는 그때까지 잠자던 능력의 각성을 표현했고 또한 적어도 현상적으로는 개인적인 자발성에 기초하여 사회적 관계를 형성할 권력을 대변했다.[28]

대중의 선거권과 다수의 지배는 개인들이 온전한 개인적 주권을 통해서 국가를 만들어 낸다는 상상을 가능하게 했다. 추종자에게든 방해자에게든 마찬가지로 그것은 기존의 확립된 연합체들을 원자적인 개인들의 욕망과 의도로 분쇄하는 장관壯觀을 보여주었다. 그러나 이때 개인들의 행동을 물 밑에서 실질적으로 통제하고 있는 결합체와 제도적 조직들이 있었는데, 이들에게서 솟아나오는 여러 가지 힘은 주목받지 못했다. 외적인 장면을 포착하고 그것을 현실로 간주하려는 것은 일상적인 사고의

---

[28] [역주] 이 문단에서 듀이의 언급의 근대 계몽주의와 정치적 변화과정에 대해 매우 흥미로운 사실을 드러내 준다. 즉 자유, 평등, 박애의 이념에 기초한 근대 사회의 재구성과정은 흔히 생각되듯이 그렇게 철저하고 진보적인 것이 아니었다는 것이다. 변화의 과정에서 많은 전통적 제도와 질서 그리고 연합은 미처 이성적 검증의 과정을 거치지 않은 채, 당연한 것으로서 수용되었다. 따라서 근대의 계몽주의가 많은 전통적인 억압적 질서를 온존하고 있었음이 드러난다.

본질이다. "자유로운 인간"이 투표소에 가서 자신의 개인적 의사에 의해서 자신이 살게 될 정치적 형태를 결정한다는 잘 알려진 미담은 눈앞에 보이는 것을 곧 완전한 현실로 간주하려는 경향의 표현이다. 물리적 영역에서 자연과학은 이러한 태도의 문제점을 잘 폭로하였다. 그러나 인간적 영역에서 그것은 아직도 거의 완전한 힘을 행사한다.[29]

대중적 정부의 반대자들은 그 지지자들만큼이나 시야가 넓지 못했다. 비록 그들은 가정된 개인주의적 전제에서 그 결론 – 즉 사회의 해체 – 으로 나아가는 데서 더 많은 논리적 감각을 보여주긴 했지만 말이다. 단지 "현금 관계"에 의해서만 결합된 사회 개념에 대한 칼라일Carlyle[30]의 혹독한 공격은 잘 알려져 있다. 그가 보기에 그런 사회의 종말은 "무정부 상태 더하기 경찰"이다. 그는 새로운 산업제도가 당시 사라지고 있던 사회적 유대만큼이나 강한 그리고 훨씬 더 확대된 사회적 유대를 만들어 내고 있다는 사실을 보지 못했다 – 물론 그것이 바람직한 유대인가 아닌가는 또 다른 문제이다. 휘그당의 지성주의자인 매콜리Macaulay는 선거권의 대중적 확대는 결국 무산대중의 약탈적 충동을 불러일으키고, 그들

---

[29] [역주] 듀이가 단순한 경험주의자가 아니라는 사실은 이 부분에서 잘 드러난다. '눈에 보이는 것을 참된 현실'로 간주하는 것을 듀이는 일상적 사고의 본질이라고 비판하기 때문이다. 듀이는 눈에 보이는 현상과 그 배후에서 작동하고 있는 본질적 힘들을 구분함으로써, 본질과 현상의 변증법적 관계를 강조하고 있는데, 이것은 헤겔이나 마르크스의 변증법을 연상시킨다. 듀이가 젊은 시절 헤겔의 절대적 관념론을 수용했다는 사실은 잘 알려져 있다. 물론 듀이는 나중에 헤겔의 관념론과 결별하지만, 헤겔의 변증법적 방법론에서는 많은 지적인 영향을 받은 것을 알 수 있다.

[30] [역주] 토머스 칼라일(Thomas Carlyle 1795~1881)은 스코틀랜드의 풍자작가, 수필가, 역사가였다. 경제학을 '비참한 학문'이라고 폄하했고, 근대적인 사회변화에 대해서 매우 독설적인 논평한 것으로 유명하다. 특히 "현금관계"는 근대 사회에서 사람들의 관계에서 인정이 사라지고 단지 냉정한 계산관계가 지배하는 현실을 비판한 용어이다. 그리고 이러한 비판 속에서 그는 중세적인 사회질서에 대한 향수를 드러냈다. 『프랑스혁명』(1837), 『영웅숭배론』(1841), 『프리드리히 대왕이라 불리는 프로이센 왕 프리드리히 2세의 역사』(1858~65) 등의 저서가 있다.

은 자신의 새로운 정치적 권력을 상층계급뿐 아니라 중산계급을 약탈하는 데 사용하게 되리라고 단언했다. 덧붙여 그는 인류의 문명화된 부분이 야만적이고 원시적인 부분에 의해 정복될 위험은 더는 존재하지 않지만, 문명의 내부에서 문명을 파괴할 사회적 병폐가 생겨날 가능성은 있다고 말했다.

## 자연적인 것과 인위적인 것의 대립에 대한 비판

여기서 우리는 우연히 다른 입장, 즉 정치 제도의 인위적 인공성과 대조적으로 경제적 힘의 작동에는 본래 "자연적"이고 또 "자연법칙"과 유사한 어떤 것이 있다는 생각과 조우한다. 타인과 고립된 자연적 개인이 완전히 성숙한 욕구, 자신의 자발적 의지에 따라 소비할 에너지 그리고 사려 깊은 계산과 예견의 능력을 갖춘다는 생각은 하나의 심리학적인 허구이다. 마찬가지로 고립된 개인이 선험적인 정치적 권리를 소유한다는 주장은 하나의 정치학적인 허구이다. 자유주의 학파는 욕망을 중요시했다. 그런데 그들에게 욕망은 쾌락이라는 인식된 목표에 의도적으로 정향된 의식된 사태를 의미했다. 즉 그들에게 욕망과 쾌락은 숨김 없이 명백히 드러난 사태였다. 마음은 마치 언제나 밝은 태양 속에 있고 숨겨진 그늘을 갖지 않으며 탐구할 수 없는 구석이나 지하실도 없는 듯이 생각되었다. 마음의 작동은 공정한 장기 게임에서 말의 움직임과 같은 것이었다. 장기 말의 움직임은 숨김이 없다. 장기 두는 사람들은 사기를 칠 수 없다. 말의 위치 변화는 명확한 의도에 따라서 백일하에 이루어진다. 그리고 그것은 이미 알려진 법칙에 따라서 일어난다. 단지 계산과 기술 또는 우둔함과 서투름이 승패를 결정한다. 마음은 "의식"이고 의식은 명쾌하고 투명하며 자기 현시적 매체여서 그 속에서는 욕구와 노력 그리고 목적이 아무런 왜곡 없이 드러난다.[31]

그러나 오늘날 일반적으로 승인되는 바로는, 인간 행동은 대체로 집중적 관심의 밖에 놓여 있는 조건에서 나온다. 이 조건은 구체적인 물리적 현상 속에 포함된 숨겨진 관계들을 우리에게 밝혀주는 탐구보다 더 정밀한 탐구에 의해서만 발견될 수 있고 밝힐 수 있다. 그다지 일반적으로 인정되지 않고 있는 것은 구체적 행동의 근저에 놓인 생성적인 조건들은 유기체적이라기보다는 사회적이라는 사실이다. 즉 그것은 **차별적인** 욕구, 목적 그리고 작동의 방법들과 관련해서 볼 때, 유기체적이기보다는 훨씬 더 사회적이다. 이 사실을 인정하고 보면, "자연적인" 경제적 과정과 법칙이라는 도그마에 전제된 욕망, 목적 그리고 만족의 표준이 그 자체 사회적으로 제약된 현상이라는 것은 명약관화하다. 그것들은 관습과 제도가 개별 인간 속에 반영되어 생긴 그림자이다. 따라서 그것들은 자연적인, 즉 "본래적인" 유기체적 성향이 아니다. 그것은 문명의 어떤 상태를 반영하고 있다. 작업이 행해지고 산업이 수행되는 형식은 개인들 자신의 구조 속에 들어 있는 원초적 소유물이 아니라 축적된 문화의 결과라는 것이 아마도 훨씬 더 올바른 생각이다. 예를 들어, 도구가 존재하기까지는 산업이라고 부를 수 있는 것이 별로 없었고 부의 축적은 더더욱 없었다. 그리고 도구는 완만한 전승 과정의 결과이다. 산업시대

---

[31] [역주] 이것은 듀이의 생각이 아니라 자유주의 학파의 마음에 대한 이해 방식을 듀이가 요약하고 있는 것이다. 듀이는 당연히 욕망과 쾌락이 정확하게 계산가능한 양으로 환원될 수 있다는 입장을 거부한다. 이어지는 문단에서 듀이는 인간의 마음의 운동이 사회적, 문화적인 방식으로 규정되고 변화된다는 사실을 강조한다. 따라서 욕망이나 쾌락 같은 기본적 인간 심리에서 출발해서, 경제적 사회적 활동을 법칙적으로 해명하려는 (대표적인 예로서, 수요 공급의 법칙 같은 것들) 자유주의적 시도는 듀이가 보기에는 그릇된 태도이다.

의 특징인, 도구의 기계로의 발전은 사회적으로 축적되고 전달되어 온 과학을 이용함으로써만 가능했다. 도구와 기계를 사용하는 기술도 역시 학습되어야 할 어떤 것이었다. 그것은 자연적으로 주어진 소질이 아니라 타인에 대한 관찰, 교수와 의사소통 때문에 획득되는 어떤 것이었다.

## 사회적 삶의 기능으로서의 욕구와 목적

위의 문장들은 하나의 중대한 사실을 전달하는 빈약하고 창백한 서술 방식에 불과하다. 물론 음식, 보호 그리고 친교에 대한 유기체적 또는 자연적인 욕구가 있다. 이런 욕구들을 충족시키는 외적 대상을 획득하는 과정 속에는 그 욕구들을 조장하는 내재적 구조가 있다. 그러나 이 욕구들이 탄생시키는 유일한 종류의 산업 industry은 우연히 마주치는 식용 식물이나 동물을 채집하여 확보되는 불안정한 생계이다. 즉 원시적인 조건에서 생겨나는 가장 저급한 종류의 야만상태에 불과하다. 엄격히 말하면 그 욕구들은 이런 가장 미미한 결과조차도 일으키지 못한다. 왜냐하면, 무력한 유년 시기라는 [인간학적] 현상 때문에 이런 야만적인 체제조차 연합된 행위의 도움 – 타인에게서의 배움이라는 가장 가치 있는 형태의 도움도 여기에 포함된다 – 에 의존하기 때문이다.[32] 불, 무기, 직물의 사용이 없었다면 그리고 거기에 필요한 의사소통과 전승이 없었다면 야만적인 산업조차도 있을 수 없었을 것이다. "자연적" 경제의 주창자들이 생각했던 산업 체제는 어떤 연합된 행동에 – 다종 다기한 방식으로 – 의

---

[32] [역주] 인간의 기본적 욕구처럼 보이는 것들도 이미 직접적이고 간접적인 교육의 과정을 통해서 형성된 것임을 강조하고 있다.

존하는 욕구, 도구, 재료, 목적, 기술과 능력들을 전제로 하였다. 따라서 "자연적" 경제의 주창자들이 사용하는 "인위적"이라는 단어의 의미 맥락에서 볼 때, 이 전제된 것들은 엄연히 그리고 더 심각하게 인위적이었다. 그들이 실제로 추구한 것은 관습과 제도의 방향을 변화시키는 일이었다. 새로운 산업과 상업을 발달시키는 데에 참여했던 사람의 행위의 결과는 새로운 종류의 관습과 제도였다. 이 새로운 것은 그것에 의해 대체된 것과 마찬가지로 광범위하고 지속적인 공동적 삶의 양식이었고, 또한 기세와 힘에는 대체된 것 이상이었다.

이 사실이 정치적 이론과 실천에 대해 지닌 함의는 명백하다. 실제로 작동한 욕구와 의도는 단지 연합된 삶의 기능이었을 뿐 아니라, 동시에 연합된 삶의 형태와 특성을 재결정하였다. 고대 아테네인들은 일요일에 신문을 사지도 않았고 주식과 채권에 투자하지도 않으며 자동차를 원하지도 않았다. 반면 오늘날의 우리는 대부분 아름다운 육체미와 주위 환경의 건축학적 아름다움을 원하지 않는다. 우리는 대체로 화장의 효과와 지저분한 슬럼가 그리고 종종 마찬가지로 멋대가리 없는 공공건물에 만족한다. 우리는 "자연적으로" 또는 유기체적으로 그런 것을 필요 need로 하는 것이 아니다. 우리는 그것을 **욕구한다** want. 비톤 우리가 그것을 직접적으로 요구 demand 하지는 않는다 해도 우리는 결과적으로 그것을 요구한다. 왜냐하면 그것은 우리가 마음을 쏟았던 일들에서 필연적으로 파생되어 나온 결과이기 때문이다.[33] 다시 말하면 한 공동체는 교육 또는

---

[33] [역주] 우리가 마음을 쏟았던 일, 즉 경제적, 정치적, 문화죠 활동의 결과로서 등장한 자동차, 신문, 주식과 채권 등을 우리는 처음부터 요구했던 것은 아니지만 결과적으로 요구하게 된다. 결국 이 모든 것에 대한 요구는 유기체적 본성에서 오는 것이 아니라 사회적으로 규정한 요구, 즉 '욕구'이다. 듀이의 용뱝에 따르면, '필요'(need)가 유기체적 본성에 기초하는 것이라면 '욕구'(wanting)는 어떤 주어진 조건을 매개로 해서 가지게 되는 이차적인 '필요'를 뜻한다.

무지, 아름다운 또는 추한 환경, 기차 또는 우마차, 주식·채권·금전적 이익 또는 구성적 예술을 욕구한다(여기서 '욕구한다'라는 말은 '욕구함'의 유일하게 지성적인 의미, 즉 결과적인 요구로 사용되었다.). 여기서 선택은 연합된 활동이 이런 것들을 사람들에게 관습적으로 제시하느냐, 칭송하느냐 또는 그것을 달성하는 수단을 공급하느냐의 여부에 따라서 결정된다. 그러나 이것은 단지 반쪽을 얘기한 것에 불과하다.

  욕구를 충족시키는 대상을 향한 연합된 행동은 그 대상들 자체를 산출할 뿐 아니라 관습과 제도들을 만들어 낸다. 간접적인 뜻밖의 결과들은 종종 직접적인 결과보다 더 중요하다. 새로운 산업 체제가 대체로 의식적으로 예측했고 의도했던 결과만을 산출하리라는 가정은 오류이다. 이 오류와 비슷한 오류는 욕구와 거기에 뒤따르는 노력은 "자연적인" 인간 존재의 기능들이라는 가정이다. 욕구와 노력은 제도화된 행위에서 나오고, 동시에 제도화된 행위를 결과적으로 만들어 낸다. 산업혁명의 결과와 거기에 관여했던 의식적 의도 사이의 괴리는 공동적 활동의 간접적 결과가 얼마나 계산 가능성을 넘어서며 직접적으로 숙고된 결과를 압도하는가를 잘 보여 주는 사례이다.[34] 그 결과 광범위하고 눈에 보이지 않는 유대, 즉 "거대한 비인격적 관심사와 조직들"이 발전되었다. 이제 이러한 유대관계는 모든 사람의 사고, 의지, 행동에 깊이 영향을 미치고 "인간관계의 새로운 시대"를 열었다.

  마찬가지로 거대 조직과 복잡해진 상호작용이 국가에 미치는 영향은 전혀 생각지 못했던 것이다. 개인주의 이론에 의해 숙고된 독립적이고, 주체적인 개인들 대신에 우리는 그들을 교체 가능한 단위로 표준화시키

---

[34] [역주] 듀이의 이러한 통찰은 오늘날 더욱 분명한 형태로 등장하고 있고, 이론적으로는 '위험사회', '불투명성' 등의 개념에서 표현되고 있다.

게 되었다. 사람들은 서로 결합하는데, 그것은 그런 형태로 결합하기를 자발적으로 선택했기 때문이 아니라, 사람들을 결합하게 하는 방대한 흐름이 있기 때문이다. 정치적 경계선을 표시하는 녹색과 적색 선은 지도 위에 그어져 있고 또한 입법과 사법에 영향을 미친다. 그러나 철도, 우편, 전신은 이 경계선들을 무색하게 만든다. 경계선들보다는 철도, 우편, 전신의 결과가 법적 지역 단위 내에서 살아가는 사람들에게 더 심각한 영향을 미친다. 현대적 경제 질서에 특징적인 연합적 행위 형태들은 매우 거대하고 광범위하여서 공공성의 가장 중요한 구성 부분과 권력의 소재지를 결정할 정도이다. 그들은 불가피하게 정부의 기관들을 장악하려 손을 뻗치며, 입법과 행정에 통제력을 행사한다. 이것은 그들이 의도적이고 계획된 이익 – 물론 이것의 역할도 크기는 하지만 – 을 추구하기 때문이기보다는, 주로 그들이 가장 강력하고 잘 조직된 사회적 세력이기 때문이다. 한마디로 말하면, 현대적인 경제 체제 때문에 등장한 새로운 형태의 결합행위들이 현대의 정치를 통제한다. 마치 이백 년 전의 정치가 왕조의 이익에 의해 좌우되었듯이 말이다. 이 새로운 형태들은 과거 국가를 움직였던 이해관계보다 더 강하게 사고와 욕망에 영향을 미친다.

## 전(前) 산업적 제도의 끈질긴 존속

우리는 낡은 법적 정치적 제도의 교체가 거의 완벽히 이루어진 듯이 이야기해 왔는데, 그것은 매우 과장된 것이다. 몇몇 가장 근본적인 전통과 관습은 거의 영향을 받지 않았다. 소유권 제도를 언급하는 것만으로 충분할 것이다. "자연적" 경제학의 철학이 소유권의 법적 위상이 산업과 상업에 미치는 영향을 무시했을 때의 그 순진함은 오늘날 거의 믿을 수 없을 정도이다. 그리고 그들이 부와 합법적 형식의 재산(재산은 합법적 형식 속에서 존재했다.)을 동일시했던 방식도 믿기 어려울 정도로 소박하다. 분명한 사실은 기술 산업이 자유롭게 작동하지는 않았다는 것이다. 그것은 모든 지점에서 제한되었고 왜곡되었다. 그것은 한 번도 자기 자신의 고유한 길을 가지 못했다. 기술자들은 기업 경영자들 밑에서 일했다. 기업경영자들의 주된 관심사는 [공동의] 부가 아니라 봉건시대와 준-봉건시대에서 발전되어 나온 소유권에 관한 관심이었다. 따라서 "개인주의" 철학자들이 올바르게 예견했던 단 하나의 것은 그들이 이미 확립된 세상의 관습과 행태를 단지 명료화, 단순화함으로써 – 따라서 그것은 사실은 전혀 예견이라고 할 수 없지만 – 선언했던 것이다. 즉 정부의 주된 사업이 소유권의 이익을 보장하는 데 있다는 단언만이 올바른 것이었다.

지금 기술 산업에 대해 가해지는 비판 대부분은 전-산업시대에서 전승된 법적 제도의 온존 탓으로 돌릴 수 있다. 그러나 이 문제를 사적 소유의 문제와 완전히 등치시키는 것은 혼란을 일으킨다. 사적 소유가 사회적으로 기능한다는 것은 충분히 상정해 볼 수 있다. 사실 사적 소유는 상당 정도는 이미 그렇게 기능하고 있다. 그렇지 않다면 사적 소유는 하루도 지탱할 수 없을 것이다. 사적 소유의 사회적 유용성이 크기 때문에 현재 그것의 작동방식이 초래하는 많은 사회적 폐해에도 우리는 사적 소유제를 감수할 수 있고 또는 적어도 사적 소유의 존속에 타협할 수 있다. 진짜 이슈 또는 적어도 가장 먼저 해결되어야 하는 이슈는 사적 소유 제도가 법적, 정치적으로 기능하는 조건에 관한 것이다.[35]

---

[35] [역주] 사적 소유제에 대한 듀이의 입장을 분명히 알 수 있는 대목이다. 위에서 듀이는 근대 사회 속에 전근대적인 낡은 법적 제도가 여전히 많이 남아 있음을 비판하며 대표적인 사례로 사적 소유권을 들었다. 그러나 동시에 듀이는 사적 소유제가 그

## 최종적 문제

 이렇게 해서 우리는 결론에 도달했다. 민주적 정부의 여러 형태, 보통선거, 다수결에 의한 행정부와 입법부의 선출을 초래한 바로 그 힘이 또한 정부를 형제애로 긴밀하게 연합된 공중의 진정한 도구로서 활용하도록 요구하는 사회적이며 인간적인 이상을 가로막고 있다. "인간관계의 새로운 시대"는 아직 거기에 합당한 정치적 주체를 갖지 못하고 있다. 민주적 공중은 아직 걸음마 단계에 있고 비조직적이다.

---

자체로 낡은 전근대적인 제도와 등치될 수 있는 것은 아니라는 점을 여기서 지적하고 있다. 즉 사적 소유를 비판하면서도 그것이 새로운 방식으로, 즉 사회적으로 기능할 가능성을 인정한다는 점에서 듀이의 입장은 마르크스와 거리가 있다고 생각된다.

# 04 공공성의 침식[1]

민주주의에 대한 낙관론은 오늘날 풀이 죽어 있다. 우리는 성마르고 무분별한 어조로 종종 자신의 감정적인 바탕을 드러내는 위협과 비판에 친숙하다. 그 가운데 많은 것이 앞의 찬미가 범한 것과 같은 실수를 범한다. 그것들은 민주주의가 관념, 즉 단일하고 시종 일관된 의도의 산물이라고 전제한다. 칼라일은 민주주의의 숭배자는 아니었지만, 생각이 명료했을 때 다음과 같이 말했다. "인쇄된 신문이 발명되면 민주주의는 불가피한 일이다." 이에 덧붙여, 철도, 전신, 대량 생산 및 도심으로의 인구 집중이 등장하면, 특정 형태의 민주주의 정부를 발명하는 것은 인력으로 피할 수 없다. 오늘날 존재하는 것과 같은 정치적 민주주의는 많은 유해한 비판을 불러일으킨다. 그러나 그런 비판은 대중정부를 낳는 조건을 깨닫지 못하는 한, 불평과 울분 혹은 우월성에 대한 강박증의 표현일

---

[1] [역주] eclipse(侵蝕)는 '상실'로도 번역할 수 있으나 굳이 '침식'이라고 번역했다. 그러나 사전적으로 침식(侵蝕)은 침식(浸蝕)과 다른 의미로 사용된다는 점에 주의할 필요가 있다. 전자는 "외부의 영향으로 세력이나 범위가 점점 줄어듦"을 뜻한다. 달의 침식이라든지, 고유문화가 외래문화에 의해 침식되고 있다는 의미로 쓰인다. 반면 후자는 "지표가 비, 하천, 빙하, 바람 따위의 자연현상으로 깎이는 일"을 뜻한다. 여기서의 번역어는 전자를 뜻한다. 듀이가 보기에 공중은 일시적으로 세력이나 능력이 약화된 것일 뿐 적절한 수단을 통해서 마치 그믐달에서 초승달이 다시 생겨나듯이 자신을 회복할 것이다. 그런 점에서 '侵蝕'이라는 번역어가 적절할 것 같다.

뿐이다. 모든 지적인 정치적 비판은 상대적이다. 그것은 전부 아니면 아무것도 아닌 상황을 다루는 것이 아니라 실제적인 대안들을 다룬다. 칭찬하건 비난하건 절대주의적인 무분별한 태도는 사유의 빛이 아니라 감정의 열기를 증명하는 것이다.

## 미국 민주주의 정부의 지역적 기원

미국의 민주주의 정책은 참된 공동체적 삶, 즉 지역의 협회와 작은 센터들에서 발전해 나왔다. 거기서 주된 산업은 농업이었으며, 생산은 주로 손으로 다루는 도구들에 의해서 이루어졌다. 그 정책은 개척 상황에서 영국의 정치적 관습과 법적인 제도가 작동할 때 형성되었다. 연합의 단위가 가변적이고 이동이 많기는 했지만, 연합의 형태들은 안정적이었다. 개척 상황은 개인적인 작업, 기술, 발명 재주, 창의력, 융통성 및 이웃 간의 사회성을 장려했다. 타운십²이나 그리 크지 않은 지역이 정치적인 단위였으며, 시민 대표 회의가 정치적 매개체였고, 도로, 학교, 공동체의 평화 등이 정치적 대상물들이었다. 주州는 그런 단위의 합이었으며, 국가federation는 – 연방은 아니었고 – 이런 주들의 연합이었다. 국가 설립자의 상상력은 자치 공동체의 모임 속에서 완수되고 이해될 수 있는 정도의 것을 넘어서지 않았다. 연합의 주요 집행부를 선발하기 위한 기구가 있었다는 것이 생생한 증거이다. 선거인단은 시민이 지역에서 잘 알려진 사람을 고위직으로 선택할 것이라고, 그리고 선택된 그들은 함께 모여서 성실성, 공공심, 지식 등을 갖춘 인물로 알려진 사람을 임명하

---

² [역주] 카운티에 속하는 행정구역단위로 6마일 사방의 땅을 일컬음.

기 위해 협의할 것이라고 전제한다. 이런 기구가 그렇게 빠르게 유명무실해졌다는 것은 위에서 서술된 사태가 일시적이라는 것을 보여주는 증거이다. 그러나 처음에는 대통령 선거인단의 이름이 대부분의 유권자에게 알려지지 않게 되는 시기, 그들이 다소 사적인 간부회의에서 조정된 "표"에 투표하게 되는 시기, 그리고 선거인단이 인격을 갖지 않은 기록하는 기계가 되는 시기가 올 것이라고, 그리하여 본래 사태의 본질로서 심사숙고된 개인적인 판단을 채택하는 것이 배신행위가 되는 시기가 올 것이라고는 꿈도 꾸지 못했다.

 우리의 제도를 형성시킨 지역적 조건은 겉보기에는 체계가 없는 것처럼 보이는 우리의 공적인 교육 체계에 의해 잘 드러난다. 유럽인에게 그것을 설명하려고 시도했던 사람은 누구나 그것이 무엇을 의미하는지 잘 이해하고 있을 것이다. 말하자면 그런 사람은, 어떠한 관리방법이 실행되고 있는지, 학습 과정은 어떠한지, 어떤 공인된 교수법이 있는지 등에 대해 질문을 받게 될 것이다. 이런 대화에서 미국인은 이 주州 혹은 카운티, 혹은 타운, 혹은 주 자치구라고 불리는 타운의 일부 지역에서 문제는 이러저러하며, 또 다른 곳에서는 여차저차하다고 대답할 것이다. 외국인이 볼 때 이쪽의 대화참여자는 아마도 그의 무지를 감추고 있다고 여겨질 것이다. 그리고 문제를 전체적으로 언급하는 것은 틀림없는 사전적 지식을 가져다 대는 것이 될 것이다. 적당하게 일반적인 대답을 하는 것이 불가능해서 이해 가능한 설명을 하려면 역사적 설명에 호소할 수밖에 없다. 대부분의 사람들이 아마도 서로에 대해 미리 알고 있는 작은 식민지 또는 거의 혹은 전적으로 미개척지에 자리를 잡고 있다. 자신들에게 이익이 될 것이라는 믿음과 주로 종교적인 전통을 통해서 식민지 사람들은 아이들이 최소한 읽고, 쓰고, 계산하는 방법을 알기를 원한다. 가족들이 가정교사를 두기는 거의 불가능했기 때문에 타운십보다는 좀 작은 뉴잉글랜드 같은 지역에서는 이웃들이 모여 "학교 지구"를 만들었다. 그들은 자신들이 직접 노동을 해서 학교 건물을 짓고, 위원회를 통해 교사를 채용했으며, 교사의 급여는 세금으로 지급했다. 학습 과정은 관습에 의해서 제한적으로 결정되었고, 교사가 아무리 개인적인 통찰이나 기술을 가지고 교수법을 수정하더라도 교수법은 전통에 의해서 결정되었다. 미개척의 상태는 점차 사라져갔다. 고속도로망과 그 이후에 생긴 철도망은 흩어져 있던 공동체들을 하나로 묶었다. 거대 도시가 성장함에 따라서, 연구가 다양해지고, 교수법은 자세히 검토되었다. 연방이 아니라 타운십보다 더 큰 단위인 주의 경우, 교사를 훈련하는 학교를 설립하였으며, 교사의 자격을 자세하게 검토하고 검증하였다. 그러나 국가가 아니라 주의 입법기관에 의해서 부과된 매우 일반적인 조건에 따르게 됨으로써 지역적인 관리와 통제가 지속되었다. 공동체의 양식은 더 복잡해졌지만, 파괴되지는 않았다. 이런 사례는 우리가 빌려 온 영국의 정치 제도를 수정해서 더 나은 방향으로 발전시킨 사태를 고려할 때 매우 교훈적인 것으로 여겨진다.

## 기술적인 요인을 통한 국가적 통합

간단히 말해서, 우리는 지역의 시민 모임의 관행과 생각들을 물려받았다. 그러나 우리는 대륙의 국가 속에서 살고, 행동하고, 존재하고 있다. 우리는 비정치적인 유대로 묶여 있으며, 정치적 형식들은 확대해석되고, 법적인 제도들은 임시방편적으로 끼워 맞춰졌으며, 해야 할 일을 하기 위해 즉흥적으로 방식을 만들어냈다. 정치 구조들은 비정치적이며, 산업화한 흐름이 이루어지는 통로를 고정했다. 철도, 여행, 수송, 상업,

우편, 전신, 전화, 신문 등은 상호작용과 상호의존성을 창조해냈기 때문에 전반적으로 사태를 유지하려는 생각과 정서의 유사성을 만들어내기에 충분했다. 군사 제국과는 달리 주州들이 그런 방대한 지역에 걸쳐서 존재할 수 있다는 사실은 전례 없었다. 통합된 주를 유지한다는 생각, 비록 명목적인 자치라고 할지언정, 거대하고 다양한 인종으로 구성된, 합중국으로 확장된 국가를 유지한다는 생각은 한때 가장 무모한 환상으로 여겨졌을 것이다. 사람들은 도시국가보다 크지 않은 지역에서 동질적인 인구로 구성될 때만 그런 국가가 수립될 수 있다고 생각했다. 개인적으로 서로 알고 지낼 수 있을 정도의 수를 넘어서지 않을 때만 진정한 국가가 존재할 수 있다는 생각은 플라톤 – 나중에는 루소에게 있어서도 – 에게 매우 자명한 것이었던 것 같다. 우리의 근대적인 국가-통합은 의견과 정보를 쉽고 빠르게 순환시키기 위해, 그리고 사람과 사람이 직접 만나는 공동체의 한계를 훨씬 넘어서는 항구적이고 복잡한 상호작용을 가능하게 하려고 채택한 기술의 결과이다. 정치적, 법적 형식은 점진적이고 불완전한 방식으로 크게 지체되면서 스스로를 산업적인 전환에 순응시킬 수 있었다. 물리적인 수단에 바탕을 둔 거리의 제거는 새로운 형식의 정치 연합을 성립시켰다.

이런 성과는 갖은 곤란을 겪고 성취한 것이기 때문에 더 놀라운 것이다. 외국 이민자 무리의 침입이 한때 유럽 대륙의 사회적 평형을 전복시켰듯이, 쇄도해 들어온 이민자들이 너무나도 많고 이질적이어서 앞서 획득된 조건으로는 통일 비슷한 것도 이루어내지 못했을 것이다. 심사숙고해서 채택한 수단을 통해서는 실제로 일어난 일을 성취할 수가 없었을 것이다. 기계적인 힘이 작동했고, 그 영향이 치명적이었다기보다는 역학적이었다는 것은 전혀 놀랄 일이 아니다. 이질적인 사람으로 구성된 대규모의 인구라는 새 요소를 수용하는 것은 종종 내부에서 적대감을 만드는데, 그러면서 바깥으로 통일을 보여주기 위해 사람들을 결합하는 것은 비상한 업적이다. 여러 측면에서 합병이 너무 빠르고 무모하게 일어났기 때문에, 다양한 사람이 기여했을 많은 가치가 사라졌다. 정치적 통일을 이루어내는 것은 또한 사회적 지적 획일성, 즉 평범한 사람이 좋아할 만한 표준화를 만들어내기도 했다. 외적인 행동뿐 아니라 의견도 조직화하였다. 개척자의 기질과 정취는 급속하게 사라졌다. 종종 주목되듯이 그들의 침전물은 개척시대 서부의 로맨스와 영화에서만 눈에 띈다. 배젓[3]이 관습의 케이크라고 불렀던 것이 점점 증가하는 가속도를 만들어냈고, 케이크는 종종 너무 편평하고 설구워진 것처럼 되었다. 대량 생산은 공업에만 한정된 것은 아니다.

## 공공성의 침몰

결과적으로 나타난 정치적 통합은 대중정부에 대한 초기 비판자들의 예상을 깨뜨렸으며, 초기의 지지자들 역시 오늘날의 상황을 위에서 내려다본다면 매우 놀랄 것이 틀림없다. 비판자들은 분열과 불안정을 예상했다. 그들은 새로운 사회가 쪼개져서 산산이 흩어지는 모래알처럼 될 것이라고 예견했다. 그들은 또한 민주 정부의 토대로서의 "개인주의"에 관한 이론을 너무 심각하게 받아들였다. 각각의 개인이 자신의 고정된 지위에 따라 명확히 규정된 의무를 수행하는, 아주 오래된 계급으로 사회를 계층화하는 것은 그들에게는 안정을 보장하는 유일한 길이었다.

---

[3] [역주] Walter Bagehot(1826~1877), 영국의 경제학자, 사회학자, 문예비평가. ≪내셔널 리뷰≫를 창간하고 ≪이코노미스트≫의 주필로 문예 및 경제 평론에서 활약하였다. 저서로 『영국의 국가구조』, 『물리학과 정치학』, 『롬바드 거리』 등이 있다.

그들은 그런 시스템의 억압에서 해방된 인간이 어떤 식으로든 서로 연합할 수 있으리라는 신념을 갖지 못했다. 따라서 그들은 개인들이 당파를 형성하고, 권력을 잡았다가 새로운 즉흥적인 당파가 더 강한 것으로 드러나면 권력을 잃게 되는 식으로 통치 양식의 흐름을 예측했다. 만약 사실이 개인주의 이론에 맞는 것이었다면, 그들은 의심할 바 없이 옳았을 것이다. 그러나 그 이론의 창시자들과 마찬가지로, 그들은 합병을 만들어내는 기술의 힘에 대해서 알지 못했다.

## 전승된 관념 및 기구와 실제 조건 간의 불균형

통합을 달성했음에도 불구하고, 혹은 오히려 그것의 본성 때문에, 공공성은 사라지는 것처럼 보인다. 이것은 분명히 당혹스러운 상황이었다.[4] 정부, 공무원, 그리고 그들의 활동은 분명히 우리와 함께하고 있다. 입법기관은 법률을 마음대로 만든다. 예하의 공무원은 그 법률 중의 어떤 것을 실제로 지키게 하려고 가망 없는 투쟁에 뛰어든다. 판사석에 앉은 재판관들은 그들 앞으로 끊임없이 올라오는 논쟁 더미를 가지고 자신들이 할 수 있는 한 전력을 기울인다. 그러나 이들 공무원이 대표하는 것으로 여겨지는 공공성은 어디에 있는가? 그것은 어느 정도로 지리상의 이름이나 공식적인 명칭 이상의 것인가? 그것은 합중국, 오하이오

---

[4] 월터 리프먼의 『유령 같은 공중』을 볼 것. 『여론』뿐만 아니라 지금 말하고 있는 내용과 관련해서, 이런 특정한 요점뿐 아니라 비록 결론은 다르지만, 나의 전반적인 논의에 포함되어 있는 발상에 대해 그에게 빚을 지고 있음을 밝히고자 한다.
[역주] 월터 리프먼(Walter Lippmann, 1889~1974). 미국의 정치 평론가로서 '냉전(cold war)'이라는 단어를 처음으로 사용했으며, 1958년과 1962년 두 차례에 걸쳐 퓰리쳐 상을 수상하기도 했다.

혹은 뉴욕주, 이 카운티나 저 도시를 뜻하는 것인가? 공공성은 한때 한 냉소적인 외교관이 이탈리아라고 불렀던 것, 즉 지리적 표현 이상의 어떤 것인가? 철학자들이 한때 실체를 성질 및 특징에 귀속시키고 후자가 내재적인 어떤 것이 있어서 표면적으로는 결여되어 있는 개념적 견고함과 일관성을 가진다고 생각한 것처럼, 우리의 정치적인 "상식적" 철학은 공무원의 행동을 지원하고 구체화하기 위해서만 공공성을 끌어들인다. 공공성이 없다면 우리는 관리가 어떻게 공무원이 될 수 있느냐고 절망적인 물음을 던지지 않을 수 없다. 만일 공공성이 존재한다면, 흄 이래로 철학자들이 자아가 어디에 존재하는지 또 어떻게 자아가 구성되는지 확신하지 못했던 것처럼 그것이 어디에 존재하는지는 여전히 불명확한 상태이다. 자신의 당당한 권리를 사용하는 유권자의 수는 그런 권리를 사용하지 않는 사람에 비해 그 비율이 점차 줄고 있다. 자격이 있는 실제 유권자의 비율은 이제 대략 절반 정도이다. 필사적인 호소와 조직적인 노력에도 유권자들로 하여금 그들의 특권과 의무를 깨닫게 하려는 시도는 지금까지는 실패한 것으로 보인다. 소수의 사람만이 정치의 무기력함에 대해서 설교하고 있다. 대부분의 사람들은 냉담하게 실천에 나서지 않고 있고 간접적인 행동으로 만족하고 있다. 투표의 결과에 대한 회의는 지성인들의 이론에서뿐 아니라 교양 없는 대중들의 말 표현 속에서도 종종 드러난다. "내가 투표를 하건 안 하건 무슨 차이가 있어? 세상은 지금처럼 똑같이 굴러갈 텐데. 내가 투표해도 아무것도 안 바뀔 거야." 좀 더 반성하는 사람은 다음과 같이 덧붙일 것이다. "투표는 결국 여당과 야당의 싸움일 뿐이야. 선거 때문에 달라지는 것은 결국 누가 일을 얻고, 급료를 받고, 임관하게 되느냐 하는 것일 뿐이야."

   이것을 좀 더 일반화하고 싶어 하는 사람은 정치적 행위의 모든 장치가 거대사업이 모든 경우에 정부를 지배하고 있다는 사실을 감추려고 하는 일종의 보호색이라고 주장한다. 사업은 오늘날의 질서이며, 그 과정을 중단시키거나 방향을 바꾸려고 하는 것은 파팅턴 부인[5]이 빗자루로 조류를 밀어내려고 하는 것과 마찬가지로 쓸데없는 짓이다. 이런 생각을 하는 대부분의 사람은 그들에게 경제 결정론의 학설이 논쟁적으로 해설되었을 때 충격을 받았다고 고백하겠지만, 그들은 그것에 대한 실질적인 믿음 위에서 행동하고 있다. 급진적인 ㄴ 사회주의자들만 그런 학설을 받아들이는 것은 아니다. 급진적 사회주의자들을 파괴적인 "볼셰비키"라고 욕하는 거대사업가와 금융사업가들도 암묵적으로 그런 학설을 수용하고 있다. 왜냐하면, 그들은 "번영" – 이것은 종교적인 색채가 있는 단어인데 – 이 국가의 중요한 요구이며, 그들이 그런 번영의 창조자이자 수호자요 따라서 올바른 정책의 결정자라는 확고한 믿음이 있기 때문이다. 그들이 사회주의자들의 "유물론"을 폐기해야 한다고 주장하는 이유는 단지 현재 그들이 통제하는 분배 방식과는 다른 물질적 힘과 복지의 분배를 유물론이 요구하고 있다는 사실밖에는 없다.

### 귀결된 실패에 대한 예증

어떤 공공성이 존재하든, 명목적으로 그것의 기관이라고 할 수 있는 정부와 관련해서 그것이 부적당하다는 사실은 이미 성장해버린 초법적 기구들을 통해서 명확해진다. 중개 집단은 정치적인 실무 처리에 가장 근접해 있다. 당파에 관한 18세기 영국 문학과 실제로 당이 차지하고

---

[5] [역주] 미국의 유머 작가였던 쉴라버(Benjamin Penhallow Shillaber, 1814~1890)가 만들어낸 인물이다.

있던 지위를 비교해 보는 것은 흥미 있는 일이다. 모든 사상가가 당파주의를 정치 안정의 주적이라고 비난했다. 그들의 비난을 담은 목소리는 정치에 대해 글을 쓴 19세기 초 미국 작가들의 저작 속에서 다시 들을 수 있다. 정당이라는 이름으로 확장되고 공고하게 된 당파들은 이제 당연한 일일 뿐 아니라, 대중은 관료를 뽑고 정부 사업을 수행하는 데 다른 길이 있을 수 있다는 생각을 할 수 없게 되었다. 중앙집권화하는 운동은 심지어 제3당이 돌발적이고 불안정하게밖에는 존재할 수 없게 되는 지점에까지 이르렀다. 사적인 의식 속에서 개인의 자발적인 의지에 의해서 선택을 하는 개인 대신, 전혀 알려지지 않은 사람에게 한 표를 행사할 신성한 기회를 가진 시민이 등장했으며, 그들에게 선거란 일종의 정치적 예정설을 만들어내고 있는 간부회의 내부의 비밀스러운 파벌에 의해서 이루어지는 것으로 여겨졌다. 마치 두 개의 표 사이에서 선택할 수 있는 능력이 개인적인 자유의 고차원적인 수행인양 말하는 사람들도 있다. 그러나 그것을 개인주의 이론의 창시자들이 심사숙고한 것과 같은 종류의 자유라고 하기는 어렵다. "자연은 진공상태를 싫어한다."[6] 공공성이 오늘날과 같이 불확실하고 모호할 때, 그래서 정부에서 유리되어 있을 때, 정치적 비밀조직을 가진 두목이 정부와 공공성 사이의 공간을 채우게 된다. 누가 두목을 배후에서 움직이고, 비밀조직을 운영할 힘을 만들어내는가 하는 것은 때때로 등장하는 공공연한 추문의 경우를 제외하면 기록의 문제라기보다는 추측의 문제이다.

그렇지만 "거대사업"이 장단을 맞추고 그에 맞춰 두목을 춤추게 한다

---

[6] [역주] 아리스토텔레스가 운동을 설명하기 위해서는 진공을 채우는 매질이 있어야 한다고 생각한 데서 나온 말이다. 듀이가 여기서 이런 표현을 쓴 것은 공공성을 대변할 공중이 존재하지 않는 상태에서 정부가 어떻게 작동하는가 하는 의문을 해명해야 할 필요를 그저 비유적으로 말하고 있는 것으로 볼 수 있다.

는 식의 근거 없는 주장과는 별개로, 정당들이 오늘날 정책을 만들어내는 주체가 아니라는 점은 상당 부분 사실이다. 왜냐하면, 정당은 점진적인 적응의 과정에서, 천명된 원칙과는 무관하게 사회적 흐름에 순응하기 때문이다. 이런 내용은 주간지에 다음과 같은 논평으로 기록되어 있다. "남북전쟁 종전 이래 연방 헌법에 구현된 모든 중요한 법령은 사람들로 하여금 주요 쟁점을 향하게 하고 주요 정당을 구분 짓게 하는 국민 투표가 없는 상태에서 만들어졌다." 공무원 개혁, 철도 규칙, 상원의원을 뽑는 보통선거, 소득세, 여성참정권, 금주법 등이 그런 언급을 실증해주는 근거이다. 그래서 다음과 같은 또 다른 논평도 정당한 것으로 여겨진다. "미국의 정당 정치는 대중의 감정을 선동할 만한, 미국의 대중에게 제시되었을 때 심각한 논쟁을 불러일으킬 만한 논점을 방지하는 장치로 보인다."

미성년 노동에 관한 수정법률의 운명을 통해서 우리는 부정적인 사실을 확인할 수 있다. 연방 대법원에 의해 부정되기는 했지만, 미성년 노동을 규제할 힘을 의회에 부여하는 것의 필요성이 모든 정당의 강령에서 주장됐다. 그런 생각은 집권 정당에 소속된 최근의 세 명의 대통령에 의해 승인되었다. 그러나 아직, 헌법에 제안된 수정안은 필요한 지원을 확보하지 못하고 있다. 정당은 지배 rule는 하되, 통치 govern 하지는 못하고 있다. 공공성 the public은 정치행위와 정부 조직을 매개하게 되어 있는 기관을 사용할 수 없을 정도로 교란당하고 침식된 상태이다.

개인의 사적인 판결이 이루어지는 자리에서 요구되는 책임은 말할 것도 없고, 선출된 대표자가 유권자에 관해 갖는 책임에 관한 이론이 붕괴된 사실에서 우리는 같은 교훈을 얻게 된다. 그런 이론의 용어들을 "돼지고기 보존용 통"[7]의 유형을 한 입법에서 가장 잘 만날 수 있다는 것은

---

[7] [역주] "pork barrel", 특정의 선거구나 의원만을 이롭게 하는 정부사업 혹은 예산을

어쨌든 시사적이다. 거기서 대표자는 지역의 요구를 충족시키는 데 실패한 것에 대해 설명을 요구받거나, 아니면 그것을 충족시키는 데서 보여준 집요함과 성취에 대해 보상을 받을 것이다. 정즉 중요한 문제에서 그 이론이 입증되는 경우는 매우 드물지만 우연하게 작동할 때가 있다. 그러나 그 사례가 너무 드물어 아무리 숙련된 정치 평론가라 할지라도 이름을 들어가며 그것을 열거할 수 없을 정도이다. 유권자에 대한 개인적 책임감이 없어지는 이유는 명백하다. 유권자는 다소 무정형의 집단으로 구성된다. 그들의 정치적 생각과 신념은 대부분 선거와 선거 사이에 일시 정지 상태에 있게 된다. 인위적으로 만들어진 정치적 동요의 기간에도 유권자들의 의견은 독립적인 개인적 판단에 의해서보다는 집단의 흐름에 의해 집합적으로 움직인다. 대개 선거에 나서는 한 개인의 운명을 결정짓는 것은 그의 정치적 탁월함도 아니고 정치적 결함도 아니다. 시류는 집권 정당에 대해 우호적이거나 적대적이며, 개인 후보는 그 시류에 따라 가라앉거나 떠오르거나 한다. 때때로 일반적인 정서적 합의, 즉 "진보적인 입법"에 호의를 보이는 뚜렷한 경향 혹은 "정상상태로의 복귀"에 대한 갈망이 존재하기도 한다. 그러나 그런 상황에도 유권자에 대한 개인적인 책임감이 있다는 이유로 선출되는 후보는 매우 드물다. "인심의 동요"가 어떤 사람을 궁지에 몰기도 하고, "압도적인 승리"를 통해 어떤 사람은 공직에 나아가기도 한다. 또 다른 때에는 습관, 정당의 자금, 정당 조직 운영자의 기술, 강인한 턱이 있는 후보자의 초상화, 후보자의 사랑스러운 아내와 아이들, 그리고 상관관계가 없는 다른 수많은 것이 이슈를 결정하기도 한다.

---

일컫는다.

## 공공성을 발견하는 문제

이렇게 산만한 이야기를 하는 것은 이런 것들이 어떤 새로운 진리를 담고 있다고 믿어서가 아니다. 그런 것들은 매우 친숙한 것들로 정치 현장에서는 흔해 빠진 것들이다. 정치 현장을 세심하게 관찰하는 사람에 의해 그런 것들은 얼마든지 늘어날 수 있을 것이다. 중요한 것은 그런 친숙성이 경멸까지는 아니더라도 무관심을 조장한다는 것이다. 무관심은 현재에 만연한 냉담함의 증거이고, 그런 냉담함은 공중 the public 이 스스로를 발견할 수 없을 정도로 현혹되고 있다는 사실을 증명하는 것이다. 이런 언급은 결론을 도출하는 관점과 더불어 이루어진 것은 아니다. 이런 언급은 문제의 윤곽을 그리는 관점에서 제시된 것이다. 공공성 the public8이란 무엇인가? 만약 공공성이 존재한다면, 그것이 스스로를 인식하고 구현하는 길을 가로막는 방해물은 무엇인가? 공공성이란 신화인가? 아니면 확립된 제도를 지키기 위해 자신의 몫을 던질 것이냐 혹은 새로운 경향으로 나아가기 위해 그것을 던질 것이냐 하는 중요한 선택적 이슈가 두드러지게 되는 분명한 사회적 전환기에만 공공성이 등장하게 되는가? 전제적 억압으로 여겨지게 된 왕조의 통치에 반항하는 시기에만 공공성이 등장하는 것인가? 농업계급에서 산업계급으로 사회적인 권력이 이전되는 시기에 공공성이 등장하는 것인가?

---

[8]  [역주] 여기서 'the public'을 '공중'으로 번역할 것인가 '공공성'으로 번역할 것인가 하는 것은 모호한 문제이다. 우리말 문맥상 자연스럽게 여겨지는 쪽을 택했음을 밝혀둔다.

## 민주주의 대 전문가

오늘날 문제는 정책을 고안해내는 문제라기보다는 행정적인 문제를 관리할 전문가를 확보하는 문제가 아닌가? 오늘날의 혼란과 냉담함이 다음과 같은 사실에 기인한다고 주장할 수도 있을 것이다. 즉, 과거에 전혀 다른 상황을 다루기 위해 만들어진 조직과 생각들을 통해 정치가 이루어지지만, 사회의 진정한 힘은 사태를 다루는 훈련된 전문가에 의해 모두 비정치적인 문제들을 향하게 되었다는 것이다. 전문적인 학교 교사, 유능한 의사, 혹은 사업가를 찾는 데 관심을 두는 공중public은 존재하지 않는다. 치료법을 배우는 의사를 가르치거나, 상품판매 방법을 배우는 상인을 가르치는 데 개입하는 사람들을 공중이라고 부르지는 않는다. 이런 직업 혹은 우리 시대에 특징적인 다른 직업 행위는 과학 및 유사과학에 의해 결정된다. 오늘날 중요한 정부 사업은 전문가에 의해서 적절히 수행될 수 있는 기술적으로 복잡한 문제라고 주장될 수도 있을 것이다. 그리고 만일 오늘날 사람들이 전문가를 찾고 그들에게 행정을 맡기는 일의 중요성을 인식하도록 교육받지 않았다면, 아마도 일반적인 사회 정책의 구상과 실행을 결정하는 데 관심이 있는 공중이 존재한다는 미신적인 신념 안에 [공공성의 구현을 가로막는] 장애물이 놓여 있는 것이라는 주장이 그럴듯하게 제시될 수도 있을 것이다. 아마도 유권자의 냉담함은 억지로 흥미를 불러일으키려고 시도되는 이슈의 부적절한 인위성에 기인한다. 아마도 이러한 인위성은 또한 과학과 기술이 미성숙해서 특정한 사회적 상황을 다루고 특정한 사회적 요구를 충족시키는 데 필요한 특정한 기술을 받아들일 수 없었던 시기에 살아남은 정치적 신념과 기관에 기인할 것이다. 인간의 창조에 관한 고대 유대인의 설화가 과학적 탐구의 결과보다 더 신뢰할 만한 것이라는 판단을 법을 통해서 내리고자 했던 적이 있다. 이것은 전문적인 탐구로 인도되는 전문가보다 정치적 의도를 위해 조직된 공중이 최종적인 심판자요 이슈의 중재자라는 교의가 받아들여지는 상황에서 일어날 수 있는 종류의 사례에 대한 전형적인 예로 인용될 수 있을 것이다.[9]

오늘날 가장 관심을 끄는 문제들은 아마도 하수구 설비, 공중위생, 위생적이며 적합한 주택 공급, 운송, 도시계획, 이민 규제 및 배분, 직원 선발 및 관리, 유능한 교사의 지도와 양성을 위한 올바른 방법, 조세의 과학적 조정, 효과적인 자금 운용 등등일 것이다. 이런 것들은 견인이나 이동의 목적을 위해 효율적인 엔진을 만들어내는 것과 마찬가지로 기술적인 문제이다. 그런 것들은 사실에 관한 탐구를 통해서 이루어져야 하며, 탐구가 특별한 전문지식을 갖춘 사람들에 의해서만 수행되어야 하는 만큼, 탐구의 결과 역시 훈련된 기술자들에 의해서만 활용되어야 한다. 머릿수를 세는 것, 즉 다수에 의한 결정과 전통적인 정부의 전체 기구가 그런 일을 하는 데 무슨 관련이 있는가? 이런 식으로 생각하게 되면, 공중과 정치적 목적을 위한 공중의 조직화는 유령일 뿐만 아니라, 걷고 말하면서 정부의 행위를 위험한 방향으로 오도하고, 모호하게 하고, 교란하는 유령이다.

개인적으로 나는 그런 식의 사고가 행정적인 활동에는 적합할지라도

---

[9] [역주] 듀이의 관점에서 보면 낡은 종교적 세계관으로 공중을 조직해서 공공성을 실현하는 것은 불가능하다. 한편 과학적인 관점으로 전문가들에 의해 공적인 문제에 대한 대안이 제시되어야 한다고 생각될 수도 있겠지만, 이러한 관점 역시 전문적인 행위 영역 이전에 이루어져야 할 민주적 절차를 고려하지 못하고 있다는 점에서 올바른 대안은 아니다. 듀이는 전통적인 관점을 거부하는 동시에 극단적인 전문가주의도 모두 부정하고 있는 것으로 보아야 한다. 그가 여기서 말하는 '정치적 의도를 위해 조직된 공중'이라는 표현은 이하에서 언급되어 있는 '민주적으로 조직된 공중'이라는 표현과 대비시켜 이해해야 한다. 그는 공중이 오로지 '민주적으로 조직'됨으로써만 공공성을 실현할 수 있는 주체로서 역할을 할 수 있다고 보는 것이다.

전체 정치 영역을 포괄한다고 생각하지 않는다. 그런 식의 사고는 기술적이며 전문적인 행위가 이루어지기에 앞서서 조정되고 해결되어야 하는 힘을 무시하고 있다. 그렇지만 그런 사고는 다음과 같은 물음을 분명히 규명하는 데에는 도움이 된다. 오늘날의 상황에서 공공성이란 도대체 무엇인가? 공공성이 침식된 이유는 무엇인가? 공공성이 스스로를 발견하고 확인하는 것을 방해하는 것은 무엇인가? 어떤 수단을 통해서 이제 막 시작되어 정형화되지 않은 공중의 지위를 오늘날의 사회적 요구와 기회에 적합한 효과적인 정치적 행위로 조직화해야 하는가? 정치적 민주주의에 관한 이론이 그런 확신과 희망을 가지고 주장된 이래 백 오십 년 동안 공적인 영역 the Public에서는 어떤 일이 일어났는가?

## 공공성의 침식에 대한 설명

앞의 논의는 공중이 탄생하게 되는 어떤 조건을 조명해 주었다. 그것은 또한 "인간관계의 새 시대"를 가져온 조건을 설명해 주었다. 이 두 논증은 그것들이 서로 연관될 때 방금 제기된 물음에 대한 우리의 답을 제공하게 될 전제들을 형성한다. 공통적인 상호작용 행위들의 간접적이고, 광범위하며, 지속적이고, 진지한 결과들이 그런 결과들을 통제하는 데 대한 공통의 관심이 있는 공중을 존재하게 한다. 그러나 기계 문명 시대는 간접적 결과들의 범위를 엄청나게 확장시키고, 증가시키고, 격렬하게 만들고, 복잡하게 만들어서, 그런 광범위하게 결합된 행동의 연합은 공동체 기반보다는 비인격적인 기반에 토대를 두게 되기 때문에, 거기서 결과적으로 형성된 공중은 스스로를 확인하거나 구별할 수가 없게 된다. 그리고 이러한 발견은 분명히 공중의 효과적인 조직화를 위한 선행 조건이다. 이것이 바로 공적인 개념과 관심이 침식된 것과 관련한 우리의 테제이다. 너무나도 많은 공적인 영역이 존재하며, 우리가 대처해 나가야 하는, 우리의 생존을 위한 자원들에 대한 너무나도 많은 공적인 관심이 존재한다. 민주적으로 조직된 공중의 문제는 일차적이고 본질적인 면에서 지적인 문제이며, 전 시대의 정치적 사태에서는 유사한 것을 찾아볼 수 없다.

현재 우리의 관심은 거대사회the Great Society를 발전시키는 데 있어 기계 문명 시대가 거대 공동체a Great Community를 형성시키지 못하고 이전 시대의 작은 공동체들을 침해하고 부분적으로 붕괴시켰다는 것이 어떤 것인지 언급하는 것이다. 그런 사실은 우리에게 매우 친숙하다. 우리의 특별한 사태는 우리에게 친숙한 사실들이 민주적인 공중의 조직화를 어렵게 만드는 난제와 연관되어 있다는 것을 지적해 준다. 이런 현상과 친숙하다는 사실 자체가 그 중요성을 은폐하고 있으며, 우리로 하여금 그런 것들이 인접한 정치적 문제와 관련이 있다는 사실을 깨닫지 못하게 하는 것이다.

### 세계 대전의 사례

제1차 세계대전의 범위는 논의를 위한 편리하면서도 긴급한 출발점을 제공해 준다. 그 전쟁의 범위는 전례가 없었다. 왜냐하면, 거기에 연루된 조건들이 매우 새로운 것이었기 때문이다. 17세기의 왕조 간의 갈등에 대해서도 우리는 같은 명칭을 붙인다. 우리는 하나의 단어, 즉 "전쟁"이라는 단어만을 가지고 있을 뿐이다. 단어가 동일하다는 사실이 의미의 상이성을 너무나도 쉽게 감추고 있다. 우리는 모든 전쟁이 같다고 생각하지만, 다른 어떤 전쟁보다 제1차 세계대전은 가공할 만한 것이었다. 식민지는 전쟁에 끌려 들어가고, 자치정부들은 자발적으로 참여했으며, 재산은 군대를 위해 징발되었고, 영국과 일본, 독일과 터키의 사례처럼 인종과 문화가 다양함에도 멀리 떨어진 나라들끼리 동맹을 형성했다. 문자 그대로 지구상의 모든 대륙이 전쟁에 참여했다. 간접적인 효과는 직접적인 효과만큼이나 폭넓다. 군인뿐 아니라, 재정, 산업, 의견이 동원되고 통합되었다. 중립적인 태도는 위험한 것이었다. 로마제국이 지중해 연안의 땅과 사람들을 집합시킨 시기는 세계사적으로 매우 중대한 시기였다. 세계대전은 한 지역에서 일어났던 일이 오늘날에는 세계적으로 일어나며, 다양하게 분화된 독립 국가들을 포함할 포괄적인 정치 조직이 오늘날 존재하지 않는다는 명백한 증거를 나타내 주는 것이다. 부분적이나마 이런 장면을 목도하고 있는 사람이라면 거대사회의 의미에 대한 설득력 있는 이미지를 갖지 않을 수 없을 것이다. 즉 거대사회는 존재하고 있지만, 통합되어 있지 않다는 것이다.

상대적으로 적은 수의 사람들의 결합된 행동이 낳은 확장적이고, 지속적이며, 뒤얽혀 있는 간접적인 결과들이 지구 전체를 가로지르고 있다. 물웅덩이에 돌 던지기, 연속적으로 아홉 개의 핀 쓰러뜨리기, 큰불을 일으키는 불꽃과 같은 직유는 현실과 비교해 보면 무색한 것이다. 전쟁의 확산은 통제되지 않은 자연재해의 움직임같이 보였다. 명목상 독립적인 폐쇄된 국가에서 국민의 통합은 그들의 행위가 전 세계의 다른 국가들의 단체와 개인에게 영향을 준다는 사실 속에서 자신의 대응물을 가지고 있다. 하나의 점에서 지구상의 모든 부분으로 에너지를 전파한 연합과 유대는 만질 수도 볼 수도 없다. 그런 것들은 정치적으로 경계 지워진 국가처럼 나타나지는 않는다. 그러나 전쟁은 그런 것들이 실재하고 있다는 것을 보여주며, 그런 것들이 조직되거나 규제되지 않고 있다는 것을 보여주고 있다. 전쟁은 현존하는 정치적 법적 형식과 제도가 상황을 다룰만한 능력이 없음을 암시한다. 왜냐하면, 오늘날의 상황은 현존하는 정치적 국가의 헌법 및 정치적 형식에 적응하지 못한 비정치적 힘의 작용이 결합하여 만들어낸 산물이기 때문이다. 우리는 질병의 원인이 스스로 야기한 질병을 치료하는 데 효과적으로 결합되는 상황을 기대할 수는 없다. 필요한 것은 현존하는 정치 구조를 변화시키기 위해 비정치적 힘이 스스로를 조직하는 것, 즉 분화되어 있고 난처한 상황에 있는 공중이 통합되는 것이다.

### 공공성의 기준을 적용하는 것

일반적으로, 비정치적인 힘들은 그 정상적인 작동을 비틀고 왜곡하는 상속된 정치적 틀에 주입된 기술 시대의 표현이다. 전쟁을 발발시키는 상황을 만들어낸 산업적, 상업적 관계들은 거대한 것뿐 아니라 작은 것에서도 매우 명백하다. 그 관계들은 원료 및 원거리 시장을 위한 투쟁, 그리고 어마어마한 국가 채무뿐 아니라, 지역적이고 중요하지 않은 현상에서도 나타난다. 집에서 멀리 떨어져 있는 여행자는 조국과 전쟁상태에 있지 않은 나라들에서도 자신의 신용장을 현금화할 수가 없었다. 주식시장은 한편에서는 문을 닫았고, 다른 한편에서는 부당 이득자들이 폭리를 취했다. 국내 상황에서 한 가지 사례를 들 수 있을 것이다. 전쟁 발발 이후 농부의 곤경이 국내의 정치적 이슈를 만들어냈다. 식량과 다른 농작물에 대한 엄청난 수요가 창출되었고, 가격이 올라갔다. 이런 경제적 자극에 더하여 농부들은 수확을 증대시키라는 끊임없는 정치적 권고의 대상이었다. 인플레이션과 일시적인 번영이 이어졌다. 계속되던 전쟁의 종말이 도래했다. 가난해진 국가는 전쟁 이전의 상태만큼도 식료품을 살 수가 없었다. 세금은 엄청나게 증가했다. 통화는 평가절하되었다. 세계의 금 공급이 이곳에 집중되었다. 전쟁과 국가적 낭비가 공장과 상인의 물품명세서를 쌓아 놓도록 자극했다. 임금과 농기구의 가격이 상승했다. 디플레이션이 왔을 때에는 제한된 시장만이 남게 되었고, 생산 가격이 올라갔으며, 농부들은 급격하게 확장되던 시기에 가볍게 떠맡았던 융자금에 허덕이게 되었다.

이런 사례는 특히 유럽에서 일어났던 다른 결과와 비교해서 특별한 중요성이 있기 때문에 인용되는 것은 아니다. 그것은 유럽의 결과와 비교해 볼 때, 그리고 소위 후진국에서 어디에서나 일어났던 민족주의적 감정의 환기와 비교해 볼 때 상대적으로 중요하지가 않다. 그러나 그것은 우리의 복잡하고 상호의존적인 경제적 관계의 그물눈처럼 퍼져 있는 결과들을 보여주며, 예측이나 규제가 얼마나 적었는지 보여주는 것이다. 농민은 자신들이 관련된 근본적인 관계들의 결과에 대한 지식을 갖춘 상태에서 행동하는 것이 거의 불가능했다. 그들은 그에 대해 일시적이고 즉흥적인 반응을 보일 수밖에 없었으며, 사건의 경과에 적응해 가면서 사태를 다룰 수 있는 처지가 아니었다. 그들은 자신들이 감당할 수 없었던 압도적인 작용, 그리고 기후변화에 대해서와 마찬가지로 그들이 통제할 수 없었던 압도적인 작용의 불운한 주체라고 스스로를 소개했다.

이런 묘사는 전쟁이라는 비정상적인 상황에 기초하고 있다는 근거를 들어 부정할 수 있는 것이 아니다. 전쟁 자체는 기본적으로 통합되어 있지 않은 사회 상태에 대한 정상적인 표현이다. 지역적인 면대면 공동체는 매우 방대하고, 처음부터 멀리 떨어져 있으며, 범위가 매우 넓고, 복합적이고 간접적으로 작용하는 힘으로 침해당해 왔기 때문에, 지역사회 단위 구성원의 관점에서 보자면, 그런 힘은 알 길이 없다. 종종 언급되었듯이, 인간은 이웃이라고 하더라도 동료와 의좋게 지내기가 매우 어렵다. 더욱이 그 동료가 멀리 떨어져서 그에게 보이지 않는 방식으로 행동한다면 그 동료와 의좋게 지내기는 더 어려울 것이다. 이제 막 생겨나기 시작한 공중은 간접적인 결과들이 인식될 때, 그리고 그 결과들의 발생을 규제할 기관을 기획하는 것이 가능할 때에만 조직화할 수 있다. 현재로서는 많은 결과가 인식되기보다는 느껴진다. 그 결과들은 경험되기는 하지만, 알려진다고 말할 수는 없다. 왜냐하면, 그것을 경험하는 사람들이 그 결과의 기원을 언급할 수 없기 때문이다. 상황이 이러므로 사회적 행동의 흐름을 이끌고 그럼으로써 그것을 규제할 기관이 설립되지 않았다는 것은 두말할 필요도 없을 것이다. 그래서 공중은 무정형의 상태로 분절되지 않은 채 있는 것이다.

### 전통적인 원리의 실패

한 사람이 몇 가지 일반적인 정치 원리를 마음에 품고 그것을 확신을 하고 적용하던 때가 있었다. 어떤 시민은 국가의 권리나 중앙집권화된 연방 정부를 믿기도 하고, 자유 무역, 혹은 보호 무역을 믿기도 했다. 한 정당과 운명을 같이 함으로써 자신의 견해를 표현하고 그렇게 해서 자신의 신념이 정부에 반영되도록 하는 것을 상상하는 것은 그다지 정신적인 긴장이 있어야 하는 일은 아니었다. 오늘날의 평균적인 유권자에게 관세 문제는 무한한 상세항목으로 뒤섞인 복잡한 것이며, 세율표는 셀 수 없이 많은 것의 특정한 가격에 따른 것이다. 그중 많은 것에 대해 유권자는 그 이름을 알지 못하며, 거기에 대해 어떤 판단도 할 수 없다. 아마도 수천 유권자 가운데 한 사람도 통행세율이 열거된 페이지의 표를 읽지 않을 것이며, 만일 그런 것을 읽는다 해도 유권자가 더 현명해지지는 않을 것이다. 평균적인 사람은 그것을 좋지 않은 일로 여기고 포기한다. 선거 때가 되면 낡아빠진 슬로건에 대한 호소가 유권자로 하여금 중요한 주제에 대해 확신이 있다는 일시적인 생각에 빠지게 한다. 그러나 이러저러한 표에 대해 이해관계가 있는 공장주나 상인을 제외하면 그런 믿음은 개인적인 관심사에 관한 믿음에 부속된 질이 결여되어 있다. 산업은 너무나도 복합적이고 복잡하다.

  또한, 유권자는 개인적인 선호나 전승된 신념에 의해서 지역 정부의 범위를 극대화하는 성향이 있을 수도 있고, 중앙집권화의 폐해를 통렬히 비난할 수도 있을 것이다. 그러나 그는 주류 거래에 관한 사회적 해악에 대해서는 확실하게 인정할 것이다. 그는 타운십, 카운티, 혹은 주와 같은 그가 사는 지역의 금지 법안이 현대적인 운송 수단에 의해 외부에서 주류를 반입하기가 쉬워지면서 전반적으로 무효화되었음을 알게 된다. 그래서 그는 중앙 정부에 주류의 생산과 판매를 구제할 힘을 주어야 한다는 수정법률에 대한 옹호자가 된다. 이것은 잇따라 연방의 공무원과 힘을 필연적으로 확대하게 된다. 그래서 오늘날, 전통적으로 주의 권리에 관한 교의를 받들어온 남부가 국가적인 금지 및 금주법[10]의 주된 지지자가 되었다. 얼마나 많은 유권자가 자신들이 공표하고 있는 일반 원리와 주류 문제에 대한 그들의 특정한 입장의 관계에 대해 심사숙고했는지 말하는 것은 아마도 불가능할 것이다. 그리고 아마도 그런 생각을 한 유권자는 많지 않을 것이다. 다른 한편으로, 평생 해밀턴주의자였던 사람들, 즉 특정 지역의 자치가 갖는 위험성을 주장해 온 사람들은 금지법

---

[10] [역주] Volstead Act: 제안자인 하원 의원의 이름을 딴 금주법으로서 1933년에 폐지되었다.

안에 반대한다. 그래서 그들은 잠정적으로 제퍼슨의 플루트에 맞추어 연주한다. 그러나 이런 불일치[11]를 비웃는 것은 쉬운 만큼 부적절한 것이기도 하다. 사회적 상황이 산업 시대의 요인들에 의해 급격하게 변화했기 때문에, 전통적인 일반 원리들은 실천적인 의미를 거의 갖지 못한다. 그것들은 이성에 따른 생각이라기보다는 감정적인 외침으로서 존속하고 있는 것이다.

철도 규제안에 대해서도 동일한 엇갈림이 발생하고 있다. 농부나 선주처럼 강한 연방 정부를 반대하는 사람들은 요금이 너무 높다는 것을 발견하게 된다. 그는 또한 철도가 주 경계에 대해서 거의 주목하고 있지 않으며, 한때 지역에 속했던 선로가 거대 시스템의 일부가 되어 있으며, 주의 입법과 행정은 그의 목적에 영향을 주지 않는다는 것을 알게 된다. 그는 국가적 규제를 요청한다. 다른 한편으로 주식 투자자나 채권 투자자와 같은 중앙 정부 권력의 열성적 지지자들은 그의 수입이 연방의 조치로 좋지 않은 영향을 받을 수 있다는 사실을 발견하고, 그가 보기에 멍청한 온정주의가 되어버린, 국가 원조에 호소하는 성가신 경향에 대해 잠정적으로 반대하게 된다. 산업과 상업의 발달은 너무나도 복잡한 사태이기 때문에 일반적으로 적용할 수 있는 명확한 판단의 기준은 실제로 불가능한 것이 된다. 나무를 보고 숲을 못 보거나, 숲을 보고 나무를 못 보는 사태가 되었다.

산업과 교역에 대한 정부 "개입"의 최소화를 의미하는 것으로 해석되는 개인주의 교의의 역사에서 교의의 실제 방향 전환 – 즉 그 적용 결과

---

[11] [역주] 지방 정부의 권리를 주장하는 사람들이 오히려 중앙정부의 권한을 강화시키고, 거꾸로 지방자치의 위험을 경고하는 사람들이 정부 차원의 법안에 반대하는 불일치를 말한다. 듀이는 사회적 상황의 변화로 어떤 정치적 원리에 의해서 정치적 입장을 설명하기가 어려워졌다고 말하고 있는 것이다.

의 변화 – 의 현저한 사례가 나타난다. 처음에 개인주의는 "진보주의자들", 즉 전승된 법과 행정 규칙의 통치에 반대했던 사람들에 의해 유지되었다. 반대로 기득권자들은 주로 낡은 지위를 유지하기를 원했다. 오늘날 산업-자산에 의한 통치가 확립됨에 따라서 개인주의 교의는 현상유지론자와 보수주의자들의 지적인 보루가 되었다. 그들이야말로 오늘날 홀로 있기를 원하고, 개인적인 근면, 검약, 계약, 그리고 그 금전적 결실을 위한 자유의 함성을 외치고 있는 자들이다. 미합중국에서 정당을 지칭하는 것으로서 "자유주의자"라는 명칭은 정치적인 문제에서 여전히 진보주의를 지시할 때 채택되고 있다. 다른 대부분의 나라에서 "자유주의" 정당은 정부의 규제에 맞서서 이미 확립된 상업적 재정적 이해를 대변하는 정당이다. 그 이론의 문자적인 지속성에도 "자유주의"라는 용어의 실제 의미가 전도되었다는 사실만큼 역사의 아이러니가 분명히 드러나는 장소도 없을 것이다.[12]

## 정치적 무관심에 대한 설명

실제적인 실천과 전통적인 기관의 불일치가 낳은 자연적인 산물인 정치적 냉담함은 자신의 자아를 특정한 이슈와 동일시하지 못하는 데에서 생겨난다. 오늘날의 거대하고 복합적인 삶 속에서 그런 이슈들을 발견하

---

[12] [역주] 듀이가 미국에서 "자유주의"의 정치적 스펙트럼이 어떻게 펼쳐지고 있는지 설명하는 대목이다. "자유주의"는 낡은 제도와 법에 반대하는 입장으로 진보적인 교의라고 할 수 있는데, 이것이 경제적 자유주의와 맞물리면서 기득권을 지키려는 보수주의자들의 구호가 되었다는 것이 듀이의 설명이다. 네오프래그머티스트인 리처드 로티가 "자유민주주의"를 옹호할 때에도 진보적인 내용을 담고 있는 정치적 자유주의를 염두에 두고 있다고 볼 수 있다.

고 찾아내기는 쉽지 않다. 전통적인 선전구호들이 그것에 맞는 실제 정책에서 그 중요성을 상실했을 때, 그것들은 이미 허풍으로 처리되었다. 여전히 선거에 참여하는 사람의 절반 정도에 달하는 상당수의 사람이 자신의 시민적 의무를 다한다는 모호한 신념을 지니고, 이성에 근거한 확신보다는 오로지 습관과 전통에 의해서 투표를 하러 간다. 강력한 기관이 공포를 조장하는 경우가 아니라면, 상당수의 사람이 무엇 혹은 누군가에 대해 찬성하기보다는 어떤 것 혹은 누군가에 대해 반대하기 위해 투표한다는 것이 투표하는 사람들에 대한 공통적인 언급이다. 낡은 원리들은 아무리 그것들이 생겨날 당시의 생생한 이해관계를 표현하는 것이었다고 하더라도 오늘날 영위되고 있는 삶에는 적합하지 않다. 수많은 사람이 비록 자신들의 느낌을 구체적으로 표현하지는 못한다 할지라도 그 원리들의 공허함을 느끼고 있다. 사회적 행동의 규모와 파생 효과에서 귀결된 혼란이 사람들로 하여금 정치적 행동의 유효성에 대해 회의적이게 만들었다. 이러한 일들을 감당할 수 있는 자는 누구인가? 사람들은 자신들이 이해하거나 지배하기에는 너무 광대한 힘에 사로잡혀 있다고 느끼고 있다. 사고는 정지되었고 행동은 마비되었다. 전문가들조차도 "원인과 결과"의 사슬을 추적하기 어렵다는 것을 발견한다. 그리고 전문가들조차도 사건이 일어난 다음에야 되돌아보면서 움직인다. 그러는 동안 사회적 행동들은 새로운 사태에 영향을 주는 쪽으로 움직여 나아갔다.

### 전문가의 필요성

유사한 고찰을 통해서 민주적인 정치적 행위를 담당한 기관은 평가절하되고, 반면 전문적인 행정가에 대한 수요는 높은 평가를 받는 상황을 설명할 수 있다. 예를 들어, 전쟁의 부산물 중 하나는 머슬 숄스[13]에 정부가 질소 공장을 만들기 위해 투자한 것이다. 질소는 전쟁터에 있는 군대뿐 아니라 농부들에게도 매우 중요한 화학 물질이다. 기계 설비의 배치와 활용이 정치적인 논쟁거리가 되었다. 여기에 연루된 과학, 농업, 산업과 재정 등의 문제는 매우 전문적이다. 얼마나 많은 유권자가 의사결정 과정에 결부된 모든 요인을 평가할 능력을 갖추고 있을까? 그리고 만일 그들이 그것을 연구함으로써 그런 능력을 갖출 수 있다고 하더라도, 얼마나 많은 사람이 거기에 몰두할 시간이 있겠는가? 이런 문제가 유권자에게 직접 제기되지는 않는다는 것은 사실이다. 그러나 이 문제의 기술적인 난점은 그런 문제를 다루는 것을 업으로 하는 입법자의 혼란스러운 무기력함 속에서 반영된다. 혼란스러운 상황은 나아가 질산염을 만드는 더 저렴한 다른 방법의 발명을 통해 더 복잡하게 된다. 수력전기와 초출력[14]의 급속한 발달은 다시 공적인 관심사가 된다. 장기적인 관점에서 이보다 더 중요한 문제는 없다. 거기에 직접적인 이해관계가 있는 기업과 몇몇 엔지니어를 제외하면, 얼마나 많은 시민이 그 설비를 만드는 데 관련된 사실을 확보하고 평가할 수 있는 자료나 능력이 있겠는가? 다음과 같은 또 다른 사례를 들 수 있을 것이다. 지역의 공공성과 밀접하게 관계되어 있는 두 가지는 시내 전차 운송 및 식료품 판매이다. 그러나 도시 정책의 역사 대부분은 무관심의 기간이 지나면 관심이 지나칠 정도

---

[13] [역주] Muscle Shoals, 미국 앨라배마 주 북서부 콜버트 카운티와 로더데일 카운티에 걸쳐 있는 테네시 강의 일부. 제1차 세계대전이 일어난 뒤 탄약제조에 사용할 질산염 공급 확보의 필요성에 직면한 미국 의회는 1916년 국가방위법의 하나로 질산염 제조공장 2개와 발전용 댐의 건설을 승인했다. 우드로 윌슨 대통령은 댐의 부지로 머슬숄스를 선택했고 댐은 나중에 윌슨 대통령의 이름을 따서 명명되었다. 1921~33년에 이 시설물들을 공공기관 소유로 해야 되느냐 민간 소유로 해야 되느냐 하는 문제가 전국적인 논란이 되었다. 이 논란은 머슬숄스가 테네시 강 유역 개발공사(TVA)로 넘어감으로써 해결되었다.

[14] [역주] 몇 개의 발전소를 연결하여 얻는 출력.

로 격앙된다는 것을 보여준다. 결과는 대부분 사람들에게로 돌아온다. 그러나 도시 인구의 규모, 이질성, 도시민이 가지고 있는 기품, 거대한 자본이 요구된다는 사실, 그리고 거기에 관련된 공학적 문제의 기술적 특성 때문에 평균적인 유권자들의 관심은 곧 시들게 된다. 내가 생각하기에는 세 가지 사례가 매우 전형적이다. 공중 앞에서 이슈들은 너무나도 폭넓고 복잡하게 분화되어 나가고, 거기에 연루된 기술적인 문제들은 너무 전문화되고, 세부항목은 너무 많고 유동적이어서, 공중은 잠시도 스스로를 확인하고 스스로를 유지할 수 없게 되는 것이다. 이것은 공중, 즉 사회적 상호작용의 결과에 대해 공통적인 이해관계가 있는 거대한 인격체로서의 공중이 존재하지 않는다는 말은 아니다. 과도한 공중이 존재하며, 지나치게 분산되고, 흩어진, 그리고 너무 복잡하게 구성된 공중이 있을 뿐이다. 그리고 거기에는 너무 많은 공중이 있다. 왜냐하면, 간접적이며, 심각하고, 지속적인 결과를 갖는 공동의 행위들은 비할 데 없이 많고, 그 각각은 다른 행동을 가로지르며, 그 상이한 공중을 하나의 통합된 전체로 묶는 데에는 별로 관심이 없는 자신들만의 집단을 산출해내기 때문이다.

### 정치적 이해관계의 라이벌들

유효한 정치적 관심과 경쟁 관계에 있는 요소들을 고려하지 않는다면 그림이 완성되지 않을 것이다. 정치적 관심사들은 물론 언제나 강력한 경쟁자들이 있었다. 대부분의 사람은 언제나 자신들의 직접적인 일과 놀이에 관심이 있다. 공적인 문제에서 관심을 돌리게 하는 "빵과 서커스"의 힘은 옛이야기이다. 오늘날에는 공적인 이해관계를 확장시키고,

복잡하게 하고, 증가시킨 산업적 조건들 자체가 또한 공적인 이해관계에 대한 막강한 경쟁자들을 증가시키고 강화시켰다. 과거에 정치적 삶이 매우 성공적으로 영위되던 나라들에서는, 정치적 업무를 자신들의 특별한 일로 삼았던 계급이 따로 있었다. 아리스토텔레스는 정치할 수 있는 능력을 갖춘 시민이란 여가를 즐길 수 있었던 사람들, 즉 다른 모든 직업, 특히 생계를 위한 직업에서 면제된 사람들이라고 생각했다. 최근까지도 정치적 삶은 그의 신념을 지지하는 것이었다. 정치에서 능동적인 역할을 맡은 사람들은 "신사", 즉 재산과 돈이 충분히 있어서 재산을 더 모으려고 하는 것은 저속하고 품위를 떨어뜨리는 일이 되는 사람들이었다. 오늘날에는 산업적인 추세가 너무나도 거대하고 강력해서 여가를 즐기는 사람은 보통 한가한 사람이다. 사람들은 관심을 쏟아야 할 자기 자신의 사업이 있으며, "사업"은 그 자체의 정확하고 전문화된 의미가 있다. 정치는 그래서 또 하나의 "사업"이 되려는 경향을 보이고 있다. 즉 기관의 장과 관리자들만의 본질적인 관심사가 되고 있는 것이다.

오락거리의 수가 늘어나고, 다양해지고, 가격이 저렴해진다는 것은 정치적 관심사에서의 강력한 전환을 말해주는 것이다. 맹아적인 공중의 구성원들은 일하는 데 있어서뿐 아니라 즐거움을 향유하는 데에도 너무나도 많은 방법이 있어서, 효과적인 공중을 조직해내는 데에 집중할 수가 없었다. 인간은 정치적인 동물일 뿐 아니라 소비하고 운동하는 동물이기도 하다. 중요한 것은 오락거리에 접근하는 일이 과거에 알려졌던 어떤 방법보다 더 쉽고 저렴해졌다는 것이다. 오늘날과 같은 "번영"의 시대는 지속되지 않을지도 모른다. 그러나 영화, 라디오, 값싼 읽을거리와 자동차 등은 그것들이 대표하는 모든 것과 더불어 뿌리를 내리고 있다. 그런 것들이 정치적인 이해관계에서 관심을 돌리게 하려는 계획적인 욕망에서 기인한 것이 아니라는 사실이, 그런 방향[15]에서 그것들이 가지고 있는 효율성을 떨어뜨리지는 않는다. 시민성과 관련된, 인간을 구성하는 정치적 요소는 한쪽으로 몰려있다. 대부분의 모임에서 정치적인 주제로 대화를 지속한다는 것은 매우 어려운 일이다. 설사 정치적인 주제로 대화가 시작되더라도 그 대화는 하품과 함께 곧 끝나버리고 만다. 다양하게 제작된 자동차들의 메커니즘과 성능 혹은 여배우들이 각기 가지고 있는 장점 같은 주제로 대화를 시작하면, 그 대화는 활기차게 이어질 것이다. 기억해야 할 것은 오락거리에 대한 이러한 싸고 다양한 접근은 기계 시대의 산물이며, 그 시대는 즐겁게 시간을 보낼 수단을 제공하는 것을 가장 많은 이윤을 남기는 직업의 하나로 만든 사업 전통에 의해 강화되었다는 점이다.

   기술 시대가 자연 에너지에 대한 전례 없는 지배력과 더불어 작동하고 있다는 측면은 앞서 말한 것에서 이미 함축되어 있기는 하지만 분명하게 주목할 필요가 있다. 예전의 지역 공동체의 공중들은 대체로 동질적이었으며, 말 그대로 정적靜的이었다. 그들은 변화하기는 했지만, 전쟁, 재앙, 대규모의 이주를 제외하면 그 변화는 점진적이었다. 그 변화는 천천히 진행되었고, 변화를 겪는 사람들은 변화하고 있다는 사실을 알아차리지 못했다. 그러나 새로운 힘은 유동적이고 변동하는 연합의 형태를 만들어냈다. 가족생활의 해체에 대한 공통적인 불평이 그 증거로 제시될 수 있을 것이다. 시골에서 도시로 모여드는 움직임도 이런 변동성의 결과이자 증거이다. 그 어떤 것도, 심지어 사업과 산업을 수행하는 연합조차도 오랫동안 그대로 유지되지 않는다. 운동과 속도에 대한 열광은 사회적 삶의 끊임없는 불안정성의 징후이며, 그것은 그것을 낳게 한 원인을 다시 강화하고 있다. 건축에서는 강철이 나무와 돌을 대체한다.

---

[15] [역주] 사람들을 정치적 무관심으로 이끄는 방향.

철근콘크리트가 강철을 바꾸고 어떤 발명은 그 이상의 혁신적인 변화를 만들어낼 것이다. 머슬숄스는 질소를 생산하기 위한 것이었지만, 새로운 방법은 이미 수력의 거대한 축적이 필요하다는 생각을 낡아 빠진 것으로 만들어버렸다. 어떤 사례를 선정하더라도 그 사례를 택하게 되는 이질적인 모집단 때문에 만족스러운 것이 되지 못할 것이다. 우리는 아마도 공중이 문자 그대로 한 자리에 머물러 있지 않다면, 도대체 어떻게 조직될 수 있는지 물을 수 있을 것이다. 오로지 심층적인 이슈나 그런 식으로 보이도록 만들어질 수 있는 것들만이 유동적이고 불안정한 관계들 가운데에서 공통분모를 발견할 수 있을 것이다. 애착 attachment 은 애정과는 매우 다른 삶의 기능이다.[16] 애정은 심장이 뛰는 한 계속될 것이다. 그러나 애착은 유기체의 원인과는 다른 어떤 것을 필요로 한다. 애정을 자극하고 강화하는 것이 애착을 무너뜨릴 수도 있다. 왜냐하면, 애착은 조용한 안정에서 자라나오기 때문이다. 애착은 지속적인 관계에서 영양분을 얻는다. 유동성의 강화는 그것을 근본적으로 저해한다. 그리고 지속적인 애착이 없는 연합은 공중으로 하여금 스스로의 위상과 정체성을 확인하게 하기에는 너무 유동적이고 동요되기 쉽다.

## 이상과 수단

우리가 살고 있는 인간관계의 새 시대는 원거리 시장을 위한 대량 생산, 전신과 전화, 저렴한 인쇄, 철도와 증기선을 특징으로 하는 시대이

---

[16] [역주] 듀이가 여기서 애착에 대해 말하는 이유는 작은 규모의 지역적인 공동체적 삶에서 그러한 애착이 형성되며, 공중의 뿌리가 거기에 있다고 보기 때문이다.

다. 단지 지리학적으로만 콜럼버스는 신세계를 발견한 것이다. 진짜 신세계는 지난 백 년 동안 만들어졌다. 증기와 전기는 이전 시대에 인간관계에 영향을 주었던 모든 기관이 했던 것보다 더 많은 점에서 인간을 연합시키는 조건을 변경시켰다. 증기, 전기, 기계에 의존한 우리 삶의 모든 폐해를 비난하는 사람들이 있다. 인간의 책임을 대신 떠맡을 구세주뿐 아니라 악마도 상정하는 것이 편리하다. 실제로 곤란한 문제들은 기술적인 요인들을 작동하게 하는 관념들이나 그런 관념들의 부재에서 출현한다. 정신적이며 도덕적인 신념들 및 이상들은 외적인 조건보다 느리게 변화한다. 만일 우리의 문화적 과거의 고귀한 삶과 연합한 이상이 손상되었다면, 잘못은 일차적으로 그런 이상에 있다. 스스로를 성취하고 구체화할 수 있는 수단에 대한 고려 없이 형성된 이상과 기준은 빈약하고 동요하는 것일 수밖에 없다. 기계 시대에 의해 만들어진 목표, 욕망, 의도가 전통과 연관되어 있지 않기 때문에, 두 개의 경쟁하는 관념이 존재하게 되며 실제로 자기 마음대로 할 수 있는 수단이 있는 관념이 장점이 있게 된다. 두 관념은 서로 경쟁하고 있고, 낡은 관념은 문학과 종교에서 매혹적이며 감상적인 명성이 있기 때문에, 새로운 관념은 부득이하게 거칠고 편협한 것이 된다. 왜냐하면, 이상적인 삶의 낡은 상징들이 여전히 사고를 점령하고 있고 충성을 강요하고 있기 때문이다. 조건은 변했지만, 종교와 교육에서 재산과 무역에 이르기까지 삶의 모든 국면은 관념과 이상에 있어서는 그 어떤 것도 변화한 것이 없다는 것을 보여준다. 상징들은 정서와 사고를 통제한다. 그런데 새로운 시대는 그 활동에 걸맞은 상징을 하고 있지 못하다.[17] 조직된 공중을 형성하는 데

---

[17] [역주] 듀이가 여기서 조직된 공중을 형성하기 위한 수단으로서의 '상징'에 대해 말하는 것은 카스토리아디스가 '상상적인 것'에 대해, 그리고 로티가 상상력에 대해 언급하고 있는 내용을 떠올리게 한다는 점에서 매우 흥미롭다. 예컨대 카스토리아디

지적인 수단은 그 공공연한 수단보다 더 부적절하다. 사람들이 같은 행동을 하도록 묶어주는 끈은 그 수가 많고, 강하며, 미묘하다. 그러나 그것들은 눈에 보이지도 만질 수도 없다. 우리는 예전에는 절대 존재하지 않았던 물리적인 의사소통 수단이 있다. 그것에 어울리는 사고와 열망은 소통되지 않고 있으며, 그래서 공통적인 것이 되지 못한 상태이다. 그런 의사소통이 없이는 공중은 돌발적으로 자기 자신을 찾으려 하지만, 자신의 실체보다는 그림자를 붙들고 있는, 아련하고 무정형적인 어떤 것으로 남을 것이다. 거대사회가 거대 공동체로 전환되기 전에는 공공성은 침식된 상태로 있을 것이다. 의사소통을 통해서만 거대 공동체를 만들 수 있다. 우리의 바벨탑은 언어의 탑이 아니라 기호와 상징의 탑으로, 그것이 없이 경험을 공유하는 것은 불가능한 것이다.

---

스는 오늘날의 세계가 자본주의적인 상상적인 것에 의해 지배됨으로써 우리가 파멸로 치닫고 있다고 경고한다. 그는 '마그마'라는 단어로 표현되는 더 근원적인 상상적인 것이 새로운 사회의 제도와 관습을 만들어낼 때에만 우리가 희망을 품을 수 있을 것으로 생각한다. "왜 사회는 상상적인 것에서 그 사회의 질서에 필요한 보충물을 찾아야만 하는가? 왜 우리는 모든 경우에 이러한 상상적인 것의 심장부에서 상상적인 것의 모든 표현을 관통하여, 기능적인 것으로 환원될 수 없는 어떤 것을 만나게 되는가? 그것은 세계와 그것 자체의 원초적인 투입인데, 이것은 현실적 요소들에 의해 '명령을 받지' 않은 의미가 있는 사회에 의해 투입된 것이고, 그것이 현실적 요소들로 규정되지 않은 까닭은 이런 [상상적] 투입이 오히려 이러한 사회로 구성된 우주에서 이러한 현실적 요소에 특수한 중요성과 특수한 지위를 부여하는 것이기 때문이다."(코르넬리우스 카스토리아디스, 『사회의 상상적 제도』, 양운덕 옮김, 문예출판사, 1994, 230쪽) 듀이 역시 민주적으로 조직된 공중이 가능하려면 그들을 묶어줄 어떤 상징이 필요하다고 보고 있는데, 그것은 이미 존재하는 것이 아니므로 오로지 상상을 통해 만들어내야 할 것이다. 이런 관점은 새로운 정체성을 만들어냄으로써 사회적 연대를 이루어야 한다고 주장하는 로티의 관점과도 연결해 볼 수 있을 것이다.

# 05 거대 공동체를 찾아서

### 관념 및 정부의 행위로서의 민주주의

우리는 앞에서 사회적 관념[1]으로서의 민주주의와 정부의 시스템으로서의 정치적 민주주의를 구분하는 것에 대해 언급할 기회가 있었다. 물론 두 가지는 서로 연관되어 있다. 관념은 인간관계 속에서 구체화되지 않는 한 무익하고 공허한 것으로 남는다. 그렇지만 논의를 할 때에는 양자를 구분해야 한다. 민주주의의 관념은 국가를 통해 최대로 구현될 수 있는 것보다 더 폭이 넓고 풍부한 것이다. 그 관념이 실현되려면 그것이 가족, 학교, 산업, 종교 등 모든 양태의 인간 연합에 영향을 미쳐야

---

[1] [역주] 여기서 관념이라고 번역한 것은 'idea'이다. 우리말의 문맥으로는 '이념'이라는 말이 더 자연스러울 수도 있겠으나, 듀이의 프래그머티즘을 관통하는 방법론의 관점에서 보면 그가 '관념'이라는 말을 할 때 그것은 현실의 문제 상황을 실천적 탐구과정을 통해 테스트해 보아야 하는 가설적인 성격을 갖는 어떤 것을 지칭한다. 민주주의의 이념이라는 표현의 일상적인 용례는 '참된 민주주의'가 어딘가에 존재하며 그것은 우리가 언젠가는 거기에 도달해야 할 목표라는 생각을 함축하는 것 같다. 그러나 듀이에게 있어서 민주주의란 완성된 채 어딘가에 존재하는 것이 아니라 구성원들이 공동체의 목표에 대해 공통된 관심을 갖고 그것을 이루고자 하는 수단의 끊임없는 갱신을 통해 만들어가야 할 하나의 가설적 목표라는 점에서 민주주의 이념이라는 표현은 적절하지 않은 것으로 여겨진다.

한다. 그리고 정치적 조정이 문제가 될 때에도, 정부의 제도들은 그 관념이 효과적으로 작동할 수 있게 하는 통로를 확보하기 위한 기제에 불과하다. 민주주의의 관념을 믿는 사람이 정부 기구에 대한 비판에서 전혀 영향을 받지 않는다고 말하기는 어려울 것이다. 왜냐하면, 그 비판들이 정당화되는 한 - 그리고 민주주의의 관념을 믿는 그 누구도 그 비판의 상당수가 충분한 근거가 있다는 것을 부정할 수 없다면 - 그것은 민주주의 관념을 믿는 사람으로 하여금 그 관념이 작동할 수 있는 더 적합한 기구를 찾도록 노력하게 하기 때문이다. 그러나 민주주의의 충실한 지지자가 역설하는 것은 민주주의 관념과 그 외적인 기구 및 구조는 동일시되지 않아야 한다는 것이다. 우리는 현존하는 민주주의 정부에 대한 적대자들의 다음과 같은 공통적인 전제에 대해 반대한다. 즉 그들은 민주주의 정부에 대한 비난이 정치적 형태의 기초가 되는 사회적 도덕적 열망과 관념들을 건드리는 것으로 생각한다. 민주주의의 병폐를 치유하는 것은 더 많은 민주주의라는 오랜 격언은, 만일 그것이 민주주의의 병폐가 기존의 것과 같은 종류의 기구를 더 많이 도입하거나, 그 기구를 다듬고 완성함으로써 치유될 수 있다는 것을 의미하는 것이라면 적절치 않다. 그러나 그 경구는 또한 그 관념 자체로 되돌아가는 것, 그 관념에 대한 우리의 이해를 명료화하고 심화하는 것, 그리고 그 정치적 표현을 비판하고 개조하기 위해 그 의미에 대한 우리의 감각을 사용하는 것의 필요성을 지시하는 것일 수도 있다.

잠시 정치적 민주주의에 국한한다면, 우리는 어쨌든 민주주의의 관념 자체가 보통선거권, 선출된 대표, 다수결 원칙 등과 같이 민주주의 국가에서 유지되고 있는 정부적 실천을 만들어냈다는 가정에 반대하는 우리의 주장을 새롭게 해야 한다. 민주주의의 관념은 구체적인 정치적 운동에 영향을 미치기는 했지만, 그것의 원인이라고는 할 수 없다. 전통에 대한 충성심에 의해 지지된 가족 중심의 왕조형태의 정부에서 대중정부로의 이행은 무엇보다도 사람들을 결합시켰던 관습상의 변화를 야기한 기술적 발견과 발명의 산물이었다. 그런 이행이 공론가의 교의에 의해서 발생한 것은 아니다. 우리 민주주의 정부에서 익숙해진 형식은 정치적 결과에 관련된 한 미리 조정되지 않은, 예측 불가능한 결과가 있는 수많은 사건의 축적된 결과였다. 보통선거권, 빈번한 선거, 다수결 원칙, 국회와 내각의 통치 등에 신성한 것이란 없다. 이런 것들은 오늘날의 흐름이 움직이고 있는 방향에서 고안된 장치들이며, 그런 흐름의 각각의 물결은 한 번 흘러들 때마다 예전의 관습과 법에서 조금씩 벗어났다. 그렇게 고안된 장치들은 특정한 목적을 위한 것이었다. 그러나 그 목적은 민주주의의 관념을 밀고 나가는 것이라기보다는 너무 강렬해서 무시할 수 없는 현존하는 요구들을 충족시키기 위한 것이었다. 모든 결함에도 그러한 장치들은 그 자신의 목적에 잘 들어맞는 것이었다.

과거로 소급하여 경험이 제공할 수 있는 도움을 받아 되돌아보자면, 아무리 현명한 사람이라 할지라도 그 상황에서 요구를 더 잘 충족시켜 줄 수 있는 기구를 고안해 내기란 어려운 일이다. 그렇지만 이런 회고적인 관점에서 보면, 그런 기구를 수반한 교의적인 정식들이 부적절하고, 일방적이며, 확실히 잘못되었다는 것을 알 수 있다. 사실상 그것들은 인간의 본성이나 도덕에 관한 절대적인 진리라고 주장되긴 해도, 어떤 즉각적인 선동을 수행하거나 인정투쟁을 벌이는 특정 실제 조직을 정당화하려고 채택한 정치적인 선전구호에 불과한 것이었다. 그 교의들은 특정한 지역적이며 실용적인 요구를 위한 것이었다. 그러나 종종 직접적인 상황에 그런 교의를 채택하는 것 자체가, 더 지속적이며 확장적인 요구를 실용적으로 충족시키는 데 그 교의를 부적합한 것으로 만들었다. 그 교의들은 살아남아서 진보를 방해하면서 정치적 기반을 훼손하였는

데, 특히 그 교의들이 그런 역할을 한 이유는 그것들이 사회적 실험을 안내하는 가설로서가 아니라 궁극적인 진리, 도그마로서 주장되고 유지되었기 때문이다. 그런 교의들에 대한 긴급한 수정과 배제가 요구되고 있는 것은 놀랄 일이 아니다.

그럼에도 흐름은 꾸준히 한 방향, 즉 민주적 형태를 향해 나아갔다. 정부가 공동체를 위해 존재한다는 것, 그리고 이런 목표는 공동체 자체가 그 통치자를 선출하고 정책을 결정하는 데 있어서 함께하지 않으면 달성될 수 없다는 것은, 우리가 알 수 있는 한, 교의와 형식이 아무리 일시적이라 하더라도 그것들에 계속해서 영원히 남아 있는 사실의 침전물이다. 그것들은 민주주의적 관념의 전체가 아니라 그것을 정치적 국면 속에서 표현하고 있는 것이다. 그러한 정치적 국면에 대한 믿음은 어린이, 술꾼, 그리고 자신을 스스로 돌볼 수 없는 사람들을 보살피는 초월자의 섭리와 같은 것은 아니다. 그것은 역사적 사실로부터 잘 증명된 결론을 나타내는 것이다. 우리는 현존하는 민주적 정치기구에서 어떤 변화가 일어나더라도 그 변화는 공중의 이해관계를 가장 우선적인 지침이자 정부활동의 기준으로 만들고, 공중으로 하여금 그들의 목적을 더 권위 있는 것으로 형성하고 표명할 수 있게 하는 종류의 것이 될 것으로 생각할 충분한 이유가 있다. 이러한 의미에서 민주주의의 병폐에 대한 치료는 더 많은 민주주의이다. 우리가 살펴본 대로, 일차적인 난점은 흩어져 있고, 유동적이며, 다양한 형태로 존재하는 공중이 자신의 이해관계를 한정하고 표현할 수 있게끔 스스로를 인식할 수단을 발견하는 일이다. 이러한 발견은 필연적으로 정치기구의 근본적인 변화에 선행한다. 그래서 우리는 민주주의의 정치 형태에서 권할 만한 개선책에 대해 조언을 하는 것에 관해서는 관심이 없다. 많은 조언이 이미 이루어졌다. 이러한 변화에 대한 고려가 오늘날 가장 중요한 문제가 아니라고 말하는 것이 그런 조언이 가지고 있는 상대적인 가치를 손상하지는 않을 것이다. 문제는 더 심층적인 곳에 놓여 있다. 일차적으로 그것은 거대사회가 거대 공동체가 될 수 있는 조건을 찾는다고 하는 지적인 문제이다.[2] 이러한 조건들이 나타날 때, 공동체는 나름의 형태를 갖추게 될 것이다. 그것들이 나타날 때까지는 어떤 정치기구가 그것에 가장 적합한 것일지를 생각한다는 것은 다소 쓸데없는 일이다.

---

[2] [역주] 듀이가 거대 공동체를 만드는 과제를 '지적인' 문제라고 설정하는 것은 어떤 점에서 흥미로운 관점이다. 듀이는 전통적인 형이상학적 관념론, 절대주의, 또는 극단적인 과학적 전문가 주의를 반대한다는 점에서 '지적인'이라는 말의 의미를 프래그머티즘의 맥락에서 사용하고 있다는 점은 분명하다. 그러나 프래그머티즘의 관점에서 '지적인'이라는 말이 실천적인 과정과 분리될 수 없다는 점을 고려하면 거기에 어떤 특별한 의미를 부여할 수 있는가 하는 질문을 제기할 수도 있을 것이다. 예컨대 로티는 사회적 실천의 문제에서 지식인의 특권적인 지위를 인정하지 않는다. 그는 "역사성을 완전히 인식하는 일은 비참함을 완화하고 부정의를 극복하는 작은 실험적 방식에 집착하는 것을 의미한다고 생각한다"라고 말하면서 지식인만이 접촉할 수 있는 어떤 역사적 '실재'를 가정하는 것을 경계했다. 그리고 그는 "헤겔과 더불어 지식인들은 영원성에 접촉한다는 환상에서 더 나은 미래를 구성한다는 환상으로 전환하기 시작했다. 헤겔은 지식을 희망으로 대체시키기를 시작하는데 도움을 주었다.(Richard Rorty, 'The End of Leninism, Havel, and Social Hope', in *Truth and Progress*, Cambridge University Press, 1998, pp. 230~231.)라고 말함으로써 지식을 희망으로 대체해야 한다고 주장한다. 로티는 듀이가 "좌우간 하나의 형이상학적 체계를 서술하길 '원하였다'. 평생토록 그는 철학에 대한 치유적인 견지와 그것과는 판이한 또 다른 견지 사이를 오락가락했다. 여기서 또 다른 견지란 철학이 '과학적', '경험적'이게 되어 진지하고, 체계적이며, 중요하고, 건설적인 어떤 일을 해내게 됨을 말한다."(리처드 로티, 「듀이의 형이상학」, 『실용주의의 결과』, 김동식 역, 민음사, 1996, 191쪽)라고 말하면서 듀이가 형이상학적인 관점에서 완전히 벗어나지 못한 점이 있음을 지적하고 있다. 그러나 이런 미묘한 차이를 가지고 로티에 대한 듀이의 영향을 과소평가하거나 양자의 차이를 침소봉대할 필요는 없다. 다만 여기서 듀이가 '지적인' 문제로서 실천적인 문제를 바라보고 있다는 것은 철학의 역할에 대해 여러 가지 생각할 거리를 던지고 있다는 점만 지적하고자 한다.

## 거대 공동체의 문제

오늘날 현존하는 초기형태의 공중이 민주적으로 기능하는 조건들을 탐색할 때, 우리는 그 일반적인 사회적 의미에서 민주적 관념의 본성에 대해 언급함으로써 출발할 수 있을 것이다.[3] 개인의 관점에서 보면, 그것은 그가 속한 집단의 행위를 형성하고 지도하는 데에 능력에 따라서 책임 있게 참여하고, 필요에 따라서 그 집단이 가진 가치를 지키는 일에 참여하는 것에 있다. 집단의 관점에서 보면, 민주적 관념은 집단 구성원의 잠재력이 공통적인 관심 및 선과 조화를 이루면서 해방되기를 원한다. 모든 개인이 많은 집단의 구성원이기 때문에, 상이한 집단들이 다른 집단들과 융통성 있게, 충분히 상호작용하지 않으면 이런 식의 상세한 설명은 충족될 수 없을 것이다. 갱단의 구성원은 그 집단에 속해 있는 것에 걸맞은 방식으로 자신의 권력을 표현할 수 있고 그 구성원들의 공통된 이해관계에 의해 인도될 수 있을 것이다. 그러나 그는 다른 집단의 구성원이 되는 것을 통해서 실현될 수 있는 자신의 잠재력을 억압하는 대가를 치름으로써만 그렇게 할 수 있다. 갱단은 다른 집단과 유연하게 상호작용할 수 없다. 갱단은 단지 스스로를 고립시킴으로써만 활동할 수 있다. 갱단은 스스로를 분리하는 것을 제외한 모든 이해관계가 작용하지 않게 막아야 한다. 그러나 좋은 시민은 가족생활, 산업, 과학적이고 예술적인 연합에 참여하는 것을 통해 정치 집단 구성원으로서의 자신의 행동이 풍부해진다는 것을 알게 된다. 거기에는 자유로운 주고받음이 있다. 다른 집단이 이끌어 주고 반응하는 것을 통해서 서로 보강되고

---

[3] 내가 알고 있는 이런 이상에 대한 가장 적절한 논의는 스미스(T. V. Smith)의 "민주적인 삶의 방식"이다.

서로 간의 가치가 일치되기 때문에 거기에서는 통합된 인격체의 충만함이 가능해진다.

## 민주주의적 이상의 의미

하나의 관념으로 생각할 때, 민주주의는 연합된 삶의 다른 원칙들에 대한 대안이 아니다. 그것은 공동체적인 삶 자체에 관한 관념이다. 그것은 이상理想의 지적인 의미에서만 이상적인 것이다. 즉, 그것은 완성되고 완전한 것으로서 그 극한까지 나아가는, 존재하는 어떤 것의 경향과 운동으로 여겨진다. 그런 완성을 성취하는 것은 존재하지 않으며, 실제로 사물들은 그런 완성으로 나아가는 길에서 이탈하거나 방해를 받기 때문에, 그런 의미에서 민주주의는 사실이 아니고 앞으로도 그럴 것이다. 그러나 이런 의미에서 또한 완전한 수준에 있는 공동체, 즉 이질적인 요소들이 섞이지 않은 공동체는 존재하지도 않고 존재한 적도 없다. 그렇지만 한 공동체의 관념 혹은 이상은 제한 및 방해 요소들에서 벗어난, 그리고 발달의 한계에 도달한 것으로 생각되는 연합된 삶의 현실적 국면을 나타낸다. 그 결과가 거기에 참여한 모든 개인에게서 좋다고 평가되는 결합된 행위가 있는 곳에서, 그리고 선의 실현이 모든 사람에 의해서 공유되는 좋은 것이기 때문에 그것을 지속하려는 힘찬 욕망과 노력에 영향을 주는 곳에서, 그런 일이 벌어지는 한에서 공동체가 존재하는 것이다. 공동체적인 삶에 관한 명확한 의식은 그 모든 함축에서 민주주의에 관한 관념을 구성한다.

## 민주주의와 공동체의 삶

　우리가 사실로서의 공동체에서 출발할 때에만, 공동체를 구성하는 요소를 명료하게 하고 향상하기 위해서 그 사실을 사고를 통해 파악할 때에만, 우리는 유토피아적이지 않은 민주주의에 관한 관념에 도달할 수 있다. 전통적으로 민주주의의 관념과 연합했던 개념과 구호는 한 공동체를 규정짓는 특성을 실현하는 연합의 표지와 특징으로 해석될 때에만 진실되고 지도적인 의미로 쓰이게 된다. 공동의 삶에서 고립된 우애, 자유, 평등은 희망 없는 추상이다. 그것들의 분리된 주장은 흐느적거리는 감상주의나 결국에는 그 자신의 목표를 좌절시키게 될 과도하고 광신적인 폭력으로 이어진다. 그럴 때 평등은 사실에 맞지 않고 실현할 수 없는 기계적 정체성에 관한 신조가 된다. 그런 평등을 얻고자 하는 노력은 인간을 결합하는 생생한 유대를 분열시킨다. 거기서 어떤 결과가 나온다면, 그것은 평균적이고 저속한 의미에서만 선이 공통적인 것이 되는 평범함이다. 거기서 자유는 사회적 유대로부터 독립성으로 생각되며, 해체와 무정부상태로 끝나게 된다. 형제애의 관념을 공동체의 관념에서 분리하기는 더 어렵다. 그래서 민주주의를 개인주의와 동일시하는 움직임 속에서 형제애의 이념은 실제로 무시되거나 아니면, 감상적으로 부가된 꼬리표가 된다. 공동체적 경험과의 연관 속에서 우애는 모든 사람이 공유하고 있는, 그리고 각자의 행동을 인도하는 연합에서 생겨난, 의식적으로 평가된 선에 대한 다른 이름이다. 자유는 다른 사람들과의 풍부하고 다양한 연합 속에서만 발생하는 개인적 잠재력을 해방하고 실현하는 것, 즉 독특한 기여와 향유를 자기 자신의 방식으로 연합의 결실로 만드는 개성 있는 자아가 되는 힘을 뜻한다. 평등은 연합된 행위의 결과 속에서 공동체의 개별적인 구성원들이 가지고 있는 방해받지 않는 몫을 의미한다. 그 몫은 다른 사람이 취하거나 소유하게 하기 위해 어떤 사람에게서 그것을 빼앗는 외적인 요인들에 의해서가 아니라 그것을 활용할 필요와 능력에 의해서만 측정되기 때문에 공평한 것이다. 가족 안에서 아기가 다른 사람들과 평등한 이유는 다른 사람들과 동일한 어떤 선행적이며 구조적인 성질 때문이 아니라 돌봄과 성장에 대한 아기의 필요가 다른 사람들의 우월한 힘, 재산, 성숙한 능력에 의해서 희생되지 않고서 보살펴져야 하기 때문이다. 평등은 어떤 요소가 다른 요소에 의해서 대체될 수 있는 수학적이거나 물리적인 등가를 의미하지는 않는다. 그것은 물리적 심리적 불평등과 상관없이 각자에게 독특하고 고유한 것이 무엇이건 그것을 효과적으로 존중하는 것을 의미한다. 고유한 특성이 있는 각 개인의 행위는 공동체의 성격에 의해 지도될 때 자연적인 소유물이 아니라 공동체의 결실이 된다.

## 공동체와 연합된 행위

연합된 혹은 결합된 행위는 공동체의 창조를 위한 조건이다. 그러나 연합 자체는 물리적이고 유기적이지만, 공동의 삶은 정서적으로, 지적으로, 의식적으로 유지되며 도덕적이다. 원자, 별, 세포가 그렇게 하듯이 인간도 행동을 하면서 직접적이고 무의식적으로 결합한다. 그리고 직접적이고 무의식적으로 쪼개지거나 서로 반발하기도 한다. 남자와 여자가 결합하고, 아기가 젖가슴을 찾고, 젖가슴이 아기의 욕구를 충족시키기 위해 거기에 있듯이, 사람들은 자신의 구조에 의해서 그렇게 결합하는 것이다. 원자가 전기충전으로 결합하거나 분리되고, 양들이 추위 때문에 모여서 떼를 이루듯이 인간은 외적인 환경으로 인해, 외부에서의 압력 때문에 그렇게 한다. 연합된 행위는 설명이 필요 없다. 사태가 그런 식으로 이루어지는 것이다. 그러나 아무리 많은 집합적인 행위가 이루어지더라도 그 자체로서는 공동체를 구성하지 못한다. 관찰하고 생각하는 존재, 그가 가진 관념이 충동에 의해 흡수되고 감정과 이해관계가 되는 존재에게서, "우리"는 "나"만큼이나 불가피한 것이다. 그러나 "우리"와 "우리의 것"은 결합된 행위의 결과가 인식되고 욕망과 노력의 대상이 될 때에만 존재할 수 있다. 이것은 마치 "나"와 "나의 것"이 상호작용에서의 특별한 몫이 의식적으로 요구되거나 주장될 때에만 나타나는 것과 같다. 인간의 연합은 유기적인 기원이 있고, 확고하게 작동하는 것일 수 있지만, 그 결과가 알려지면서 존중되고 추구될 때에단 인간적인 의미에서 사회 속으로 발전해 들어간다. "사회"가 어떤 작가들이 주장했듯이 유기체와 같다고 하더라도, 그런 이유에서 사회가 되는 것은 아니다. 상호작용과 교류가 사실상 발생하며, 상호의존의 결과들이 뒤따른다. 그러나 행위에 참여하고 결과에 관여하는 것은 부가적인 관심사이다. 그것들은 전제조건으로서 **의사소통**[4]을 요구한다.

---

[4] [역주] 듀이가 민주주의 공동체를 만드는 실천적 과제와 관련하여 '의사소통'의 중요성을 강조하는 것은 특기할 만하다. 듀이의 관점에서 보면 개인과 사회를 처음부터 분리해 놓고 보는 것은 잘못된 추상적인 관점이다. 개인과 사회를 불가분의 관계를 맺고 있다는 점에서 일종의 유기체에 비유될 수 있겠지만, 그 유기체의 구성 요소들이 단지 기계적인 상호작용만을 하고 있다면 그런 유기체는 아마도 오래 유지될 수 없을 것이다. '의사소통'은 우리가 고정된 습관에 얽매이지 않게 하는 중요한 요소이다. 듀이는 다른 곳에서 다음과 같이 말한다. "의사소통이 없다면, 습관을 형성하는 일은 판에 박힌 행동을 하는 것이 될 것이다. 의사소통이 없으면 우리의 행동은 이전의 행동 때문에 만들어진 통로에 한정되게 된다. 그렇게 되면 단조로운 규칙성을 만들어내게 될 것이다. 학습의 작용 자체가 스스로 한계를 부여하고, 후속적인 학습을 어렵게 만든다. 그러나 이것은 고립되고, 의사소통되지 않는 습관에 대해서만 해당한다. 의사소통은 습관의 수와 다양성을 증가시킬 뿐 아니라 습관들을 미묘하게 연관시키고, 궁극적으로는 특별한 경우에 발생한 습관-형성을 연합의 새로운 양태가 그것의 새로운 사용을 도출해 낼 것임을 깨닫는 습관이 되게끔 한다."(John

## 의사소통과 공동체

결합된 행위는 인간들 사이에서 발생한다. 그러나 다른 일이 일어나지 않을 때에는 마치 철과 물속의 산소가 상호작용하듯이 그것은 불가피하게 서로 연관된 다른 행위 양태로 넘어간다. 발생하는 일은 전적으로 에너지를 통해서 혹은 우리가 인간의 상호작용 사례에서 말한 것처럼 힘을 통해서 서술할 수 있다. 행위 및 그 결과에 관한 **기호**나 **상징**이 존재할 때에만, 그 흐름을 바깥에서 볼 수 있고, 관심을 두고 존중할 수 있으며, 규제할 수 있다. 번개가 쳐서 나무나 바위를 쪼개고, 거기서 나온 파편들이 계속해서 상호작용을 하게 되며 이런 일은 계속 이어진다. 그러나 이런 과정의 국면들이 기호에 의해서 표현될 때, 새로운 매체가 들어선다. 상징들이 서로 관련이 될 때, 사건의 과정 안에 있는 중요한 관계들은 의미들로 기록되고 보존된다. 회상과 예측을 할 수 있다. 새로운 매체는 계산하고, 계획하는 일을 손쉽게 하며, 예측되고 요구되는 것을 위해 일어나고 있는 일의 방향을 돌리는 일에 개입하는 새로운 종류의 행위를 손쉽게 만든다.

상징은 다시 의사소통에 의존하면서 그것을 증진한다. 결합된 경험의 결과는 고려되고 전달된다. 사건은 하나에서 다른 하나로 전달될 수 없지만, 의미는 기호라는 수단을 통해 공유될 수 있다. 욕구와 충동은 그렇

---

Dewey, 'Nature, Life and Body-Mind', in *The Essential Dewey vol. 1.*, Indiana University Press, 1998, p. 147) 듀이는 교육을 우리가 자율적인 인간으로 성장하는 것을 목표로 한 민주적인 실천의 과정으로 보고 있는데 여기서 가장 강조되는 것이 경험의 재구성이다. 성장은 오로지 그러한 경험의 재구성을 통해서만 이루어질 수 있기 때문이다. 그런데 이런 경험의 재구성이 의사소통과 고립된 채 이루어진다면 그것은 곧 한계에 봉착할 것이다. 그런 의미에서 의사소통은 듀이에게 있어서 모든 민주주의적 실천의 전제라고 해도 좋을 것이다.

게 되면 공통의 의미에 부착된다. 그것들은 공통적인 혹은 상호 이해된 의미를 함축하기 때문에 결합된 행위를 [공통의] 이해관계와 노력의 공동체로 전환하는 새로운 유대를 나타내는 욕망과 목적으로 변형된다. 그래서 거기에서는 은유적으로 표현하자면 일반의지와 사회의식이라고 말할 수 있는 것들이 만들어진다. 그것은 관여된 모든 사람에 의해 상징을 통해서 의사소통되고 공유되는 행위를 위하여 한 개인의 차원에서 이루어지는 욕망과 선택이다. 따라서 하나의 공동치는 결합된 행위에 관여한 모든 사람이 서로 평가하고 언급하는 의미 가운데 하나로 변형된 에너지의 질서를 나타낸다. "힘"은 제거되는 것이 아니라 상징이라는 수단을 통해 가능해진 관념과 정서에 의해 그 용도와 방향이 변형된다.

결합된 행위의 물리적이며 유기적인 국면이, 상징에 의해 관념 및 욕구의 대상으로 해석된 공유된 의미와 결과에 대한 상호적인 이해관계에 의해 포화상태가 되고 그것에 의해 규제되는 행위의 공동체로 전환되는 일은 한꺼번에 일어나지도 않고 완벽하게 일어나지도 않는다. 어떤 경우에도 그것은 완결된 성취를 나타내기보다는 문제를 설정하는 것이다. 우리는 다른 사람들과 연관된 유기적인 존재로 태어나는 것이지 공동체의 구성원으로 태어나는 것이 아니다. 젊은이들은 교육, 즉 명백한 연합의 현상과 연관된 꾸준한 가르침과 학습 등을 통해서 공동체를 특징짓는 전통, 사고방식, 관심을 갖도록 해야 한다. 특별히 인간적인 모든 것은 비록 인간을 다른 동물과 구별 짓는 타고난 구조가 없이는 학습될 수가 없다고 하더라도, 타고나는 것이 아니라 학습되는 것이다. 인간의 방식으로 학습하고 인간의 모습을 하게 되는 것은 본래의 능력을 정련해서 부가적인 기술을 획득하는 것과는 전혀 다른 것이다.

인간이 되기를 배우는 것은 의사소통의 주고받음을 통해 한 공동체의 개별적으로 독특한 구성원이 되는 효과적인 감각을 발달시키는 것, 즉 자신의 신념, 욕망, 방법을 이해하고, 유기적인 힘을 인간의 자원과 가치로 전환하게 하는 데 기여하는 존재가 되는 감각을 발달시키는 것을 뜻한다. 그러나 이런 전환은 절대 종결되지 않는다. 인간 본성에서 거듭나지 않은 요소인 옛 아담[5]은 존속한다. 그는 의사소통과 계몽의 방법이 아닌 힘을 사용해서 결과를 획득하는 방식이 통용되는 곳이면 어디서나 자신의 모습을 드러낸다. 공동체적인 삶의 산물인 지식과 기술의 수단들이 공통의 이해관계를 참조해서 수정되지 않은 욕구와 충동을 실현시키기 위해 채택될 때 그는 더 미묘하고, 폭넓고, 효과적으로 스스로를 나타낸다. 상업적 교환이 상호의존성을 불러일으켜 조화를 자동으로 만들어내게 될 것이라는 "자연" 경제에 관한 교의에 대해 루소는 미리 적절한 대답을 내놓았다. 즉 그는 상호의존성이 강하고 능력 있는 자들이 자신들의 목적을 위해 다른 사람을 착취하고, 그들을 살아 있는 도구로 사용할 수 있는 종속 상태에 머무르게 하는 것을 가능하게 하는 상황을 제공할 뿐이라고 지적하였다. 그가 제시한 구제책, 즉 고립에 기초한 독립 상태로 되돌아가는 것은 그가 진심으로 그렇게 생각한 것이라고 보기는 어렵다. 그러나 그의 구제책이 보여주는 자포자기의 심정은 그 문제가 긴급한 것이라는 증거이다. 그 구제책이 가진 부정성은 문제 해결에 대

---

[5] [역주] 듀이의 인간관이 엿보이는 대목이다. 듀이는 반본질주의, 반토대주의자로서 인간의 본성이 고정되어 있는 것이 아니라 경험의 재구성과 의사소통의 과정을 통해서 인간이 되어가는 것이라고 생각한다. 듀이는 다른 곳에서 다음과 같이 말하고 있다. "다음의 두 가지는 똑같이 부적절하다. 하나는 인간 본성이 안정을 취할 수 있는 어떤 것을 가지고 있어야 한다는 점을 잊는 것이고, 다른 하나는 자기 자신이 선호하는 초석이 다른 사람에게도 안정과 안전을 가져다 줄 유일한 것이라고 착각하는 것이다."(John Dewey, 'Fundamentals', in *The Essential Dewey vol. 1.*, Indiana University Press, 1998, p. 347) 우리는 공동체의 목표에 대한 관심을 공유하고 실천하는 가운데 그 결과에 대한 의사소통의 과정을 통해 우리의 본성을 늘 새롭게 한다. 듀이가 여기서 옛 아담이라고 부르는 것은 아마도 사적인 욕망을 인간의 본성으로 삼았던 시절의 인간관을 비유적으로 말하는 것으로 보인다.

한 희망을 포기한다는 것이나 마찬가지였다. 거꾸로 그 구제책은 유일한 문제 해결의 본질을 제시해 주고 있다. 즉 상호의존적 행위의 결과 속에서 진정으로 공유된 관심이 욕망과 노력을 형성하고 그럼으로써 행위를 지도하게끔 의미를 소통하는 수단과 방법을 완성시키는 것이다.

## 거대 공동체의 지적인 조건

이것이 바로 이 문제가 지성과 교육에 의존하고 있는 도덕적인 문제라고 말하는 것의 의미이다. 우리는 앞의 설명에서 거대사회를 만드는 데 있어서 기술적, 산업적 요인의 역할을 충분히 강조했다. 그런 설명은 역사와 제도에 대한 경제 결정론적 해석에 대한 수용을 함축하는 것으로 보였을 수도 있을 것이다. 경제적 사실들을 무시하거나 부정하는 것은 어리석고 무익한 일이다. 우리가 그 사실들을 주목하지 않는다고 해서, 혹은 우리가 감상적인 이상화로 그것을 더럽힌다고 해서 그것들이 작동을 중단하게 되지는 않는다. 우리가 이미 살펴본 것처럼, 그것들은 자신들의 결과로서 명백하고 외적인 행위의 조건을 산출하며, 그 조건들은 다양한 정도의 적합성을 가지고 알려지게 된다. 산업적인 힘의 결과 속에서 실제로 일어나는 일은 그 결과에 대한 지각이나 의사소통의 존재 혹은 부재에, 그리고 욕망과 노력에 대한 통찰 및 그것이 가진 효과에 의존하고 있다. 경제 행위는 단순한 물리적 수준에서, 혹은 공동체가 축적해 온 지식, 숙련, 기술 등이 불평등하고도 우연하게 공동체 구성원들에게 전달됨에 따라 수정된 수준에서 스스로 작동하게 되어 있을 때 어떤 결과를 산출한다. 결과에 대한 지식이 공평하게 분배되고, 공유된 관심에 대해 잘 알고 있고 생생하게 느끼고 있는 사람들에 의해 행위가 활기를 띠게 되면 경제 행위의 결과는 달라진다. 통상적으로 언급되는 경제적 해석에 관한 교의는 의미들이 영향을 미치게 되는 변형을 무시하고 있다. 그 교의는 의사소통이 산업과 그 최종 결과들 사이에 끼워 넣을 수 있는 새로운 매체를 간과하고 있다. 그것은 "자연 경제"를 타락시킨 환영, 즉 실제적이고 가능한 결과들에 대한 지각과 공표로 행위 속에서 만들어지는 차이에 주목하는 데 실패한 데서 오는 환영에 사로잡혀 있다. 그 교의는 최종 결과가 아닌 선례를 통해, 즉 결실이 아닌 기원을 통해 사고하고 있다.

이렇게 명백하게 논제를 벗어난 논의를 거쳐서 우리는 앞에서 논의를 절정에 올려놓은 문제로 되돌아왔다. 거대사회가 더 밀접하고 생생하게 거대 공동체의 지위에 접근하는 것을 가능하게 하는, 그리하여 진정으로 민주적인 사회와 국가를 형성하게 하는 조건은 무엇인가? 실추된 공공성을 다시 부상하게 할 그림을 올바로 그리게 해 줄 조건은 무엇인가?

그에 관한 연구는 지적이고 가설적인 것이 될 것이다. 요구되는 조건들이 어떻게 현실화될 수 있을지 언급하거나 그런 일이 일어날 것이라고 예언하는 일은 하지 않을 것이다. 분석의 목적은 확인된 세부사항들이 실현되지 않는 한, 공동체는 민주적으로 효과적인 공적 영역으로 조직될 수 없다는 것을 보여주는 것이 될 것이다. 앞으로 살펴볼 조건들이 충분할 것이라고 주장하지는 않겠지만, 최소한 그 조건들이 필수불가결한 것임을 언급할 것이다. 바꾸어 말해서 우리는 사건의 경과 속에서 무효화된 이전의 교의와 대조되는 민주주의 국가에 관한 가설을 만들려고 노력할 것이다.

## 관습과 지성

되돌아보면 알겠지만, 옛 이론이 가지고 있는 두 개의 본질적인 구성요소는 다음과 같은 개념들이다. 즉, 모든 개인은 자신의 이익을 위해 움직이면서 정치적인 일에 관여하는 데 필요한 지성을 스스로 갖추고 있으며, 보통선거권, 주기적인 공직자 선거, 다수결 원칙이 공중의 욕망과 관심에 대한 선출된 통치자들의 책임을 보증하기에 충분하다는 것이다. 앞으로 살펴보겠지만, 두 번째 개념은 첫 번째 개념과 논리적으로 결합되어 있으며, 양자는 생사를 함께 하는 개념이다. 그런 도식의 밑바탕에는 리프먼Lippmann이 "전능한" 개인이라는 관념이라고 잘 지적한 것이 놓여 있다. 그 개인은 정책을 만들고, 그 결과를 판단하며, 정치적 행동이 요구되는 모든 상황에서 자신에게 좋은 것이 무엇인지 잘 알고 있으며, 자신의 선의 관념을 증강하고, 반대 세력에 맞서 그것을 실현하고자 하는 의지를 강화하는 유능한 존재로 여겨진다 이후의 역사는 이런 전제들이 환상이었음을 입증했다. 그릇된 심리학이 오도하지 않았다면, 그 환상은 일찌감치 감지되었을 것이다. 그러나 오늘날의 철학은, 관념과 지식이 대상과의 고립된 접촉으로 개인에게 생긴 마음이나 의식의 기능functions이라고 생각하고 있다. 그렇지만 사실상 지식은 연합과 의사소통의 기능이다. 지식은 사회적으로 전달, 발전, 인가된 전통, 도구, 방법에 의존하고 있다. 효과적으로 관찰, 반성, 욕망하는 능력은 이미 만들어져 있는 본래의 힘에 의해 획득되는 것이 아니라 사회의 문화와 제도의 영향하에 얻어진 습관이다. 인간이 합리적인 숙고를 통해서가 아니라 조야하게 지성화된 정서와 습관에 따라서 행동한다는 사실은 지금은 너무나 친근한 것이어서, 이와 다른 관념이 경제적, 정치적 철학의 토대로 심각하게 받아들여졌다는 것을 인지하기는 쉬운 일이 아니다.

그 관념이 담고 있는 진리의 척도는 계산과 회계 때문에 자신의 사업을 통제하는 빈틈없는 사업가나, 자기 지역의 사람들이나 일들에 대해 너무나도 잘 알고 있어서 그들의 관심사에 대해 제안된 척도의 취지에 적합한 판단을 내릴 수 있었던 작고 안정적인 지역 공동체의 시민과 같은 상대적으로 작은 집단을 관찰함으로써 도출해 낸 것이다.

습관은 인간행위의 주요 원인이며, 대부분 한 집단이 가진 관습의 영향을 받아 형성된다. 인간의 유기적 구조가 습관의 형성을 수반하게 되는데, 왜냐하면, 우리가 그것을 원하건 원하지 않건, 혹은 의식하건 의식하지 않건 간에, 모든 행위는 앞으로의 행동을 인도할 태도와 자세의 변화에 영향을 미치기 때문이다. 습관의 형성이 관습과 제도를 구성하는 한 집단의 습관에 의존하고 있다는 것은 유아기의 무력함에서 나오는 자연적인 결과이다. 제임스는 습관의 사회적 결과에 대해 다음과 같이 단호하게 말했다. "습관은 사회의 거대한 속도조절바퀴이며, 사회의 가장 귀중한 보수적 영향력이다. 습관만이 우리를 법령의 경계 안에 머물게 해 주며, 부잣집 아이들을 가난한 자의 반란에서 지켜주는 것이다. 습관만이 가장 힘들고 가장 불쾌한 직업에 발을 들여놓도록 길러진 사람들이 거기서 이탈하지 않게 해준다. 습관은 어부와 선원이 겨울 내내 바다에 있도록 한다. 습관은 광부를 어둠 속에 있게 하며, 눈 오는 겨울 내 농부를 그의 통나무 오두막과 외로운 농장에서 꼼짝 못하게 한다. 습관은 사막과 추운 지역 원주민들의 침입에서 우리를 보호해 준다. 습관은 우리 모두 양육이나 초기에 선택한 노선에 따라서 삶의 전투를 벌여나갈 것을 운명으로 정해주며, 맞지 않는 일에 전력을 기울이도록 만든다. 왜냐하면, 우리에게 어울리는 다른 어떤 것이 존재하지 않는데다가 다시 시작하기에는 너무 늦기 때문이다. 습관은 상이한 사회적 계층이 뒤섞이는 것을 막는다."[6]

습관의 영향은 결정적이다. 왜냐하면, 모든 독특한 인간의 행위가 학습되어야 하며, 학습의 심장, 피, 힘줄은 습성habitudes의 창조물이기 때문이다. 습관은 우리를 질서 있게 확립된 행위의 방식에 결합시킨다. 왜냐하면 우리가 자라면서 익숙해진 사물에 대해 편안함을 느끼고, 숙련되고, 관심을 끌게 하며, 다른 길을 걷는 것에 대한 두려움을 불러일으키며, 그런 시도를 할 수 없게 만들기 때문이다. 습관은 사고의 사용을 배제하지는 않지만, 사고가 작용하는 통로를 결정한다. 사고는 습관의 틈새 안에 감추어져 있다. 선원, 광부, 어부, 농부는 생각하기는 하지만 그들의 사고는 익숙해진 직업과 관계의 틀 안에 갇혀 있다. 우리는 세상 관습의 한계를 넘어설 것을 꿈꾸지만, 그런 공상이 경계를 깨는 행위의 원천이 되는 일은 매우 드물다. 그래서 우리는 그렇게 하는 사람들을 마력을 지닌 천재라고 부르며 그런 광경에 대해 경탄하게 된다. 사고 자체가 특정한 노선, 즉 전문화된 직업을 따라서 습관적인 것이 된다. 과학자, 철학자, 문학가는 습관의 속박을 깨뜨림으로써 세상 관습에 의해 더럽혀지지 않은 순수한 이성과 감정으로 말하는 사람들이 아니다. 그들은 전문화된 희귀한 습관이 있는 사람들이다. 따라서 인간이 자신의 선을 위한 지적이며 계산된 관심에 의해서 움직인다는 생각은 완전히 신화이다. 비록 자기애self-love의 원리가 행동을 촉발시킨다고 해도, 사람들이 자신들의 사랑을 드러내는 대상, 그들의 독특한 관심을 구성하는 것으로 간주되는 대상은 사회적 관습을 반영하는 습관에 의해서 설정된다는 것은 여전히 맞는 말이다.

이러한 사실은 새로운 산업 운동에 관한 사회적 교의들이 그 결과로

---

[6] [역주] 이 인용문은 제임스의 『심리학의 제원리』(1890)에 포함되어 있는 구절이다. 제임스가 습관에 대해 말하고 있는 이 부분은 『프래그머티즘의 길잡이』(루이스 메난드 엮음, 김동식, 박우석, 이유선 옮김, 철학과 현실사, 2001) 116쪽을 참조.

따라나오는 것들에 대해 왜 그렇게 통찰력을 보여주지 못하는지 설명해 준다. 이러한 사실은 더 많은 것이 변화할수록 왜 그것들이 같아지는지 설명해 준다. 즉, 그것들은 민주적인 정치기구에서 결과할 것으로 예상하였던 광범위한 혁명 대신, 기존의 권력이 한 계급에서 다른 계급으로 이전되는 일이 주로 일어났다는 사실을 설명해 준다. 자신의 참된 관심과 선에 대한 훌륭한 판단자인지 아닌지를 떠나서 소수 사람만이 금전상의 이익을 위한 사업 행위, 그리고 새로운 정부 기구가 그런 행위의 목적을 위해 어떻게 구성될 수 있을지에 대해 판단을 할 수가 있었다. 정치적 형태들을 사용하는 데서 뿌리 깊은 습관, 낡은 제도와 관습적 사회적 지위의 영향에서 벗어나는 것은 새로운 종류의 인간을 필요로 할 것이다. 그런 인간은 만일 현실과 유리된 천상의 천사의 규약이 없었다면, 아마도 유인원의 조건에서 출현했다고 가정된 과제를 떠맡았을 것이다. 갑작스럽고 파국적인 혁명에도 역사의 본질적인 연속성은 이중으로 보증된다. 개인의 욕망과 신념이 습관과 관습의 작용functions 일 뿐만 아니라, 행위의 한계, 장애, 덫과 더불어 그 자원과 도구를 제공하는 객관적인 조건들 역시 싫든 좋든 그 지배력과 힘을 영속화하는 과거의 침전물들이다. 기운찬 혁명가의 희망과 겁먹은 보수주의자의 소심함을 모두 무시할 만큼, 새로운 질서를 창조하는 것을 허용하기 위해 백지상태tabula rasa를 만드는 것은 불가능하다.

 그럼에도 변화는 발생하며 축적되는 경향을 보인다. 인식된 결과에 비추어 변화를 관찰하는 것을 통해 반성, 발견, 발명, 실험이 이루어진다. 축적된 지식, 기술과 수단이 일정한 수준에 이르게 될 때, 변화의 과정이 가속화되어 오늘날처럼 외견상 지배적인 특성으로 보이게 된다. 그러나 그에 상응하는 관념과 욕망의 변화에는 현저한 지체가 존재한다. 의견의 습관은 모든 습관 가운데에서도 가장 끈질기다. 그 습관이 2차적인 본성이 되고, 아마도 문밖으로 내쳐지게 될 때, 그것은 1차적인 본성처럼 다시 은밀하면서도 확실하게 다시 기어들어 온다. 그리고 그 의견의 습관이 수정될 때, 그 변경은 낡은 신념이 분해되어 가는 과정에서 유동적이고, 변덕스럽고, 우연히 포착된 의견으로 대체되는 것으로 스스로를 부정적으로 나타낸다. 물론 인류가 가지고 있는 지식의 양은 엄청나게 증가해 왔지만, 아마도 그것은 지금까지 반복되어 온 오류와 부분적 진실의 양에 필적한 만한 것은 못 될 것이다. 특히 사회적, 인간적 문제에서 분별력 있는 판단을 위한 비판적 감각과 방법의 개발은 부주의한 보고와 명백히 잘못된 설명의 동기가 증가하는 것에 발맞추어 이루어지지 못했다.

## 과학과 지식

그러나 더 중요한 것은 다양한 지식이 일상적인 의미의 지식이 아니라 '과학'이라는 것이다. 인용부호는 과학을 경멸하려고 쓴 것이 아니라, 과학적 요소의 기술적 특징을 나타내려는 것이다. 문외한은 유통되고 있는 어떤 결론을 과학이라고 간주한다. 그러나 과학적 탐구자는 그 결론에 도달하게 하는 방법과 관련해서만 그 결론이 과학을 구성한다는 사실을 잘 알고 있다. 참일 때조차도 그 결론은 옳다는 것만 가지고 과학이 되지는 않으며, 그것에 도달하는 과정에서 채택된 장치 때문에 과학이 되는 것이다. 그 장치는 매우 전문화되어 있어서, 그 장치를 사용하고 이해하기 위한 능력을 얻기 위해서는 인간이 가진 다른 어떤 수단을 익히는 데 필요한 것보다 더 많은 노력을 들여야 한다. 달리 말하자면, 과학은 다른 어떤 자연언어보다 익히기가 훨씬 더 어려운 매우 전문화된 언어라고 할 수 있다. 그것은 가짜라는 의미에서가 아니라 특정한 목적을 위해서 이루어지는 난해한 기예라는 의미에서, 그리고 모국어를 배우는 식으로 습득되고 이해될 수 있는 것이 아니라는 의미에서 인공언어이다. 물론 언젠가는 문외한들이 비록 과학 장치를 사용하지 않는다고 하더라도 그들로 하여금 과학적 요소를 이해하면서 읽고 들을 수 있게 하는 교육 방법이 고안될 수도 있을 것이다. 그런 언어는 많은 사람에게 언어학자들이 능동 어휘가 아니라 수동 어휘라고 부르는 것이 될 것이다. 그러나 그 시기는 먼 미래가 될 것이다.

과학자를 제외한 사람 대부분에게 과학은 세속의 무리가 배제된 의례적인 형식을 따르면서 숙련가가 된 전수자의 손에 내맡겨져 있는 하나의 신비이다. 그들은 복잡한 이론적 장치들, 즉 분석의 방법, 실험적 관찰, 수학적 정식화와 연역, 지속적이며 정교한 검사와 테스트 등에 패턴을 제공하는 방법에 대해 공감적인 이해가 가능한 행운아들이다. 대부분의 사람에게서 그 장치의 실재는 있는 그대로의 삶에 영향을 주는 실제적인 일, 기계 장치, 기술 속에서 구현될 때에만 발견된다. 그들에게서, 전기는 전화, 벨, 그리고 그들이 사용하는 빛, 그들이 운전하는 자동차의 발전기 및 고압자석 발전기, 그들이 타고 다니는 시내 전차를 통해서만 알려진다. 그들이 잘 알고 있는 생리학과 생물학은 세균을 예방하면서, 그리고 건강을 위해 그들이 의존하고 있는 의사들을 통해서 배운 것이다. 그들에게 가장 가까운 것으로 여겨지는 것에 대한 과학, 즉 인간 본성에 대한 과학은 광고, 판매, 직원선발, 경영에 적용될 때까지는, 그리고 정신의학, 말하자면 사람들로 하여금 자기 자신이나 타인들과 조화를 이루지 못하게 만드는 "신경과민", 병약함, 까다로움의 공통적인 형식에 대한 정신의학의 관련성을 통해서 삶과 대중적인 의식으로 확산하기 전까지는 문외한들에게 비밀스러운 신비였다.

그 사이에 과학[7]이라는 복잡한 장치를 기술적으로 적용하게 되면서 연합된 삶을 영위하게 하는 조건들이 혁명적으로 바뀌었다. 이것은 명제로 언급되고 인정된 사실로서 알려졌을 것이다. 그러나 사람들이 이것을 이해하고 있다는 의미에서 알려진 것은 아니다. 사람들은 자신들이 작동하는 어떤 기계에 대해 알듯이, 혹은 전깃불이나 증기기관에 대해 알듯이 그런 사실을 알고 있는 것은 아니다. 그들은 변화가 어떻게 일어났는지, 그리고 그 변화가 그들의 행동에 어떻게 영향을 미치는지 이해하지 못한다. 그 "어떻게"를 이해하지 못하기 때문에 그들은 변화의 명백한 표현을 사용하지도 통제하지도 못하는 것이다. 그들은 결과를 겪고 나서 결과에 따라 영향을 받는다. 어떤 사람이 매우 운이 좋아서 – 통상 행운이라고 말할 수 있는 경우가 될 텐데 – 자신의 개인적인 이익을 위해 과정의 어떤 국면을 활용할 수 있게 된다고 해도, 일반적으로 사람들은

---

[7] [역주] 듀이의 과학 개념은 종종 실증주의적인 과학 개념과 혼동되곤 한다. 듀이는 전통적인 탐구 방법에 대한 대안으로서 과학적 탐구의 방법을 제시했으며, 그것이 유일하게 올바른 지적인 방법이라고 믿었다는 점에서 과학에 특별히 강세를 두고 있는 것은 분명하다. 그러나 그렇다고 해서 듀이가 과학을 세계의 진리를 발견하기 위한 탐구 수단으로 보고 있지는 않다는 점에서 소위 '과학주의'에 대한 우리의 통념과는 좀 다른 생각을 하고 있다고 보아야 할 것이다. 그는 과학을 일종의 실천적인 기예(art)로서 간주하고 있으며, 대장장이가 연장을 다룸으로써 물건을 만들어내듯이 과학자는 추론을 사용해 지식을 생산해 낸다고 말한다. "과학자는 이러한 추론을 대장장이가 자신의 연장을 사용하는 것과 같은 방식으로 다룬다. 그 추론들은 일상적으로 사용되는 사고가 아니며, 심지어 그것이 가진 논리적인 의미에서도 사고가 아니다. 그것들은 오히려 최소한으로 생각하고 최대로 효과를 산출하는 식으로 그것을 사용함으로써(대장장이가 자신의 연장을 사용하듯이) 지식 – 혹은 지식의 방법 – 을 생산해내는 어떤 것이다. 우리가 지식에 관한 기획의 중요성을 생각할 때, 적절한 도구가 그것을 수행하려고 고안되어 있으며, 그 도구는 이미 존재하는 소재로 된 원형이 없다는 것은 놀랄 일이 아니다. 그것들은 실재하는 사물이며, 다른 식으로는 존재하지 않는 바로 그런 실재하는 사물이다."(John Dewey, 'The Logic of Judgement of Practice', in *The Essential Dewey vol. 2*., Indiana University Press, 1998, p. 267)

그 결과를 통제할 수 없다. 그리고 가장 명민하고 성공적인 사람이라고 하더라도 분석적이고 체계적인 방식 – 그가 경험이라는 시련을 통해 상대적으로 덜 중요한 일에서 얻은 지식과 대조할 만한 방식 – 으로 그가 그 안에서 작동하고 있는 시스템을 알지는 못한다. 숙련과 능력은 우리가 창조하지도 않았고, 이해하고 있지도 못한 틀 안에서 작동한다. 어떤 사람들은 시장에 영향을 주는 힘에 관한 사전 정보를 얻을 수 있는 전략적인 위치를 차지하고 있다. 그들은 훈련과 그런 쪽의 타고난 재능을 통해서 거대한 일반적 흐름을 자신들의 바퀴를 돌리기 위해 사용할 수 있게 하는 특별한 기술을 획득했다. 그들은 이쪽에서 흐름을 막고 저쪽에서 그 흐름을 터놓을 수 있다. 흐름 자체는 그들을 초월해 있는 것이며, 이는 마치 자신에게 전수된 지식을 사용해서 그가 직접 키우지 않은 나무로 판자를 만들기 위해 어떤 천재적인 기술자가 강가에서 제재소를 만들 때 그 강이 그를 초월해 있는 것과 마찬가지이다. 일에서 성공적인 사람들이 한계 안에서 지식과 기술을 가지고 있다는 것은 의심의 여지가 없다. 그러나 그런 지식은 기계를 다루는 유능한 숙련공의 지식에 비해 상대적으로 조금 더 나아간 것일 뿐이다. 그의 앞에 놓여 있는 조건을 이용하는 것으로 충분하다. 숙련은 그의 주변에 있는 사태의 흐름을 이쪽이나 저쪽으로 바꿀 수 있게 해준다. 그러나 숙련을 통해 그 흐름을 통제할 수는 없다.

### 사회적 탐구의 한계

비록 공무원은 때로 정치가로 불리기도 하지만, 어쨌든 왜 공중 및 공무원은 더 현명하고 더 유능해야 하는가? 민주적으로 조직된 공중이 갖추어야 할 일차적인 조건은 아직은 존재하지 않는 지식과 통찰이다. 그런 것이 없는 상태에서, 그런 것이 존재한다면 어떤 것일까를 말하려고 하는 것은 어리석음의 극치이다. 그러나 그런 것이 존재해야 한다면 충족되어야 할 몇몇 조건은 제시할 수 있을 것이다. 우리는 비록 전문화된 장치로서의 과학에 대해서는 무지하다 할지라도 과학의 정신과 방법에서 그 정도의 것들은 빌려 올 수 있을 것이다. 분명하게 요구되는 것은 사회적 탐구의 자유 및 그 결론을 배포할 자유이다. 사람들이 자기 생각을 표현하고 그것을 퍼뜨리는 일에서 자유롭지 못한 상황에 있다고 하더라도 사람들은 사고 속에서 자유로울 수 있다는 생각이 꾸준히 선전됐다. 그런 생각은 마음이 행위와 대상에서 동떨어진 채 그 자체로 완결되어 있다는 관념에서 비롯된다. 그러한 의식은 사실상 정상적으로 작동하지 못하는 마음의 모습을 나타내는 것인데, 왜냐하면, 그것은 참된 마음과 연관된 현실에 의해서 좌절된 의식이며, 격리된 무기력한 공상 속으로 쫓겨 들어간 의식이기 때문이다.

공적인 일과 관련된 모든 결과에 대해 충분히 공지하지 않는다면 공중은 존재할 수 없다. 그런 공지를 가로막고 제한하는 것이 무엇이건 그것은 여론을 제한하고 왜곡하는 동시에 사회적인 사태에 대한 생각을 억압하고 왜곡하게 된다. 표현의 자유가 없다면, 심지어 사회적 탐구의 방법도 개발될 수 없다. 왜냐하면, 도구들은 작동될 때에만, 다시 말해 실제 문제를 관찰하고, 보고하고, 조직하는데 적용될 때에만 고안되고 완성될 수 있기 때문이다. 그리고 그런 적용은 자유롭고 체계적인 의사소통을 거치지 않고서는 발생할 수 없다. 물리적 지식에 관한, 자연 현상에 대한 그리스적 개념에 관한 초기의 역사는, 가장 재능있는 사람들의 개념이 그들이 언급하고 설명하고자 하는 사건과의 긴밀한 연관 속에서 다듬어지지 않으면 얼마나 바보 같은 개념이 되는지 보여준다. 인문과학의 지배적인 관념과 방법은 오늘날 똑같은 조건에 처해 있다. 그것들은 과거의 조야한 관찰에 토대를 두고 고안되었으며, 새로운 관찰 자료를 정리하는 데에는 지속해서 사용되지 않고 있다.

단지 한때 통용되었던 법적인 규제가 사라졌다는 이유로 사고와 사고의 소통이 오늘날 자유롭다고 믿는 것은 터무니없는 것이다. 그런 믿음이 유포되면 사회적 지식은 유아기의 상태를 지속하게 된다. 왜냐하면, 그것은 규제된 탐구의 도구로 사용되며, 현실의 사용 속에서 테스트되고, 개정되고 개선되는 개념들을 소유하고자 하는 우리의 핵심적인 욕구를 잘 인식하지 못하게 만들기 때문이다. 지금까지 어떤 사람, 어떤 영혼도 단지 홀로 남겨짐으로써 해방되지는 않았다. 형식적 한계를 제거하는 것은 소극적인 조건일 뿐이다. 적극적인 자유는 어떤 상태가 아니라 조건을 통제할 방법과 수단을 포함하는 행위이다. 경험은 때때로 검열과 같은 외적인 억압에 대한 느낌이 도전처럼 작용하기도 하고, 지적인 에너지를 불러일으키고, 용기를 갖도록 고무한다는 사실을 보여준다. 그러나 지적인 자유가 존재하지 않는 곳에서 그런 자유에 대한 믿음은 실질적인 노예상태에 대한 만족, 깊이 없음 및 피상성에 기여하는 것이며, 관념에 대한 대체물로서의 감각에 의지하게 하는 것이다. 이런 것이 오늘날 우리의 사회적 지식에 관한 현 상태가 보여주는 분명한 특징들이다. 한편에서 그 정상적인 과정을 박탈당한 사고는 스콜라주의라고 불리는 것에 필적할 만한 학문적 전공분야로 도망쳐 들어가고 있다. 다른 한편으로 풍부하게 존재하는 물리적인 공지 매체는 오늘날 공지의 의미의 상당 부분을 구성하고 있는 방식 – 광고, 선전, 사적인 삶에 대한 침해, 연속성의 중심 논리를 위반하면서 지나간 사건을 "대서특필"하는 것, "센세이션"의 본질이라고 할 수 있는 고립된 강요와 충격을 우리에게 남기는 것 – 으로 활용되고 있다.

사실과 관념의 자유로운 의사소통과 유통을 제한하는, 그리고 그럼으로써 사회적인 사고와 탐구를 억압하고 곡해하는 조건을 단순히 방해되는 명백한 힘으로 간주하는 것은 잘못일 것이다. 사회적 관계를 자신들에게 유리하도록 조작할 능력이 있는 사람들을 고려하지 않으면 안 된다. 그들은 멀리서라도 자신들의 통제를 침해할 위험이 있는 지적인 경향이 있다면 무엇이든 그것을 감지하는 무서운 본능이 있다. 그들은 자유로운 탐구와 표현을 막는 기술을 사용함으로써 대중의 타성, 편견, 감정적인 당파심을 자신들 편으로 끌어들이는 놀라운 재주를 발전시켜 왔다. 우리는 홍보대리인이라고 불리는, 여론을 선동하는 고용인에 의해 만들어지는 정부의 상태에 접근하고 있는 것으로 보인다. 그러나 더 중대한 적은 감추어진 참호에 깊이 은폐되어 있다.

대중의 감정적인 습관화 및 지적인 습성은 정서와 의견을 이용하는 사람들만 유리하게 하는 조건을 만들어 낸다. 사람들은 물리적, 기술적 문제에서는 실험적인 방법에 익숙해졌다. 사람들은 인간적인 관심사에서는 그런 방법에 대해 여전히 두려움이 있다. 그런 공포는 모든 심층적인 공포가 그렇듯이 온갖 종류의 합리화를 통해 가려지고 위장되어 있어서 더 잘 작동한다. 그런 공포의 가장 공통적인 형태의 하나는 확립된 제도에 대한 종교적 이상화, 숭배이다. 예를 들어 우리 자신의 정치에서 볼 수 있는 헌법, 대법원, 사유 재산, 자유 계약 등등과 같은 것이 그런 것들이다. "신성한" 및 "신성"과 같은 단어는 그런 것을 논하고 있는 우리의 입안에 이미 들어 있다. 그 단어들은 제도를 보호하는 종교적 아우라를 보여주고 있는 것이다. 만일 "신성한"이라는 말이 의례적인 조심스러움이나 특별히 선정된 공직자가 아니면 접근하거나 건드릴 수 없는 것을 의미하는 것이라면, 그런 제도들은 오늘날의 정치적 삶 속에서 신성하다고 말할 수 있다. 초자연적인 물체들이 격리된 해변에 높게

쌓이면서 말라가듯이, 종교적 금기의 실상은 세속적인 제도, 특히 민족주의적인 국가와 연관된 제도를 중심으로 점점 모여들고 있다.[8] 정신의학자들은 정신적 장애의 가장 공통적인 원인 가운데 하나가 스스로 의식하지는 못하지만, 현실에서 도피하게 만들고 사물에 대해 성찰하지 못하게 하는 근원적인 공포라는 것을 발견했다. 사회제도와 조건들에 관한 효과적인 탐구를 강력하게 가로막는 사회 병리가 존재한다. 그것은 수많은 방식으로 스스로를 드러낸다. 불평, 무력한 방황, 일탈에 대한 불안한 탐닉, 오랜 기간 확립되어 온 것에 대한 이상화, 가면으로 가장한 손쉬운 낙관주의, "그대로 있는" 것에 대한 요란한 찬양, 의견을 달리하는 모든 사람에 대한 협박 등이 그런 방식인데, 이 방식들은 교묘하고도 무의식적으로 퍼져 나가면서 작동하기 때문에 더 효과적으로 사고를 억압하고 없애버린다.

## 사회적 탐구의 고립

사회적 지식의 퇴보는 그것이 독립적이며 고립된 학문 분과로 분화되었다는 것에서 분명해진다. 인류학, 역사, 사회학, 윤리학, 정치학은 지속적이며 체계화된 생산적인 상호작용이 없이 각자 자신의 길을 가고 있다. 물리적 지식에서는 겉보기에만 비슷한 구분이 존재한다. 천문학, 물리학, 화학, 생물학 사이에서는 지속적인 타가수정 他家受精, cross-

---

[8] 헤이즈(Carlton Hayes)는 "민족주의에 관한 에세이", 특히 그 에세이의 4장에서 민족주의의 종교적 성격에 대해 설득력 있게 언급하고 있다. [역주] Carlton Hayes, 1882~1964, 미국의 교육자, 역사학자, 미국 가톨릭의 지적인 리더였다. 그는 제2차 세계대전 동안 스페인 미국대사로 일하기도 했다. 주요 저서로는 『근대 유럽 정치사회사』(1916), 『근대 민족주의의 역사적 전개』(1931) 등이 있다.

fertilization이 이루어진다.⁹ 발견들 및 개선된 방법들은 기록되고 조직됨으로써 지속적인 교환과 상호소통이 일어날 수 있게 된다. 인문과학의 주제들이 서로 고립된 것은 그것들이 물리적 지식에서 멀리 떨어져 있다는 것과 관련이 있다. 마음은 여전히 우리가 살고 있는 세계와 그 안에서 이루어지고 있는 인간의 삶을 여전히 분명하게 구분하고 있는데, 그러한 간극은 인간을 오늘날 따로따로 알 수 있고 다룰 수 있다고 생각되는 몸과 마음으로 분리시키는 것에서 반영되고 있다. 지난 3세기 동안 천체와 같이 인간에게서 가장 멀리 떨어져 있는 것에서 시작하는 물리적 탐구에 주로 에너지가 집중되었다는 것은 예상했어야 하는 일이었다. 자연과학의 역사는 그것이 발전해 온 특정한 질서를 보여준다. 새로운 천문학을 구성하려면 그에 앞서 수학적인 도구를 먼저 채택해야 했다. 태양계와 관련하여 성립된 관념이 지구에서 일어나는 일들을 서술하기 위해 사용되었을 때 물리학이 발전했다. 물리학의 발전에 이어 화학이 발전했다. 살아 있는 것들을 연구하는 과학은 앞으로 나아가기 위해서 물리학과 화학의 요소와 방법을 필요로 했다. 심리학은 생물학 및 생리학의 결론들을 사용할 수 있게 되었을 때에야 비로소 심사숙고한 의견의 수준을 벗어날 수 있었다. 탐구가 인간 자신에게 정당하게 집중될 수 있기 전에, 인간의 관심사와 가장 멀리 떨어져 있고 간접적으로 연관된 것들이 어느 정도 정복되어야 했다.

---

⁹ [역주] 타가수정이란 동물들 사이에서 일반적으로 이루어지는 다른 개체 간의 수정을 말한다. 듀이가 여기서 이런 언급을 하는 이유는 인문학이 현실적인 문제를 다루는 다른 학문으로부터 고립된 채 이루어짐으로써 올바른 방향으로 발전해 나가지 못하고 있는 상황을 지적하려는 것이다. 인문학은 인간의 삶, 인간의 마음을 다룬다고 하면서 마치 그것이 물리적인 환경세계와는 완전히 별개의 것인 양 취급함으로써 스스로 고립을 자초하고 다른 학문과의 의사소통을 거부하고 있다. 듀이의 이런 지적은 '인문학의 위기'가 운위될 때마다 고려해 보아야 할 중요한 지적이라고 생각한다.

## 순수과학 및 응용과학

그럼에도 발달 과정은 우리를 이 시대에 곤경 속에 처하게 했다. 과학의 주제가 기술적으로 전문화되어 있다거나 그것이 매우 "추상적"이라고 말할 때, 우리가 실제로 의미하는 것은 그것이 인간의 삶에 대해 가지고 있는 함의가 이해되고 있지 않다는 것이다. '단지' 물리적인 모든 지식은 소수 사람들에 의해서만 소통될 수 있는 전문적인technical 어휘로 표현되는 전문적 지식이다. 인간의 행위에 영향을 주며, 우리가 행하고 겪는 일을 수정하게 하는 물리 지식 또한 전문적이며, 그 함의가 이해되고 이용되고 있지 않은 만큼 동떨어져 있는 것이다. 햇빛, 비, 공기, 흙은 언제나 눈에 보이는 방식으로 인간의 경험 속에 들어왔다. 그러나 원자, 분자, 세포 그리고 과학에 관련된 대부분은 눈에 보이지 않는 방식으로 우리에게 영향을 주고 있다. 그것들이 지각할 수 없는 방식으로 우리의 삶에 들어오고 경험을 수정하기 때문에, 그리고 그 결과가 인식되지 않기 때문에, 그것에 관한 언급은 전문적인 것이 된다. 의사소통은 독특한 상징을 통해서 이루어진다. 여기서 우리는 근본적이고 지속적인 목표가 물리적 조건을 다루는 지식을 일반적으로 이해되고 있는 용어, 즉 인간에게 이익이 되는지 손해가 되는지 나타내주는 기호로 번역하는 일이라고 생각할 수 있을 것이다. 왜냐하면, 인간의 삶에 들어오는 모든 결과는 궁극적으로 물리적 조건에 의존하고 있기 때문이다. 그것들은 물리적 조건이 고려될 때에만 이해되고 정복될 수 있다. 우리는 인간 자신의 행위와 고통을 통해 환경적인 것을 알거나 소통하지 못하게 하는 어떤 사태도 재난으로 여겨 한탄해야 할 일이라고 생각하게 될 것이다. 즉 그런 사태는 참을 수 없으며, 어떤 특정 시기에 불가피한 경우에만 참을 수 있는 것으로 여겨지게 될 것이다.

## 의사소통과 공적 의견

그러나 사실은 정반대이다. 물질 및 물질적인 것은 많은 사람에게 경멸의 의미를 담고 있는 단어들이다. 그것들은 삶의 이상적인 가치를 표현하고 유지시키는 조건이 아니라 그런 가치가 무엇이건 그것의 적으로 간주되고 있다. 이런 분리의 결과 그것들은 사실상 적이 되고 있다. 왜냐하면, 인간적인 가치와 시종일관 분리된 것이라면 그것이 무엇이건 그것은 사고를 약화시키고, 사실상 가치를 빈약하고 불안정하게 만들기 때문이다. 근대적 삶에서 유물론 및 상업주의의 지배가 자연과학에 지나치게 몰두해서 생긴 결과로 보는 사람도 있다. 그들은 인간 행동의 매개물인 물리적 조건을 이해하기 전에 발생한 전통에 의해 인위적으로 만들어진 인간과 자연의 분열이 감각을 잃게 하는 요인이라는 것을 보지 못하고 있다. 인간과 자연이 분리된 상황을 나타내 주는 가장 영향력 있는 형태는 순수과학과 "응용과학"의 분리이다.[10] "응용"이 나타내는 것은 인간의 경험과 복지에 대한 함의를 인식하는 것을 뜻하기 때문에, "순수"한 것에 대한 존경과 "응용"에 대한 경멸은 결과적으로 과학을 동떨

---

[10] [역주] 소위 '응용과학'과 '순수과학'을 분리시켜 생각하는 것에 대해 듀이는 일관된 비판적인 관점을 견지하고 있다. 그는 다른 곳에서 이러한 분리와 관련하여 다음과 같이 언급하고 있다. "과학적 지식을 작업장에서 기능하는 것과 같은 방법으로 사용하는 것, 이에 대한 혐오는 귀족주의적 문화의 잔재이다. '응용된' 지식은 아무튼 '순수한' 지식보다 가치가 낮다는 생각은 모든 유용한 일은 노예와 농노들이 하고, 지성보다는 관습에 따라 정해진 모범이 산업을 통제하던 사회에서는 자연스러운 생각이었다. 거기서는 과학, 즉 최고의 인식은 생활에 유용한 모든 응용과는 무관한 순수한 이론과 동일시되었고, 유용한 기술에 관한 지식은 그 기술에 종사한 계층에 주어진 것과 똑같은 오명을 쓰고 있었다. 그리하여 생겨난 과학의 개념은, 과학 자체가 그러한 기술 장치를 도입하여 지식을 낳고, 나아가서 민주주의가 일어난 뒤에도 존속했다."(존 듀이, 『민주주의와 교육/철학의 개조』, 김성숙, 이귀학 옮김, 동서문화사, 2008, 249쪽)

어져 있고, 전문적이어서 오로지 전문가들에게만 소통 가능한 것으로, 그리고 인간사를 위험하고, 편중되고, 불공정하게 가치를 배분하는 식으로 운영하게 한다. 사회의 규제에 대한 지식의 대안으로 응용되고 채택된 것은 무지, 편견, 계급적 이해, 우연이다. 과학은 적용을 '통해서만' 명예롭고 분명한 의미에서 지식으로 전환된다. 그렇지 않으면 그것은 단절되고, 맹목적이며, 왜곡된 것이 된다. 과학이 응용될 때, 그것은 "응용"과 "공리주의적"인 이라는 단어에 종종 비호의적으로 부가되는 의미, 즉 소수 사람의 이윤을 위한 금전적 목표를 위해 과학이 사용된다는 식으로 설명된다.

오늘날, 자연과학의 응용은 인간의 관심사 '안'에서가 아니라 그것에 '대해서' 이루어진다. 즉, 그것은 부유하고 탐욕스러운 계급의 이해관계를 충족시키기 위해 이루어지는 외적인 것이다. 삶 '속에서' 응용된다는 것은 과학이 흡수되고 배포된다는 것을 의미한다. 과학은 참되고 효율적인 공중이 존재하는 데 전제조건인 공통의 이해 및 철저한 의사소통의 수단이 되어야 한다. 산업과 무역을 규제하기 위한 과학의 사용은 꾸준히 진행됐다. 17세기 과학혁명은 18~19세기 산업혁명의 전조였다. 결과적으로 인간은 자기 자신과 자기 일을 통제할 능력을 갖추지 못한 채, 엄청나게 큰 물리적 에너지를 통제한다고 하는 충격적인 상황을 겪게 되었다. 스스로 분열된 지식, 인공적인 분리에 불완전함이 덧붙은 과학은 남자, 여자, 어린이를 죽은 기계를 돌보는 살아 있는 기계로 살아가는 공장의 노예로 만드는 데 역할을 했다. 그런 과학은 평화 시기에는 더러운 빈민가, 혼란스럽고 불만족스러운 직업들, 괴로운 가난과 사치스러운 부, 자연과 인간의 야만적인 착취를, 그리고 전쟁 시기에는 고성능 폭탄과 유독가스의 생산을 지속시켰다. 자기 자신을 이해하는 데는 어린아이인 인간은 자신의 손에 무한한 힘이 있는 물리적 도구를 갖게 되었다.

인간은 마치 어린아이처럼 그것을 가지고 놀고 있으며, 그것이 해가 될지, 유익한 것이 될지는 우연의 문제이다. 수단이 주인이 되고, 그것은 마치 자기 자신의 의지가 있는 것처럼 숙명적으로 작동하는데, 그 이유는 그것이 의지가 있어서가 아니라 인간이 의지가 없기 때문이다.

그러한 조건에서 "순수" 과학에 대한 찬양은 도피를 합리화하는 것이다. 그것은 도피처를 짓는 것이며, 책임을 회피하는 것이다. 이용과 봉사에 오염되지 않을 때 지식의 참된 순수성이 존재하는 것은 아니다. 그것은 전적으로 도덕적인 문제, 정직, 불편부당성, 탐구와 소통에서 그 취지의 폭넓음에 관한 문제이다. 지식의 품위가 낮아지는 것은 그것의 사용 때문이 아니라, 그 사용에서 나타나는 기존의 편향성, 편견, 견해의 일방성, 공허함, 소유와 권위라는 자만, 인간의 관심사에 대한 경멸이나 무시 때문이다. 인간성은 한때 생각되었던 것처럼, 모든 것이 지향해야 할 목표가 아니다. 그것은 가볍고 연약한 것, 아마도 광대한 우주에서 일시적인 어떤 것일 것이다. 그러나 인간에게 있어서, 인간은 관심의 중심이며 중요성의 척도이다. 인간을 희생하여 물리적인 영역을 확장하는 것은 포기이며 도피이다. 자연과학을 인간의 관심에 대한 적으로 삼는 것은 매우 좋지 않다. 왜냐하면, 그것은 에너지의 흐름을 바꾸어 좋지 않은 영향을 미칠 수 있기 때문이다. 그러나 폐해는 거기서 그치지 않는다. 궁극적인 해악은 자연에 관한 지식이 그 인간적인 기능에서 분리될 때, 인간이 자기 일을 이해하고 그것을 주도해 가는 능력이 근본적으로 약화한다는 것이다.

## 지식 배포의 한계

지식은 이해일 뿐 아니라 소통이라는 것을 시종일관 암시해 왔다. 나는 학교의 입장에서 보면 교육을 받지 못한 어떤 사람이 특정한 문제에 대해 말하는 가운데 "언젠가 그것들은 발견될 것이며, 단지 발견될 뿐 아니라 알려지게 될 것이다"라고 말했던 것을 잘 기억하고 있다. 학교에 있는 사람들은 어떤 것이 발견될 때 그것이 알려진다고 생각한다. 나의 옛 친구는 어떤 것이 출판되고, 공유되고, 사회적으로 접근 가능하게 될 때 비로소 그것은 충분히 알려지게 된다는 것을 잘 알고 있었던 것이다. 기록과 소통은 지식에서 필수불가결한 것이다. 지식이 사적인 의식 안에 갇혀 있다는 것은 신화이며 사회 현상에 대한 지식은 특히 유포에 의존한다. 왜냐하면, 그런 지식은 배포됨으로써만 획득되거나 테스트 될 수 있기 때문이다. 공동의 소유가 되기 위해 널리 퍼지지 않았다고 하는 공동체적 삶에 관한 사실은 용어상 모순이다. 유포한다는 것은 널리 퍼뜨린다는 것과는 좀 다른 것이다. 씨를 뿌릴 때 무작위로 던진다고 해서 되는 것이 아니라, 뿌리를 내리고 성장할 기회를 갖게끔 배포되어야 한다. 사회적 탐구의 결과에 대한 소통은 여론을 형성하는 것과 비슷하다. 소통은 정치적 민주주의의 성장 속에서 틀 지워진 최초의 관념이며, 그것은 또한 충족되어야 할 최후의 관념일 것이다. 왜냐하면, 여론은 공중을 구성하고 있는 사람들에 의해 형성되고 받아들여지는, 공적인 일에 관한 판단이기 때문이다. 이 두 개의 국면은 각각 그것의 실현을 위해 충족되기 어려운 조건을 부과한다.

공공성과 관련된 여론과 신념은 효과적이며 조직된 탐구를 전제한다. 작동하고 있는 에너지를 감지하고, 상호작용의 복잡한 네트워크를 통해 결과에 이르기까지 그것을 추적할 방법이 없다면, 여론으로 여겨지는 것은 그것이 아무리 널리 퍼지더라도 참된 여론이라기보다는 경멸적인 의미에서 "의견"에 불과한 것이 될 것이다. 사실에 관한 착오를 공유하면서 그릇된 신념에 동참하는 사람들의 수는 유해한 힘의 정도를 나타낸다. 어쩌다가 만들어진 여론, 거짓을 믿는 것에 이해관계가 걸려 있는 사람들의 지도로 형성된 여론은 단지 이름뿐인 여론일 수가 있다. 그것을 여론이라는 이름으로 그 이름을 일종의 보증으로 받아들이는 것은 그것이 그릇된 행위를 하게 하는 힘을 증대시킨다. 그것을 공유하는 사람이 많을수록, 그것의 영향으로 해를 입는 사람들이 많아진다. 여론은 우연하게 올바른 경우라고 하더라도, 지속해서 이루어지는 조사와 보고의 방법에 따른 산물이 아닐 때에는 때때로 중단된다. 그것은 위기에만 나타난다. 따라서 그 "올바름"은 즉각적인 위기에만 관계한다. 여론이 지속성을 결여하고 있다는 것은 사건의 경과라는 측면에서 보았을 때 그 여론을 잘못된 것으로 만든다. 이것은 마치 의사가 순간적으로 질병의 위기상황에 대처할 수 있지만, 질병을 발생시킨 근본적인 조건에 대해서는 그 처방을 적용할 수 없는 것과 같다. 그는 아마도 질병을 "치료"할 것이다. 즉, 당장 급박한 증상을 가라앉힐 것이다. 그러나 그 원인을 변경시키지는 못할 것이다. 그의 처방은 그 원인을 악화시킬 수도 있다. 지속적이라는 의미에서뿐 아니라 연결되어 있다는 의미에서 연속적인 탐구만이 공적인 문제에 관한 지속적인 의견의 소재를 제공할 수 있다.

어떤 의미에서는 가장 호의적인 환경하에서도, 지식보다는 "의견"이 사용하기에 적합한 용어가 되는 경우, 즉 의견이 판단과 평가의 의미가 있는 경우가 존재한다. 왜냐하면, 엄밀한 의미에서 지식은 발생한 것과 행해진 것만을 지칭할 수가 있기 때문이다. 앞으로 이루어져야 할 일은 여전히 우연적인 미래에 대한 예측을 포함하며 모든 개연적인 예측에 포함된 판단상의 실수의 가능성에서 벗어날 수가 없다. 따라서 같은 사실에 대한 지식으로부터 계획이 세워졌을 때에도 추구해야 할 정책에 대해서는 정당한 일탈이 있을 수가 있다. 그러나 진정으로 공적인 정책은 지식에 의해서 공지되지 않는 한 만들어질 수가 없고, 그 지식은 체계적이고, 철저하고, 잘 준비된 탐구와 기록이 없다면 존재할 수가 없다.

더욱이 탐구는 가능한 한 동시대에 가까운 것이어야 한다. 그렇지 않으면 탐구는 골동품 애호가의 관심이나 마찬가지가 된다. 역사에 관한 지식이 지식의 연계성을 위해 필수적이라는 것은 분명하다. 그러나 실제 사건 현장에 가까이 내려오지 않은 역사는 간격을 남기게 되고, 사건에 개입하는 것에 관한 억측에 의해서만 공적인 관심에 관한 판단을 형성하는 데 영향을 미치게 된다. 여기에서 현존하는 사회과학의 한계가 너무나도 분명하게 드러난다. 사회과학의 자료들은 당면한 공적인 관심사 및 그와 관련하여 무엇을 해야 하느냐에 관한 여론의 형성에 효과적으로 개입하기에는 너무 늦게, 그리고 사건과는 너무 동떨어져서 제출된다.

상황을 한 번 보는 것으로, 이 세상에서 일어나고 있는 일에 관한 정보를 수집하는 물리적이고 외적인 수단이 그 결과에 관한 탐구와 조직의 지적인 국면을 훨씬 앞지르고 있다는 사실을 알 수 있다. 저렴한 가격에 자료를 신속하게 배가시킬 수 있는 전신, 전화, 요즘의 라디오, 보통우편과 빠른우편, 인쇄기 등은 괄목할 만한 발전을 이루었다. 그러나 우리가 어떤 종류의 자료가 기록되고 그것이 어떻게 조직되는지 물을 때, 그 자료가 제시되는 지적인 형태에 관해 물을 때, 언급되는 이야기는 매우 다르다. "뉴스"는 방금 일어난 일, 그리고 낡고 규칙적인 것에서 벗어났다는 이유만으로 새로운 어떤 것을 의미한다. 그러나 그 '의미'는 그것의 취지, 즉 그것의 사회적 결과에 대한 관련성에 의존하고 있다. 뉴스의 취지는 새로운 것이 낡은 것과의 관련 속에 있지 않는 한, 즉 발생해서 사건의 경과 속으로 통합되어 들어간 것과의 관련 속에 있지 않는 한 결정될 수가 없다. 조정과 연속성이 없다면, 사건은 사건이 아니라 단순한 발생이나 침입intrusion이다. 사건은 거기서 일들이 진행되어 나오는 어떤 것을 함축한다. 따라서 비록 우리가 억압, 비밀, 허위진술을 초래하는 사적인 관심의 영향을 고려하지 않는다고 하더라도, 여기서 우리는 뉴스로 통용되는 것의 상당수가 사소함과 "선정적인" 성질이 있다는 것을 설명할 수 있다. 말하자면, 파국적인 범죄, 사고, 가족 간의 다툼, 개인적인 충돌과 갈등 등이 연속성을 깨뜨리는 가장 명백한 형태들이다. 그런 일들은 센세이션의 가장 엄밀한 의미인 충격의 요소를 제공한다. 신문의 날짜만이 그런 일들이 작년에 일어났는지 올해 일어났는지를 알려줄 수 있다고 하더라도 그런 일들은 특별히 '새로운' 것이며[11] 따라서 연관성에서 완전하게 고립된다.

우리는 사회적 변화를 이런 식으로 수집하고, 기록하고, 표현하는 방법에 익숙해져 있기 때문에, 학문적인 책과 논문은 탐구의 도구를 제공하고 다듬지만, 참된 사회과학은 매일매일의 신문을 통해서 그 실재를 드러내야 한다고 말하는 것은 아주 우습게 들릴 것이다. 그러나 유일하게 지식을 공적인 판단의 전제조건으로 제공할 수 있는 탐구는 동시대적이며 매일같이 일어나는 일이어야 한다. 비록 전문적인 탐구도구로서의 사회과학이 지금보다 더 발전한다 하더라도, 그것은 일상적이고 쉼 없는 "뉴스"의 모음과 해석 속에서 적용되는 것에서 멀리 떨어져 있는 한, 공중의 관심사에 관한 여론을 인도하는 일에서 상대적으로 무력한 것이 될 것이다. 다른 한편으로, 사회적 탐구의 도구는 동시적인 사건에서 멀리 떨어진 장소나 조건에서 만들어지는 한 그것은 매우 서툰 것이 될

---

[11] [역주] 듀이는 여기서 반어법을 사용하고 있는 것으로 보인다. 뉴스란 새로운 것인데, 여기서 말하는 것들은 날짜만 다르지 새로울 것이 없기 때문에 사회적 결과와의 연관성에서 고립된 사건들이다.

것이다.

  공공성에 관한 관념과 판단의 형성에 관해서 지금까지 말해 온 것은 지식을 공적 영역 구성원들의 효과적인 소유물로 만들어 주는 지식의 배포에도 적용된다. 문제의 두 측면을 분리하는 것은 인위적이다. 그렇지만 선전과 선전활동에 대한 논의만으로 또 한 권의 책이 필요할 것이고, 지금 글을 쓰고 있는 사람보다는 더 많은 경험을 한 사람만이 그 책을 쓸 수 있을 것이다. 선전은 그래서 오늘날의 상황이 역사상 전례가 없는 상황이라는 비평과 관련해서만 언급될 수 있다. 민주주의의 정치 형태와 사회적 문제에 관한 유사-민주주의적 사고 습관은 어느 정도의 공적인 논의, 최소한 정치적 결정에 도달하는 데 있어서 일반적인 협의에 관한 모의시험을 하도록 강제한다. 대의정부는 공적인 이해가 공적인 신념에 나타날 때, 최소한 그런 공적인 이해에 토대를 두고 있는 것으로 보여야 한다. 피통치자들의 소망을 확인하는 척하지 않으면서 정부가 운영될 수 있는 시절은 지나갔다. 이론상 피통치자의 동의가 확보되어야 한다. 낡은 형식하에서는 정치적 문제에 관한 여론의 원천을 흐리게 할 필요가 없었다. 어떤 에너지의 흐름도 거기서 흘러나오지 않았다. 오늘날 정치적인 문제들과 관련하여 대중적으로 형성된 판단들은 매우 중요해서 모든 반대 요인들에도 그 판단의 형성에 영향을 미치는 모든 방법은 엄청난 프리미엄을 갖게 된다.

  정치적 행동을 통제하는 가장 부드러운 방법은 의견의 통제이다. 금전적 이윤의 관심이 강력한 한, 그리고 공중이 자기 자신을 위치시키고 확인하지 못하는 한, 그런 관심이 있는 사람은 자신에게 영향을 미치는 모든 정치적 행위의 원천에 주저 없이 간섭하려는 마음을 갖게 될 것이다. 산업과 교환 행위에서 일반적으로 기술적 요소들이 "사업"에 의해서 모호해지고, 빗나가고, 좌절되듯이, 공지성을 다루는 일에서도 마찬가지 일이 벌어진다. 공적인 취지가 있는 주제를 모으고 판매하는 것은 현존하는 금전적인 시스템 일부이다. 사실적이며 기술적인 토대 위에서 엔지니어에 의해 이루어지는 산업이 실제 모습과 매우 다른 것처럼, 뉴스를 모으고 보고하는 것도 기자의 참된 관심이 자유롭게 작동하도록 허용된다면 매우 다른 일이 될 것이다.

## 예술로서의 의사소통

이 문제의 한 측면은 특히 유포 쪽에 관계가 되어 있다. 탐구를 자유롭게 하고 완전하게 하는 것은 어떤 특별한 효과도 없을 것이라는 말이 진리라는 대단한 외양을 입고 언급되는 경우가 많다. 왜냐하면, 독자 대중은 정확한 탐구의 결과를 학습하고 흡수하는 데에는 관심이 없다고 주장되기 때문이다. 탐구의 결과가 읽히지 않는다면, 그것들은 공적 영역 구성원들의 사고와 행위에 심각하게 영향을 미칠 수가 없다. 그것은 고립된 도서관 구석 자리에 남아있게 될 것이며, 소수의 지식인에 의해서만 탐구되고 이해될 것이다. 이런 반대는 예술art의 잠재력이 고려되지 않을 때만 받아들여질 수 있다. 전문적인 지식인의 표현은 전문적인 지식인에게만 호소력이 있을 것이다. 그것은 대중에게는 뉴스가 되지 못할 것이다. 표현은 근본적으로 중요하며, 표현은 예술의 문제이다. 사회학이나 정치학 계간지의 일간 편집본인 신문이 제한된 탈행 부수와 협소한 영향을 주게 될 것이라는 점은 두말할 나위가 없다. 그렇지만 그런 때에도, 그런 자료가 존재한다는 것 자체와 접근 가능하다는 것은 어떤 규제적인 효과를 보게 될 것이다. 그러나 우리는 그보다 더 멀리 내다볼 수 있다. 그런 자료는 거대하고 폭넓은 인간적인 함의를 갖게 될 것이고,

그런 것이 존재한다는 것 자체가 직접적인 대중적 호소력을 갖는, 그것의 표현에 대한 저항할 수 없는 매력이 될 것이다. 바꾸어 말해서, 문학적 표현에서 예술가를 자유롭게 하는 것이 공적인 문제에 관한 적합한 의견을 바람직하게 만들어내는 전제조건이듯이, 사회적 탐구를 자유롭게 하는 것도 마찬가지이다. 의견과 판단에 관한 인간의 의식적인 삶은 종종 피상적이고 사소한 수준에서 진행된다. 그러나 삶은 더 심층적인 수준에 도달한다. 예술의 기능은 언제나 관습화되고 틀에 박힌 의식의 외피를 뚫고 나가는 것이었다. 꽃, 어스름한 달빛, 새의 지저귐과 같이 희귀하거나 동떨어져 있지 않은 공통적인 것들은 삶의 더 심층적인 수준을 건드려 그것이 욕망과 사고로 튀어 오르도록 하는 수단이다. 이런 과정이 예술이다. 시, 드라마, 소설 등은 표현의 문제가 해결 불가능한 것이 아니라는 것을 보여주는 증거이다. 예술가들은 언제나 뉴스의 진정한 조달자였다. 왜냐하면, 뉴스는 새로운 외적인 해프닝 자체가 아니라, 감정, 지각, 평가를 점화시키는 것이기 때문이다.

우리는 거대사회가 거대 공동체가 되기 위해 충족되어야 할 조건들을 단지 가볍게 지나가면서 다루었다. 거대 공동체란 끊임없이 확장되고, 복잡하게 분화되어 가는 연합된 행위의 결과가 그 말의 충분한 의미에서 알려져야 하는 사회이며, 결과가 그렇게 알려짐으로써 그 사회 속에서는 조직되고 분절된 공중이 존재하게 된다. 가장 수준 높고 가장 어려운 종류의 탐구와 미묘하고, 섬세하며, 생생하고, 감응하기 쉬운 의사소통의 예술은 물리적인 전송과 유포 기관을 가져야 하며, 거기에 숨을 불어 넣어야 한다. 기계 시대가 그 기관을 완성하게 될 때, 그것은 전제적인 주인이 아니라 삶의 수단이 될 것이다. 민주주의는 본래의 특성을 발휘하게 될 것이다. 왜냐하면, 민주주의는 자유롭고 풍부한 친교의 삶에 대한 이름이기 때문이다. 민주주의를 이렇게 바라본 선구자는 월트 휘트먼[12]이었다. 자유로운 사회적 탐구가 풍부하고 감동적인 의사소통의 예술과 불가분하게 결합할 때 민주주의는 정점에 도달할 것이다.

---

[12] [역주] Walt Whitman, 1819~1892, 미국의 시인, 저널리스트, 수필가. 그의 시집 『풀잎』은 에머슨의 극찬을 받았고, 남북전쟁 시기에는 『북소리』라는 시집을 냈다. 『민주주의의 전망』이라는 산문집을 통해 그는 문학과 예술만이 진정으로 민주주의를 낳을 수 있다는 신념을 피력했다.

## 06  방법의 문제

    대부분의 사람 혹은 다수의 사람에게 공공성이 어둠에서 나와서 자신의 모습을 드러낼 수 있는 조건으로서 언급되어 온 것은 민주적인 공중의 이념을 실현시킬 가능성을 부정하는 것처럼 보일 것이다. 어떤 사람은 불과 몇 세기 전 자연과학의 부흥이 직면했던 엄청난 장애물을 희망이 전적으로 절망적이거나 신념이 전적으로 맹목적일 필요는 없다는 것의 증거로 지적할지도 모른다. 그러나 우리가 관심을 두는 것은 예언이 아니라 분석이다. 만일 문제가 명료화된다면, 즉 해결되지 않은 공공성의 문제가 공공성 자체를 발견하고 확인하는 것임을 우리가 깨닫는다면, 그리고 암중모색의 방식일지라도 문제를 해결할 수 있는 조건을 이해하는 데 성공한다면, 그런 분석은 우리의 현재 의도에 충분할 것이다. 우리는 방법, 즉 해결 방법이 아니라 그런 방법의 지적인 선행 조건에 대해서 몇 가지 함의와 결과를 제안하는 것으로 결론을 지을 것이다.

### 방법의 장애물로서의
### 개인적인 것과 사회적인 것의 반정립

    사회적 문제에 관해 유의미한 논의를 하고자 하는 준비는, 특정한 장애물, 즉 사회탐구 방법이라는 오늘날의 개념에 들어 있는 장애물이 극복되어야 한다는 것이다. 통로에 놓여 있는 장애물 중 하나는 뿌리 깊어 보이는 다음과 같은 생각이다. 즉 해결되어야 할 최초이자 최후의 문제는 개인과 사회의 관계라는 것이다.[1] 혹은 해결되지 않은 문제는 개인과 집단의 상대적인 장점 또는 양자 사이의 어떤 타협이 가진 상대적인 장점을 규정하는 것이라는 것이다. 사실상, 개인적이라는 것과 사회적이라는 두 단어는 매우 모호하며, 이런 모호함은 우리가 양자를 대립되는 것으로 생각하는 한 절대 사라지지 않을 것이다.

### 개인적인 것의 의미

대강의 의미로는 단일한 것으로서 움직이고 행위하는 것이면 어떤 것이든 그것을 개체라고 한다. 왜냐하면, 상식적으로 특정한 공간적 분리가 이런 개체성의 표지이기 때문이다. 어떤 것은 그것이 돌이든, 나무든, 분자든, 물방울이든, 혹은 인간이든 다른 것에서 독립해서 하나의 단위로서 서 있거나, 누워 있거나, 움직일 때 하나이다. 그러나 아무리 저속

---

[1] [역주] 듀이의 관점에서 보면 개인의 마음을 다른 모든 것에서 고립된 것으로 생각하는 개인주의적인 관점이 철학적으로나 실천적으로 문제를 만들어내고 있다. 개인과 세계 사이에 어떠한 인식론적 관계가 성립하는가 하는 문제와, 개인적인 인식이 사회적인 이익을 위해 작용하는 것이 어떻게 가능한가 하는 실천적인 물음이 그것이다. 이런 문제를 해결하고자 제시하는 철학은 개성의 자유와 타인에 의한 통제 사이에 나타나는 분열을 전제한다. 듀이는 "진보적인 사회는 개인의 특이성을 사회가 성장하는 수단으로 삼기 때문에 그것을 매우 소중하게 생각한다"(존 듀이, 『민주주의와 교육/철학의 개조』, 김성숙, 이귀학 옮김, 동서문화사, 2008, 326쪽)라고 말한다. 개인의 개성을 사회의 목표와 관련시켜 발현하게 하는 것이 아마도 가장 중요한 문제라고 할 수 있을 것이다.

한 상식이라고 하더라도 즉시 특정한 자격을 끌어들인다. 나무는 땅 속에 뿌리박고 있을 때에만 서 있고, 태양, 공기, 물 등과의 연결 양식에 따라서 살거나 죽는다. 그렇다면 나무 역시 상호작용하는 부분들의 집합이라고 할 수 있다. 이 나무는 그 세포들보다 더 단일한 전체라고 할 수 있을까? 돌은 겉보기에는 혼자서 움직인다. 그러나 그것은 다른 어떤 것에 의해서 움직이는 것이며, 돌이 날아가는 경로는 최초의 추진력뿐 아니라 바람과 중력에도 의존한다. 망치로 때리면 하나의 돌이었던 것이 한 무더기의 먼지 조각이 된다. 화학자는 그런 먼지 가루로 작업을 하고, 그것은 곧 분자, 원자, 전자로 사라진다. 그 후에는 어떻게 되는가? 이제 우리는 홀로 있지만 외롭지는 않은 개체에 도달한 것일까? 혹은 우리가 출발했던 돌과 마찬가지로 하나의 전자는 그 개별적이고 단일한 행위 양식을 위해 그 연관성에 의존하는 것인가? 그것의 행위는 더 포괄적이며 상호작용하는 어떤 장면의 한 가지 기능인가?

다른 관점에서 보면, 우리는 단일한 것으로 행위하고 움직이는 것으로서 개체의 근사 개념을 꾸며야 한다. 우리는 그것의 연관성과 속박뿐 아니라 그 행위와 움직임의 귀결도 고려해야 한다. 우리는 특정한 의도에서, 특정한 결과를 위해, 저 나무가 개체라고, 혹은 또 다른 의도에서 세포가 개체라고, 또 제3의 의도에서 숲이나 풍경이 개체라고 말하지 않을 수 없다. 책, 책의 한 페이지, 책의 한 장, 혹은 문단, 혹은 인쇄기의 전각이 개체인가? 책에 개체적인 통일성을 부여하는 것은 책의 제본인가 아니면 거기에 담겨 있는 사고인가? 아니면 이 모든 것은 특정 상황과 관련된 결과에 따라 개체를 한정하는 한정자인가? 우리가 이 모든 물음을 쓸데없는 트집으로 치부하면서 상식에 의존하지 않는다면, 우리는 과거와 현재의 연관성뿐 아니라 만들어진 차이를 고려하지 않고서는 개체를 규정할 수가 없을 것으로 보인다. 그렇다면 그것이 그밖의 다른 무엇이든 간에 하나의 개체는 우리가 상상하고 싶어 하듯이 단지 공간적으로 분리된 것은 아니다.

이런 논의가 특별히 높거나 깊은 수준에서 진행되는 것은 아니다. 그러나 이런 논의는 최소한 분리를 통해 작동하는 개체의 정의에 대해 경계하는 태도를 갖게 한다. 다른 모든 것과 독립되어 있는, 자기 폐쇄적인 행위 방식이 아니라 다른 구별되는 행위 방식과 결합되고 연결된 독특한 행위 방식이 우리가 말하고자 하는 것이다. 모든 인간은 어떤 측면에서 자기 자신의 삶을 살아가는 다수의 세포로 구성되어 있는 연합[2]이다. 그리고 각각의 세포의 행위가 그것들이 상호작용하는 것에 의해 조건지어지고 방향지어지는 것과 마찬가지로, 우리가 특히 개인이라고 생각하는 인간도 다른 개인과의 연합에 의해 움직이고 규제된다. 그가 행하는 것, 그의 행위의 결과, 그의 경험이 구성하는 것은 고립적으로 서술될 수 없으며, 더욱이 그런 식으로는 설명될 수 없다.

그러나 우리가 이미 주목한 바와 같이, 연합된 행의가 보편적인 법칙인 반면, 연합이라는 사실 그 자체가 사회를 만드는 것은 아니다. 우리가 이미 살펴본 것처럼, 이것은 결합된 행위의 결과에 대한 지각과 그런 결과를 생산해 내는 데 있어서 각각의 요소가 가진 독특한 몫을 지각할

---

[2] [역주] 듀이가 여기서 연합을 강조하는 이유는 이것이 '순수한 앎'을 자기-충족적인 것으로 간주했던 전통적인 형이상학적 사유와 대척점을 이루는 개념이기 때문이다. 듀이는 다른 곳에서 다음과 같이 말한다. "욕구와 욕망이 있는 곳 – 모든 실제적 지식과 행동의 경우에서처럼 – 에는 불완전함과 불충분함이 존재한다. 시민적이거나 정치적인 지식 그리고 도덕적인 지식이 장인의 개념보다 상위에 놓이기는 하지만, 본질적으로 그것들은 저급하고 참되지 않은 유형의 지식이다. 도덕적이고 정치적인 행위는 실제적이다. 즉, 그것은 욕구와 그것을 충족시키고자 하는 노력을 함축한다. 그것은 자기 자신을 넘어선 목표가 있다. 더욱이 연합(association)이라는 사실 자체가 자기-충족성의 결여를 나타낸다. 그것은 타자에 대한 의존을 보여준다. 순수한 앎은 홀로 고독한 것이며, 완전하고, 자기-충족적인 독립성 속에서만 수행될 수 있는 것이다."(존 듀이, 『철학의 재구성』, 이유선 역, 아카넷, 2010, 147쪽)

것을 요구한다. 그런 지각은 공통의 관심을 창조해 낸다. 여기서 말하는 관심은 결합된 행위와 구성원 각자의 그것에 대한 기여에서 각자의 부분에 대한 관심을 일컫는다. 그래서 단지 연합적이지 않은, 진정으로 사회적인 어떤 것이 존재한다. 그러나 사회가 자신의 구성요소들과는 대립적인 것으로 스스로를 정립하기 위해서 그것들의 특성을 제거한다고 가정하는 것은 불합리하다. 사회는 오직 그 구성요소들 및 그와 유사한 것들이 어떤 '다른' 결합을 통해 보여주는 특징들에 대립해서 스스로를 정립할 수 있을 뿐이다. 물 속에 있는 산소 분자는 그것이 다른 화합물 안에 있을 때와는 어떤 측면에서 다르게 활동할 것이다. 그러나 물의 구성성분으로서 그것은 물이 물인 한에 있어서 물이 그렇게 하듯이 활동한다. 여기서 이루어질 수 있는 유일한 지적인 구분은 상이한 관계 속에서 일어나는 산소의 활동에 대한 구분 및 다른 조건에 대한 그것의 관계 속에서 이루어지는 물의 활동에 대한 구분인 것이지, 물의 활동과 물속에서 수소와 결합된 산소의 활동 간의 구분이 아니다.

결혼한 한 남자는 독신일 때의 그 자신과의 연관 속에서 혹은 다른 어떤 연합, 예컨대 어떤 클럽의 구성원으로서의 그 자신과의 연관 속에서 구분된다. 그는 새로운 힘, 책임의 면제, 새로운 책임을 가지고 있다. 그는 그가 다른 연관 속에서 행동할 때의 '그 자신'과 대조될 수 있다. 그는 혼인관계에서의 독특한 역할에서 그의 아내와 비교되거나 대조될 수 있다. 그러나 그런 결합을 이루는 구성원으로서 그는 그가 속한 그 결합에 반정립적인 존재로 다루어질 수는 없다. 그 결합의 구성원으로서 그의 특징과 행위는 분명히 그가 그 결합을 통해서 소유하게 된 것이며, 통합된 연합의 특징과 행위는 결합에서의 그의 지위를 통해서 존재하게 되는 것이다. 우리가 이런 사실을 파악하는 데 실패하는 이유, 혹은 그런 사실에 대한 언명으로 혼란스러워 하는 이유는 우리가 하나의 연관 속에 있는 인간에서 다른 연관 속에 있는 인간으로, 즉 남편이 아닌 사업가, 과학자, 교회-구성원, 시민으로 너무 쉽게 넘어가기 때문이다. 후자의 연관 속에서 그의 행위와 그 결과들은 혼인에 기인한 것들과는 명백하게 다르다.

사실과 그것의 해석에 대한 오늘날의 혼동을 보여주는 좋은 예는 유한책임 주식회사로 알려진 연합의 경우에서 찾아볼 수 있다. 이 회사 자체는 그 구성원이 다른 연관 속에서 갖는 것과는 전혀 다른 힘, 권리, 의무, 책임의 면제 등이 있는 통합된 집합적 행위 양식이다. 그 회사의 상이한 구성요소들은 다양한 지위를 가진다. 예를 들어 주주는 특정한 문제에서 임원이나 이사와 구별되는 지위를 가진다. 만일 우리가 이런 사실을 늘 염두에 두지 않으면, 종종 일어나는 일이지만 인위적인 문제를 만들어내기 쉽다. 개인들이 회사 내의 연관들 바깥에 있는 많은 관계 속에서 할 수 없는 것을 회사는 할 수 있기 때문에, 회사의 집합적 결합과 개인들의 결합 관계에 관한 문제가 제기된다. 회사의 구성원으로서의 개인은 그가 회사의 구성원이 아니었다면 전혀 다른 사람일 것이며, 그가 다른 형태의 결합 행위 속에서 가지게 될 특징과 회사의 구성원으로서 갖게 되는 특징 및 권리와 의무가 전혀 다를 것이라는 점이 [흔히] 망각된다. 그러나 회사가 하는 일은 각각의 협력적인 역할 속에서 개인이 정당하게 하는 일이며, 그 역도 마찬가지다. 집합적인 통일체는 분배적이거나 집합적으로 여겨질 수 있다. 집합적인 것으로 볼 때 그것은 그 각각의 구성요소의 결합이며, 분배적으로 볼 때 그것은 집합체의 분배이자 집합체 내에서의 분배이다. 분배적인 측면과 집합적인 측면을 반정립의 관계로 대립시키는 것은 잘못이다. 개인은 자신이 그 한 부분으로 있는 연합에 대해 대립적인 것이 될 수 없고, 연합은 그 통합된 구성원들에 대한 반정립으로 설정될 수 없다.

## 대립은 어디에 존재하는가?

그러나 집단은 서로 대립할 수 있고, 개인도 서로에 대해 적대적일 수 있다. 그리고 다른 집단의 구성원으로서의 개인은 그 자신 안에서 구분될 수 있으며, 참된 의미에서 갈등하는 자아를 갖거나 아니면 상대적으로 통합되지 않은 개인일 수가 있다. 한 사람은 교회 구성원일 때와 사업 공동체의 구성원일 때가 서로 다르다. 이 차이는 배의 방수 구획실처럼 나타날 수도 있고, 아니면 내적인 갈등을 포함하는 것과 같은 구획이 될 수도 있다. 이런 사실들에서 우리는 사회와 개인 사이에 설정된 공통적인 반정립의 근거를 발견하게 된다. 여기서 "사회"는 비현실적인 추상이 되며, "개인"도 역시 마찬가지다. 한 개인은 이러저러한 집단으로부터 분리될 수 있기 때문에, 즉 그는 결혼할 필요가 없거나 교회 구성원이나 유권자가 될 필요가 없으며, 어떤 클럽이나 과학자 조직에 속할 필요가 없으므로, 어떤 연합의 공동체도 아닌 잉여적인 개인의 이미지가 마음속에 떠오르게 된다. 이런 전제에서 그리고 이런 전제에서만, 개인이 어떻게 사회와 집단 속에서 결합하는가 하는 비현실적인 물음이 전개되어 나오는 것이다. 이렇게 되면 개인과 사회는 이제 서로 대립하게 되며, 양자를 어떻게 "화해시킬" 것인가 하는 문제가 발생한다. 반면, 진정한 문제는 집단과 개인을 서로 조정시키는 문제이다.

우리가 이미 다른 연관 하에 주목한 대로, 이 비현실적인 문제는 급속한 사회 변화의 시기에는 매우 첨예한 것이 된다. 이 시기에는 특정한 욕구와 힘이 있는 새롭게 형성되는 산업 집단이 낡은 정치 제도와 제도에 기반을 둔 요구와 갈등관계에 놓이게 된다. 그렇게 되면 현실적인 문제가 연합된 행위 속에서 인간을 결합시키는 방식과 형태들을 재구성한 것 가운데 하나라는 사실을 쉽사리 망각하게 된다. 이런 장면은 사회에서 스스로를 해방하려는 개인, 그리고 자신의 본래의 혹은 '자연적인' 냉정하고 자족적인 권리를 주장하는 개인의 투쟁 자체로 등장한다. 새로운 경제적 연합의 형식이 강하게 성장해서 다른 집단에 대해 과도하고 억압적인 힘을 행사할 때에도, 낡은 오류는 지속한다. 이제 문제는 개인들 자체를 하나의 집합으로서 사회의 통제하에 두어야 하는가의 문제로 받아들여진다. 그러나 여전히 이 문제는 사회적 관계를 재조정하는 문제로서, 혹은 분배적인 측면에서 볼 때, 모든 집단의 모든 개별 구성원의 힘을 더 평등하게 해방하는 문제로 설정되어야 한다.

그래서 우리의 여행은 그것을 출발시켰던 애초의 관심사, 즉 방법이라는 주제로 되돌아오게 되었다. 사회적 문제에 관한 논의가 상대적으로 빈곤한 이유는 개인주의와 집합주의의 관계라는 가짜 문제에 너무 많은 지적인 에너지가 투입되었기 때문이며, 전반적으로 이런 반정립의 이미지가 수많은 구체적인 물음에 영향을 미쳤기 때문이다. 거기서 사유는 유일하게 생산적인 물음, 즉 사실적인 주제에 관한 탐구에서 벗어나게 되었으며, 그리하여 개념에 관한 논의가 되어버렸다. 경험적 사실에 관해 단지 포괄적인 설명만을 제시하는 권위의 개념과 자유 개념의 관계, 사회적 의무에 대한 개인적 권리의 관계에 관한 '문제'는 주어진 조건하에서 구체적인 자유와 권위를 특정하게 배분하는 것의 결과에 대한 탐구로, 그리고 어떻게 배분을 변경하는 것이 더 바람직한 결과를 낳을 것인지에 대한 탐구로 대체되어야 한다.

공공성이라는 주제와 관련해서 우리가 앞서 살펴본 대로, 어떤 교류가 자발적으로 주도되고 합의되어야 하는지, 무엇이 공공성의 규제 하에 놓여야 하는지에 관한 문제는 면밀한 관찰과 반성적인 탐구를 통해서만 알 수 있는 시간, 장소, 구체적인 조건에 관한 문제이다. 왜냐하면, 그 문제는 결과를 고려해야 하는 문제이기 때문이다. 그리고 그 결과들의 특징과 그것을 받아들이고 그것에 대해 어떤 행동을 취할 수 있는 우리의 능력은 어떤 산업적이고 지적인 행위가 작동하느냐에 따라서 다양하게 변할 수 있기 때문이다. 어떤 한 시점에 요구된 해결책, 혹은 분배적 조정은 다른 상황에서는 전혀 들어맞지 않을 것이다. 사회의 '진화'가 집합주의에서 개인주의로 진행되었다거나 혹은 그 역이라고 하는 것은 순전한 미신이다.[3] 사회의 진화는 한편에서는 사회적 통합의 지속적인 재분배, 그리고 다른 한편에서는 개인의 능력과 에너지의 지속적인 재분배를 통해 이루어졌다. 개인들은 제도화되고 지배적인 것이 된 어떤 연합의 형태 속에 자신들의 잠재력이 흡수됨으로써 스스로 속박당하고 쇠약해졌다고 생각한다. 그들은 아마도 자신들이 순수하게 개인적인 자유를 소리 높여 요구하고 있다고 생각할지도 모른다. 그러나 그들이 하는 일은 다른 연합 속에서 공유하게 될 더 큰 자유를 존재하게 함으로써 더 많은 개인의 잠재력이 해방되고, 그들의 개인적인 경험이 풍부하게 되게끔 하는 것이다. 일반적으로 '사회'가 개인성을 지배하는 것에 의해서가 아니라, 어떤 형태의 연합, 즉 가족, 씨족, 교회, 경제적 제도 등이 다른 현실적이고 가능한 형태를 지배함으로써 삶이 곤궁해지게 되었다.

---

[3] [역주] 듀이의 이런 언급은 미국 철학계에서 벌어졌던 자유주의 대 공동체주의 논쟁이 사실상 공허한 논쟁이라는 로티의 생각을 뒷받침해 주는 것으로 보인다. 로티는 공동체주의자들이 개인주의를 자유주의의 특징으로 보고 있는 것이 이해할 수 없는 일이라고 말한다. "듀이와 마찬가지로, 크롤리는 19세기 미국의 개인주의적인 레토릭을 사람들이 더 이상 사용하지 말 것을 주장했다. 그런 레토릭은 우리 세기에 있어서 미국 우익의 주된 버팀목이었으며, 지금은 소위 공동체주의자들에 의해서, 이해할 수 없게도 자유주의의 특징인 것처럼 여겨지고 있다."(Richard Rorty, *Achieving Our Country – Leftist Thought in Twentieth-Century America*, Havard University Press, Cambridge, Massachusetts, London, England, 1998, p. 48) 개인과 사회가 처음부터 분리된 것으로 생각되어서는 안 된다는 듀이의 관점을 받아들인다면 개인주의적 자유주의의 개념을 설정하고 그것이 공동체적 가치와 어떻게 연결되는가를 묻는 자유주의 대 공동체주의 논쟁은 추상적인 개념적 논쟁이라고 할 수 있을 것이다.

다른 한편으로 개인에 대한 '사회적 통제'를 수행하는 문제는 사실은 많은 수의 개인이 더 충만하고 심도 있는 경험을 할 수 있게끔 어떤 개인들의 행위와 결과를 규제하는 문제이다. 두 목적은 그 작동방식과 결과의 현실적 조건에 대한 지식에 의해서 지적으로 성취될 수 있기 때문에, 공적인 문제에서 고려되는 사회적 사고의 주된 적이란 많은 지적인 에너지를 소비하는 채널, 즉 아주 부적절하기 때문에 비생산적이고 무능력한 채널이라고 확실하게 말할 수 있을 것이다.

## 절대주의 논리의 의미

방법과 관련하여 두 번째 요지는 [첫 번째 요지와] 매우 밀접하게 연관되어 있다. 정치이론은 일반적으로 철학의 절대주의적인 특징을 공유해 왔다. 이것은 절대자에 관한 철학 이상의 어떤 것을 의미한다. 심지어 공공연한 경험론 철학들조차 특정한 궁극성과 영원성이 특성상 비역사적이라고 말함으로써 자신들의 이론 속에서 그런 것들을 전제하고 있다. 그것들은 자신들의 주제를 연관 관계에서 고립시켰는데, 고립된 주제는 연관성이 떨어지는 만큼 적합하지 않은 것이 된다. 인간의 본성을 다루는 사회이론에서는 고정되고 표준화된 특정 '개인'이 가정되고 있고, 그의 추정된 특징에서 사회 현상이 유추될 수 있었다. 그래서 밀은 도덕 및 사회과학의 논리에 관한 논의에서 다음과 같이 말하고 있다. "사회 현상에 관한 법칙들은 사회적인 상태에서 서로 결합한 인간 존재의 행위와 열정에 관한 법칙이며, 그 외의 것일 수 없다. 그러나 사회 상태에서의 인간은 여전히 인간이다. 그들의 행위와 열정은 '개인적인' 인간 본성의 법칙에 순종한다."[4] 분명히 이러한 언명에서 무시되고 있는 것은 개별적인 인간의 '행위와 열정'이 그들의 신념과 의도를 포함해서 구체적으로 바로 그런 것이 될 수 있는 이유는 그들이 그 안에서 살고 있는 사회적 매체 때문이라는 점이다. 즉 그것들은 순응적이건 저항적이건 간에 전파된 동시대의 문화에 의해서 영향을 받고 있다는 것이다. 어디서나 일반적이고 동일한 것은 기껏해야 인간의 유기적 구조, 즉 인간의 생물학적 구성이다. 이런 사실을 고려하는 것이 분명히 중요하긴 하지만, 거기서 인간 연합의 독특한 특징 중 그 어느 것도 도출해 낼 수 없다는 점도 매우 명백하다. 따라서 밀이 형이상학적 절대자를 혐오했음에도, 그의 주된 사회적 개념은 논리상 절대주의적이다. 규범적이며, 규제적인 특정한 사회적 법칙은 모든 시기와 적절한 사회적 삶의 모든 환경 하에서 존재하는 것으로 가정되었다.

### '진화' 교설을 통한 예시

진화에 관한 교설은 방법에 대한 이런 생각을 피상적으로만 변경시켰다. 왜냐하면 '진화' 자체가 종종 비-역사적인 것으로 이해되었기 때문이다. 즉, 사회가 발전해 나가면서 거치게 되는 미리 예정된 고정된 단계가 있는 것처럼 가정되었다. 당시의 물리학에서 빌려 온 개념의 영향으로, 사회과학의 가능성 자체가 고정된 일양성 uniformity의 결정에 따라서 성립하거나 무너지게 되는 것으로 여겨졌다. 오늘날 그런 모든 논리는 자유로운 실험적 사회탐구에 치명적이다. 물론 경험적 사실에 관한 탐구가 착수되긴 했지만, 그 결과는 이미 만들어진 간접적인 규정에 들어맞

---

[4] J. S. Mill, Logic, Book VI, ch. 7, sec. 1. 강조는 필자.

는 것이어야 했다. 한결같은 물리적인 사실과 법칙이 지각되고 사용될 때, 사회적 변화는 일어난다. 현상과 법칙은 변하지 않지만, 거기에 기초를 둔 발명은 인간의 상황을 변경시킨다. 왜냐하면, 삶에 대한 그것들의 영향력을 규제하려는 노력이 즉각 생기게 되기 때문이다. 말라리아의 발견은 지적인 측면에서 볼 때, 그 존재원인을 변경시키지는 않는다. 그러나 늪의 물을 빼거나 늪에 기름 막을 만들고 다른 예방 조치를 취함으로써 말라리아를 발생시키는 사실을 변경시키게 된다. 팽창과 불황의 경제 순환의 법칙을 이해한다면, 그런 진동을 제거하지는 못하겠지만, 경감시킬 수 있는 수단을 찾아 나설 수 있을 것이다. 사회의 기관들이 어떻게 작동하고 어떻게 결과를 생산하는지 사람들이 이해한다면, 그들은 즉각 바람직한 결과를 확보하고 그렇지 못한 결과를 피하려고 노력할 것이다. 이것들은 가장 일상적인 관찰 사실들이다. 그러나 이런 사실들이 사회적 일양성과 물리적 일양성을 동일시함으로써 얼마나 치명적인 결과를 초래하는지는 종종 주목되지 못하고 있다. 사회적 삶의 '법칙'은 그것이 진정 인간적일 때, 공학engineering의 법칙과 유사하다. 어떤 결과를 원한다면, 어떤 수단이 발견되고 채택되어야 한다. 이 상황에서 핵심적인 것은 원하는 결과, 그것에 도달하기 위한 기술에 관한 개념 그리고 이에 덧붙여 다른 것이 아닌 바로 그 요구된 결과를 낳게 되는 욕망과 혐오의 상태에 관한 명확한 개념이다. 이 모든 것에 답을 주는 것은 그 시기에 널리 퍼진 문화의 기능들이다.

## 심리학의 예시

사회적 지식과 예술의 퇴보는 물론 인간의 본성 혹은 심리에 관한 뒤처진 지식과 연관되어 있긴 하지만, 물리학이 물리적 에너지를 통제했던 것과 비슷하게 제대로 된 심리학이 인간의 행동을 통제할 것이라고 가정하는 것은 불합리하다. 왜냐하면, 인간 본성에 대한 증가한 지식은 직접 그리고 예상할 수 없는 방식으로 인간 본성의 작용을 수정할 것이며, 새로운 규제 방법의 필요성을 낳을 것이고, 이런 일은 끝없이 이어질 것이기 때문이다. 교육에서 더 나은 심리학의 일차적이고 주된 효력을 발견하게 되리라고 말하는 것은 예언보다는 [사실적] 분석의 문제이다. 곡물이나 돼지의 성장과 질병은 오늘날 정부 보조금과 배려의 적절한 주제로 인식되고 있다. 그러나 젊은이들의 신체적, 도덕적 건강을 위한 조건에 관한 유사한 탐구를 수행할 도구적인 기관은 초보적인 단계에 있다. 우리는 학교 건물과 물질적 장비에 많은 돈을 쓰고 있다. 그러나 어린이의 정신적 도덕적 발달에 영향을 줄 조건에 관한 과학적 탐구를 위한 공적 자금의 체계적인 지출은 이제 막 시작된 상태이며, 그런 방향으로 지출을 늘릴 것에 대한 요구는 의심의 눈초리를 받고 있다.

병원과 보호시설에 다른 모든 질병을 합한 것보다 정신 장애나 지체의 사례를 위한 병상이 더 많다고 보고된다. 공중은 나쁜 조건의 결과를 돌보기 위한 지출에 대해 너그럽다. 그러나 그런 문제의 원인을 탐구하는 데 지출하는 자금에는 상대적으로 관심과 의지가 적다. 이런 편차의 원인은 매우 분명하다. 인간의 본성에 관한 과학이 그런 지출을 가치 있는 것으로 간주하고 공적으로 지원할 정도로 충분히 발달했다는 확신이 없다. 심리학과 그와 유사한 주제의 발달은 이런 상황을 변화시킬 것이다. 그리고 우리는 교육의 선행 조건에 관해서만 이야기해 왔다. 인간 본성에 관한 적합하고 일반적인 공유된 지식이 있을 때 부모와 교사의 교육 방법은 달라질 수 있을 것이고, 그림을 완성하기 위해서 우리는 그 차이점들을 깨달아야 한다.

그러나 본질적으로 대단히 가치가 있는 것이라고 하더라도 그런 교육적 발달은 이미 물질적 에너지의 통제에 비교될 만큼 인간의 에너지에 대한 통제를 수반하지는 않을 것이다. 인간의 에너지를 그렇게 통제할 수 있다고 상상하는 것은 인간 존재를 외부에서 기계적으로 조작되는 무생물체의 수준으로 끌어내리는 것이다. 즉 인간의 교육을 벼룩, 개, 말 등을 훈련하는 것과 같은 것으로 간주하는 것이다. 방해물은 '자유-의지'라고 불리는 어떤 것이 아니라 교육 방법상의 그런 변화가 온갖 종류의 치환과 결합을 수행할 수 있는 새로운 잠재력을 해방할 것이고, 그런 잠재력이 사회 현상을 변경시킬 것이며, 그런 변경은 다시 인간의 본성에 영향을 미치게 되고, 지속적이고 끝나지 않는 변경 과정에서 그 교육적 변형에 영향을 미치게 될 것이라는 사실이다.

## 인문학과 자연과학의 차이

달리 말해서 인간 과학을 물리학과 동일한 것으로 보는 것은 절대주의 논리의 또 다른 형태, 즉 일종의 물리적 절대주의일 뿐이다. 물론 우리는 정신적 도덕적 삶의 물리적 조건을 통제할 가능성을 이제 막 찾았다. 생리 화학, 신경 체계 및 샘 분비의 진행과 기능에 대한 증가한 지식은 예전에는 인간이 어찌할 수 없었던 정서적이며 지적인 장애 현상에 대처할 수 있게 해 준다. 그러나 그런 조건을 통제하는 것이 인간의 표준화된 잠재력의 사용을 규정하지는 않는다. 만일 그렇게 생각하는 사람이 있다면, 그와 같은 치료와 예방의 수단을 야만적인 문화 상태에 있는 사람과 근대 공동체에 살고 있는 사람에게 적용하는 것을 생각해 보도록 하자. 사회적 매체의 조건이 근본적으로 변하지 않은 채 남아 있는 한, 각자의 경험과 회복된 에너지의 방향은 인간 환경의 대상과 도구에 의해서 그리고 당시 인간이 높이 평가하고 소중하게 생각하는 것에 의해 영향을 받을 것이다. 전사와 상인은 더 효율적인 더 나은 전사와 상인이 될 수 있겠지만, 여전히 전사와 상인으로 남을 것이다.

이러한 고찰을 통해 단지 학교 교육에서가 아니라 공동체가 그 구성원의 성향과 신념을 형성하려고 하는 모든 방식과 관련해서 교육의 방법 및 목표에 대해 오늘날의 절대주의[5] 논리가 가지고 있는 영향에 대해 논의해 볼 수 있을 것이다. 교육과정이 현존하는 제도가 변하지 않은 채 지속하는 것을 목표로 하지 않는 경우조차, 달성되어야만 하는 개인적이고 사회적인 어떤 바람직한 목적에 대한 정신적 그림이 존재해야 한다는, 그리고 이러한 고정된 확고한 목적의 개념이 교육과정을 통제해야 한다는 생각이 전제되고 있다. 개혁주의자는 보수주의자와 이러한 신념을 공유한다. 레닌과 무솔리니의 제자들은 미리 예견된 목적에 공헌할 성향과 관념들을 만들어내기 위해 노력한다는 점에서 자본주의 사회의 우두머리들과 경쟁하고 있다. 거기에 차이가 있다면, 전자가 더 의식

---

[5] [역주] 듀이는 다른 곳에서 절대주의에 대해 다음과 같이 언급하고 있다. "절대주의와 실제적인 상관관계를 맺고 있는 것은 기질의 완고함, 뻣뻣함, 경직성 등이다. 칸트가 어떤 개념은 **선험적**(a priori)이며 그 개념이 가장 중요한 것이라고 가르쳤을 때, 그리고 그것들은 경험에서 발생하지는 않으며, 경험을 통해서 검증되거나 입증될 수 없다고, 그렇게 이미 만들어져 있는 것을 경험에 투입하지 않으면 경험은 무질서하고 혼란스러울 수밖에 없다고 가르쳤을 때, 비록 기술적으로는 절대적인 것을 부정했다고 해도, 그는 절대주의의 정신을 마음에 품고 있었다. 칸트의 계승자들은 그의 글보다는 그의 정신에 충실했고, 그래서 그들은 절대주의를 체계적으로 가르쳤다."(존 듀이, 『철학의 재구성』, 이유선 역, 아카넷, 2010, 135~136쪽) 이런 절대주의적인 완고함은 교육에서 옳지 않은 교수법을 낳은 태도와 연결된다. 예컨대 교육을 정신을 형성하는 것으로 보는 헤르바르트와 같은 사람은 낡은 것 및 과거의 것을 강조하지만 새롭고 예측할 수 없는 것의 작용을 간과한다. 그럼으로써 교육에서 효과적인 실천의 기회를 찾는 데 실패한다. 그리고 교육을 마치 과거를 재현하거나 반복하는 것으로 간주함으로써 과거에서 탈출하는 일을 도모하지 못한다. (존 듀이, 『민주주의와 교육/철학의 개조』, 김성숙, 이귀학 옮김, 동서문화사, 2008, 83~89쪽 참조)

적으로 일을 진행한다는 점이다. 실험적인 사회적 방법은 아마도 무엇보다 이런 생각을 포기하는 데서 스스로를 드러낼 것이다. 자유로운 지식이 확장되어 나가는 한, 개인의 잠재력을 해방하는 데 가장 도움이 되는 물리적 사회적 조건들 속에서 젊은이들을 돌보게 될 것이다. 그렇게 형성된 습관은 젊은이들로 하여금 미래 사회의 요구를 충족시키고 미래의 사회 상태를 발달시키는 일을 떠맡기게 될 것이다. 그렇게 될 때에만 이용 가능한 모든 사회 기관은 더 나은 공동체적 삶을 위한 원천으로 작동할 것이다.

사회적 문제에서 방법이 문제가 되는 한, 우리가 절대주의 논리라고 불러온 것은 결국 개념 및 그 논리적 관계에 관한 논의를 탐구를 위한 또 다른 개념 및 관계로 대체하는 데로 귀결된다. 절대주의 논리가 어떤 형태를 가정하건, 그것은 결국 도그마의 지배를 강화하게 된다. 그 내용은 다양할 수 있겠지만, 도그마는 지속된다. 처음에 우리는 국가를 주제로 논의하면서 인과적 힘을 찾는 방법의 영향에 주목했다. 오래전에 자연과학은 그 방법을 포기했으며, 사건의 상관관계를 탐지하는 방법을 채택했다. 우리의 언어와 우리의 사유는 여전히 현상이 '복종해야' 하는 법칙이라는 관념에 빠져있다. 그러나 물리적 사건을 과학적으로 탐구하는 사람은 실제 탐구 과정에서 법칙을 단지 발생하는 변화의 안정된 상관관계로서, 즉 하나의 현상 혹은 그것의 어떤 측면이나 국면이 다른 특정 현상이 변화함에 따라 변화하는 방식에 대한 언명으로 취급하고 있다. '인과'란 역사적 연속의 사태, 즉 일련의 변화가 발생하는 질서의 사태이다. 원인과 결과를 안다는 것은 추상적으로는 변화 속에 있는 상관관계의 공식을 아는 것이며, 구체적으로는 연속존인 사건의 특정한 역사적 이력을 아는 것이다. 일반적으로 인과적 힘에 대한 호소는 사회적 사실에 관한 탐구를 잘못 인도할 뿐 아니라 목적과 정책의 형성에도 심각한 영향을 미친다. "개인주의"나 "집합주의"의 교설을 주장하고 있는 사람은 이미 자신을 위해 결정된 프로그램이 있다. 행해져야 할 특정한 어떤 것을 발견해내고, 주어진 상황에서 그것을 수행하는 데 가장 좋은 방법을 찾는 것은 그에게 문제가 되지 않는다. 그에게 문제가 되는 것은 궁극적 원인의 본성에 대한 그의 선입견에서 논리적으로 따라나오는 확고하고 단단한 교설을 적용하는 일이다. 그는 변화의 구체적인 상관관계를 발견하는 책임, 그 복잡한 이력을 통해 사건들의 특정한 연속이나 역사를 추적하는 일의 필요성에서 면제되어 있다. 마치 고대의 자연철학에서 사고하는 사람은 무슨 일이 일어나야 하는지 미리 알고 있었기 때문에 그가 해야 하는 일이란 정의와 분류의 논리적인 틀을 제공하는 것이었던 것과 마찬가지로 그는 어떤 종류의 일이 행해져야 하는지 미리 알고 있다.

## 대안으로서의 실험적 탐구

사유와 신념이 절대주의적이어서는 안 되고 실험적이어야 한다고 할 때, 우리는 일차적으로 실험실에서 하듯이 실험을 하는 것이 아니고 특정한 방법의 논리를 염두에 두고 있는 것이다. 그 논리는 다음과 같은 요소를 포함한다. 첫째, 체계적인 지식에 필수불가결한 개념, 일반 원리, 이론, 변증법적 발전 등은 탐구의 도구로서 형성되고 테스트 되어야 한다. 둘째, 사회적 행위를 위한 정책과 제안은 엄격하게 지키고 집행해야 하는 프로그램으로서가 아니라 유효한 가설로 취급되어야 한다. 그런 정책과 제안은 그것이 실행될 때 수반하게 되는 결과를 지속적이고 체계적으로 관찰하고, 그 관찰 결과에 따라 즉각적이고 유연하게 수정할 수 있다는 의미에서 실험적이라고 할 수 있다. 이런 두 조건이 충족될 때, 사회과학은 탐구를 수행하기 위한, 그리고 그 결과를 기록하고 해석하기 (조직하기) 위한 장치가 될 것이다. 이 장치는 더는 그 자체가 지식으로 간주되지는 않을 것이며, 사회적으로 유의미한 현상을 발견하고 그 의미를 이해하는 지적인 수단으로 여겨질 것이다. 의견의 차이가, 따라야 할 최상의 경로, 시도해야 할 최선의 정책에 관한 판단의 차이를 의미한다면 그런 차이는 여전히 존재하게 될 것이다. 그러나 증거의 부재 속에서 형성되고 유지되는 신념이라는 의미에서의 의견은 양적으로도 줄어들고 그 중요성도 감소할 것이다. 특정한 상황에 바탕을 두고 생성된 견해는 더는 절대적 기준으로 굳어지지도 않고, 영원한 진리를 가장하지도 않을 것이다.

## 방법, 그리고 전문가에 의한 통치

이런 논의의 국면은 민주적 공중에 대한 전문가의 관계에 대한 고찰을 통해 결론지어질 수 있을 것이다. 정치적 민주주의에 대한 초창기의 논증이 가지고 있던 부정적인 태도는 대체로 그 힘을 상실했다. 왜냐하면, 그것은 왕조와 과두제적 귀족에 대한 적대감에 기초를 두고 있었고, 그런 것은 대부분 힘을 상실했기 때문이다. 오늘날 지배적인 것이 된 과두제는 경제적 계급의 과두제이다. 이 과두제는 출생과 세습적 지위에 의해서가 아니라 경영 능력 및 그것이 수반하는 사회적 책임을 질 능력에 의해서, 즉 우월한 능력에 의해서 갖게 된 지위에 의해서 지배한다고 주장한다. 어쨌든 그것은 그 구성원들을 급속하게 변화시키는 유동적이며, 불안정한 과두제이다. 그 구성원들은 그들이 통제할 수 없는 우연한 일과 기술적 발명 때문에 좌지우지된다. 결과적으로 형세가 역전되었다. 이 특정한 과두제의 억압적인 힘을 저지하는 것은 지적인 귀족정[즉 전문가 지배]인 것이지, 피상적이며 사소한 이해관계가 있는, 그리고 심한 편견에 의해 억눌릴 때만 엄청나게 경솔한 판단에서 벗어나게 되는 무지하고 변덕스러운 대중에 대한 호소가 아니라고 주장된다.

민주주의 운동은 본질적으로 과도기적이었다고 주장할 수도 있다. 민주주의 운동은 봉건제도에서 산업주의로의 이행을 나타냈으며, 예전에는 대중을 속박했던 법적 제한으로부터 대중이 해방되었다는 사실에 함축된 조건하에서, 교회 권위와 결탁한 지주에서 실업가들로 권력이 이전되었다는 사실과 일치한다. 그러나 그런 것이 사실상 함축되어 있어서, 이런 법적인 해방을 다음과 같은 도그마로 전환하는 것은 불합리하다. 즉 낡은 억압에서의 해방은 해방된 자들에게 사태의 규제에 참여하는 데 적합한 지적이며 도덕적인 자질을 부여한다고 하는 것이다. 다시 말해 민주적인 강령의 본질적 오류는 다음과 같은 생각에 있다고 주장된다. 즉 제약에서 중요하고 바람직한 해방을 결과한 역사적 운동이 그렇게 해방된 사람들의 통치 능력의 원천이거나 증거라는 것이다. 그러나 사실상 그런 역사적 운동과 해방된 사람들의 능력 사이에는 공통적인 요소가 없다. 분명한 대안은 지적으로 자격이 있는 사람, 즉 전문 지식인에 의한 통치이다.[6]

---

[6] [역주] 물론 여기서 말하는 대안이란 듀이의 대안이 아니라 플라톤주의자들의 대안을 일컫는다. 듀이는 지성의 역할을 강조하고 있으므로 정치 영역에서도 지식인의 역할을 중요하게 여길 것으로 추측할 수 있다. 그러나 지식인의 지성이 의사소통의 영역을 벗어나 있다면 그것은 전혀 정치적으로 긍정적인 역할을 할 수 없을 것이다. 듀이는 다른 곳에서 다음과 같이 정치에서의 지성의 역할을 설명한다. "토론과 동일시되는 정치에서의 지성이란 상징에 대한 의존을 뜻한다. 언어의 발명은 아마도 인간에 의해 이루어진 가장 위대한 유일한 발명일 것이다. 자의적인 권력을 대신해서 상징의 사용을 장려하는 정치 형태의 발전은 또 다른 거대한 발명이다. 19세기에

철학자가 왕이 되어야 한다는 이러한 플라톤주의적인 생각의 부활은 전문가라는 관념이 철학자의 관념을 대체했기 때문에 더 매력적으로 다가온다. 철학은 일종의 농담이 되어버렸지만, 전문 지식인의 이미지, 활동 중인 전문가의 이미지는 자연과학의 부흥 및 산업 경영으로 친근하고 친밀한 것이 되었기 때문이다. 냉소적인 사람은 이런 생각이 몽상이며, 이론과 실천의 분리, 전문 과학과 일상적인 삶의 괴리가 낳은 무기력에 대한 보상으로 지식인 계급이 만들어낸 공상에 불과하다고 말할 수도 있을 것이다. 그 간극은 지식인들에 의해서가 아니라 실업가에 의해 고용된 발명가와 엔지니어에 의해서 메워진다는 것이다. 우리는 플라톤주의 논증이 그 자신의 원인에 대해 너무 많은 것을 입증하고 있다고 말할 때 진실에 더 가까이 다가가게 된다. 이 논증의 전제가 함축하듯이 대중이 지적으로 구제 불가능하다고 한다면, 대중은 어쨌든 너무 많은 욕망과 너무 많은 권력이 있어서 전문가에 의해 이루어지는 통치를 허용할 수가 없다. 대중을 정치적인 일에 참여하지 못하게 한다고 여겨지는 바

---

이루어진 의회제도, 성문법, 정치 지배의 수단으로서의 투표권 등은 상징이 가진 힘을 입증하는 증거이다. 그러나 상징은 그것의 배후에 있는 실재와 관련되어 있을 때에만 의미가 있다. 내 생각에 어떤 지적인 관찰자도 정당 정치에서 실재와의 접촉 수단이 아니라 실재를 대체하는 수단으로 상징이 종종 사용된다는 것을 부정하지 못할 것이다. 전신, 값이 싼 우편, 인쇄물 등과 관련된 대중적인 교양은 영향을 받는 사람의 수를 증가시켰다. 우리가 교육이라고 부르는 것이 실재의 자리에 상징을 가져다 놓는 데 큰 역할을 했다. … [중략] … 민주주의의 위기는 과학적 절차에서 예화된 지성을 오늘날 받아들여지는 지성의 자리에 놓을 것을 요구한다. … [중략] … 탐구에서 과학적 방법을 사용하는 것과 먼 미래의 사회 계획을 발명하고 기획하는 데서 공학적인 태도를 보이는 것을 비슷한 것으로 볼 필요가 있다. 인과를 통해 사회적 실재를 생각하고, 수단과 결과를 통해 사회 정책을 생각하는 습관은 이제 막 시작되었다."(John Dewey, "Renascent Liberalism", in *The Essential Dewey vol. 1.*, Indiana University Press, 1998, pp. 328~329) 듀이의 과학적 지성은 플라톤주의적인 전문가의 지성과는 다른 것으로 보아야 한다. 진리를 실현하는 전문가가 아니라 토론, 협의, 설득의 과정을 거치면서 끊임없이 더 나은 대안을 모색하는 지성인으로 보아야 할 것이다.

로 그런 무지, 편견, 경솔함, 질투심, 불안정성 등이 대중으로 하여금 지식인에 의한 통치에 수동적으로 복종하지 못하게 한다. 경제적 계급에 의한 통치는 대중에 대해 은폐될 수도 있을 것이다. 그러나 전문가에 의한 통치는 감추어질 수가 없을 것이다. 지식인이 거대한 경제적 이해관계를 위한 자발적 도구가 될 때만 전문가 통치는 작동할 수 있게 될 것이다. 그렇지 않다면 지식인들은 대중과 동맹을 맺어야 할 것이고, 이것은 다시 대중에 의한 정부에 참여한다는 것을 함축하게 될 것이다.

더 심각한 반론은 전문화된 기술적인 문제를 통해서, 즉 일반적인 정책이 이미 만족스럽게 수립되었다고 가정하는 행정과 집행의 문제를 통해서 전문성이 가장 쉽게 획득된다는 것이다. 전문가의 정책은 대개 현명하고 호의적이라고, 즉 사회의 진정한 이해관계를 보호하려고 만들어진 것으로 가정된다. 귀족주의 통치를 가로막는 마지막 장애물은 대중의 명확한 목소리가 없는 상태에서 최선책이 최선책으로 남지 않고 그럴 수도 없으며, 현명한 것이 현명한 것이 되지 않는다는 것이다. 공통 관심사의 규제를 위해 사용되어야 하는 지식을 지식인들이 독점한다는 것은 불가능한 일이다. 지식인이 전문화된 계급이 되는 만큼, 그들은 자신들이 봉사하게끔 되어 있는 필요에 대한 지식에서 차단된다.

## 민주주의와 토론을 통한 교육

보통선거와 다수결 원칙과 같이 민주주의가 이미 달성한 기초적인 정치 형식들을 옹호하고자 만들어진 가장 강력한 논점은, 그것들이 사회적 필요와 문제를 드러내는 협의 및 논의의 과정을 많든 적든 포함하고 있다는 것이다. 이런 사실은 정치적 장부의 측면에서 볼 때 가장 큰 재산이다. 토크빌은 거의 한 세기 전에 미국 민주주의의 전망을 연구한 글에서 그런 사실을 기록하고 있다. 토크빌은 민주주의가 선출된 통치자의 평범함을 선호하는 경향이 있다고 고발하고, 격정에 노출되고 어리석음에 열려있음을 인정하면서도, 대중정부는 다른 정치적 규제의 양식과는 달리 교육적임을 지적했다. 민주주의는 비록 공통의 이해가 무엇인가에 대한 이해가 혼란스러울지라도 그런 것이 있다는 것을 인식하도록 강제한다. 그리고 그것이 강제하는 토론과 공지의 필요는 공통의 이해가 무엇인지를 어느 정도 명료하게 한다. 전문적인 제화공이 문제가 어떻게 해결되어야 하는지에 대해 가장 잘 판단할 수 있는 사람이라고 하더라도 구두가 꽉 끼는지 어디가 끼는지를 가장 잘 아는 사람은 구두를 신고 있는 사람이다. 대중정부가 공적인 정신에 활기를 불어넣는 데에는 큰 성공을 거두지 못했다고 하더라도 최소한 대중정부는 공적인 정신을 창조해냈다.

전문가 계급은 불가피하게 공통의 이해에서 벗어나 사적인 이해와 사적인 지식이 있는 계급이 되는데, 그런 지식은 사회적인 문제에서는 전혀 지식이 아니다. 종종 언급되듯이, 투표 ballot는 총알 bullets의 대용물이다. 그러나 더 중요한 것은 머릿수를 세는 일은 선행적으로 토론, 협의, 설득의 방법에 의지하지 않을 수 없는 반면, 힘에 호소하는 것은 본질적으로 그런 방법에 의지하는 일을 중단한다는 것이다. 다수결 원칙은 그 비판자들이 비난하듯이, 그 자체로서는 어리석은 것이다. 그러나 다수결 원칙은 결코 단순히 다수결 원칙이 아니다. 경험이 풍부한 정치가로서 새뮤얼 틸던 Samuel J. Tilden[7]은 오래 전에 다음과 같이 말했다. "다수가 다

---

[7] [역주] 1814~1886. 미국의 정치가로 1876년 치열한 선거분쟁으로 유명하다. 뉴욕 민주당 내 자유토지주의자들을 이끌었고 남북 전쟁 때는 북부를 지지했다. 뉴욕 주 당위원장으로 일하면서 1865년~1875년까지 민주당을 개편하는 때 큰 역할을 했다.

수가 되는 방법이 더 중요한 것이다." 선행적인 논쟁, 소수의 의견에 대응하기 위한 견해의 수정, 소수에게도 기회가 있었으며 다음 번에는 성공적으로 다수가 될 수 있다는 사실에 의해 소수에게 주어지는 상대적인 만족감 등이 중요한 것이다. 특정 유럽 국가에서 "소수의 문제"가 지니는 의미를 생각해 보고, 그것을 대중정부가 들어선 국가들에서의 소수의 지위와 비교해 보라. 새로울 뿐 아니라 가치 있는 모든 생각이 소수, 아마도 소수 혹은 단 한 명에 의해서 시작되었다는 것은 맞는 말이다. 중요하게 생각해야 할 것은 그 생각이 퍼지고 다수의 생각이 될 기회가 있어야 한다는 것이다. 대중이 자신들의 필요를 전문가에게 알릴 기회를 갖지 못하는 전문가에 의한 정부는 소수의 이해를 위해 존재하는 과두제 이상의 것이 될 수 없다. 행정 전문가들로 하여금 대중의 필요를 고려하도록 강제하는 식으로 계몽이 이루어져야 한다. 세계는 대중보다 지도자와 권위자들에 의해서 더 많은 고통을 겪었다.

달리 말해서 논쟁, 토론, 설득의 방법과 조건을 개선하는 일이 반드시 필요하다. 그것이 바로 공공성의 문제이다. 우리는 이런 개선이 본질적으로 탐구 및 탐구의 결과를 유포시키는 과정을 자유롭게 만들고, 완전하게 만드는 데 의존하고 있다고 주장해 왔다. 탐구는 물론 전문가에 의해서 이루어지는 작업이다. 그러나 그들의 전문성은 정책을 수립하고 집행하는 데서 드러나는 것이 아니라 정책이 의존하고 있는 사실들을 발견하고 알리는 데에서 드러나는 것이다. 그들은 과학자와 예술가가 전문적인 식견을 보여준다는 의미에서 기술적 전문가들이다. 필요한 탐

---

이때 뉴욕 시 재정에서 3000만~2억 달러를 횡령한 사건으로 유명한 부패 정치가들의 모임 트위드 도당을 전복시키고 몇몇 부패한 판사들을 해직시켰다. 1874년 주지사로 뽑히고 예산을 횡령하는 데 앞장선 정치가와 청부업자들의 음모단 커낼 도당을 적발하고 처벌하여 명성을 얻었다.

구를 수행하는 데 많은 사람이 지식과 기술을 가질 필요는 없다. 필요한 것은 공통의 관심사와 관련하여 다른 사람들이 제공하는 지식의 함의를 판단할 수 있는 능력이다.

공공의 목표에 적합한 판단을 내리는 데 필요한 지성과 능력의 정도를 과장하는 것은 쉬운 일이다. 첫째로, 우리는 현재의 조건을 토대로 평가를 하기 쉽다. 그러나 현재의 큰 난점은 의심할 여지 없이 좋은 판단을 내리는 데 필요한 자료가 부족하다는 점이다. 그리고 마음이 가지고 있는 어떤 천부적인 능력도 사실의 결여를 보완할 수 없다. 단순한 무지뿐 아니라 비밀주의, 편견, 선입견, 허위진술, 선동 등이 탐구와 공지 때문에 대체될 때까지는, 현존하는 대중의 지성이 사회 정책을 판단하는 데 얼마나 적합한지에 대해서 말할 수 있는 길은 없다. 현재보다는 확실히 더 나아질 것이다. 둘째로, 효과적인 지성은 본래적인 천부적인 재능이 아니다. (지성이 타고나는 것일 수 있다는 점을 인정한다고 하더라도) 타고난 지성의 차이가 어떤 것이든, 마음의 실제는 사회적 조건이 영향을 미치는 교육에 의존하고 있는 것이다. 과거 전문가의 정신과 지식이 도구, 기구, 장치, 기술 속에 구체화되어 있고, 그런 것들을 생산할 수 없었던 단계의 지성이 오늘날에는 그런 것들을 지적으로 사용하고 있듯이, 공적인 지식의 경향이 사회적인 일을 통해 흘러갈 때 같은 일들이 벌어질 것이다.

## 지성의 수준

구체화된 지성에 의해 확립된 행위의 수준은 언제나 중요한 것이다. 야만인의 문화에서 우월한 인간은 그의 동료에 비해 우월하겠지만, 그의 지식과 판단은 진보한 문명에서 열등한 능력을 부여받은 사람의 지식과 판단보다 여러 가지 점에서 한참 뒤떨어질 것이다. 능력은 즉시 쓸 수 있는 대상과 도구에 의해서 제한된다. 능력은 전통과 제도적 관습에 의해 설정된 주의력과 관심의 만연한 습관들에 더욱더 의존하고 있다. 의미들은 도구들에 의해 형성된 통로를 흐르게 되는데, 이 도구와 관련해서 가장 중요한 것은 결국 의사소통뿐 아니라 사유의 전달 수단이기도 한 언어이다. 기술자는 아이작 뉴턴 경이 그의 시대에 말할 수 없었던 옴과 암페어에 대해 말할 수 있다. 라디오를 고치는 많은 사람이 패러데이가 상상도 못했던 것을 판단할 수 있다. 만일 뉴턴과 패러데이가 지금 여기에 있다면, 아마추어나 기술자는 그들에 비해 어린아이에 불과할 것이라고 말하는 것은 요점을 벗어난 것이다. 그런 생각을 반박함으로써 요점에 도달할 수 있다. 요점은 다른 대상 때문에 만들어진 차이에 대해 생각하는 것, 그리고 다시 다른 의미 때문에 만들어진 차이를 생각하는 것이다. 더 지적인 사회적 사태, 즉 지식에 의해 정보를 더하고 지성에 의해 더 인도되는 사회적 사태가 타고난 재능을 개선하지는 않을 것이다. 그러나 그런 사태는 모든 사람의 지성을 작동시키는 수준을 끌어올릴 것이다. 공적인 관심사에 관한 판단을 위해서는 지성 지수의 차이보다 이런 수준의 높이가 훨씬 중요하다. 산타야나는 다음과 같이 말한 적이 있다. "우리의 삶에서 더 나은 시스템이 널리 퍼질 수 있다면, 우리의 사고 속에서는 더 나은 질서가 확립될 것이다. 인류가 반복적으로 야만과 미신에 빠져드는 이유는 날카로운 감각, 개인적 천재성, 외부 세계의 일정한 질서가 결여되었기 때문이 아니다. 그것은 좋은 성격, 좋은 사례, 좋은 정부가 없었기 때문이다." 상업 계급이 부를 만들고 소유하게 되는 존재라고 말하는 것만큼이나, 지성이 개인적인 재능 혹은 개인적인 성취라는 생각은 지식인 계급의 엄청난 공상이다.

## 지역적인 공동체적 삶의 필요성

결국 우리의 주요한 관심은 지적인 방법의 영역을 넘어서는 것이며, 사회적 조건의 실천적 개혁 re-formation 의 문제에 접근허 들어가는 것이다. 그 가장 심층적이고 풍부한 의미에서 공동체는 언제나 면대면의 상호작용의 문제로 남아야 한다. 이것이 가족과 이웃이 그것이 가진 모든 결함에도 언제나 양육의 주된 기구였던 이유이다. 그런 양육 수단을 통해서 성향이 안정적으로 형성되고 성격의 뿌리에 놓여 있는 관념이 획득된다. 자유롭고 충분하게 상호 의사소통이 이루어지는 거대 공동체를 생각해 볼 수 있을 것이다. 그러나 그 공동체는 지역 공동체를 특징짓는 모든 성질을 지닐 수는 없을 것이다. 그 공동체는 지역 연합의 관계를 정돈하고 경험을 풍부하게 함으로써 자신의 최종적인 작업을 수행할 것이다. 외부의 통제되지 않는 기구를 통해 지역 연합의 삶이 침범당하고 부분적으로 파괴되는 일이 오늘날의 시대를 특징짓는 불안정, 해체, 들떠 있음의 직접적인 원천이다. 산업주의와 민주주의의 입구에 놓여 있는 무비판적이고 무분별한 악은 더 큰 지성과 더불어 지역 공동체의 이탈 및 동요에 책임이 있을지도 모른다. 생생하고 충분한 애착은 필연적으로 제한된 지역에서 일어나는 상호작용의 친밀성을 통해서만 길러진다.

지역 공동체가 정적이지 않으면서도 안정적이고, 단순히 유동적이지 않으면서도 진보적일 수 있을까? 지역을 가로지르는 연합들의 거대하고, 무수하며, 복잡한 흐름이 둑을 쌓아 잘 인도됨으로써 그 흐름이 잠재적으로 가지고 있던 관대하고 풍부하고 많은 의미를 서로 대면하고 살아가는 인간들의 작고 친밀한 결합에 쏟아 붓게 되는 일이 가능할까? 작은 공동 조직의 실재를 회복시키고, 그 구성원들이 지역 공동체 삶의 의미에 흠뻑 빠져들게 하는 일이 가능할까? 오늘날 최소한 이론상으로는 지역 조직의 원리에서 "기능적인" 다시 말해 직업적인 조직 원리로의 이행이 존재한다. 낡은 형태의 지역 연합이 오늘날의 요구를 충족시키지 못한다는 것은 참으로 맞는 말이다. 산업이라 불리는 것에서건, 아니면 직업이라 불리는 것에서건 간에, 공동 작업에 참여함으로써 형성된 유대는 예전에는 갖지 못했던 힘을 오늘날 갖고 있다. 그러나 이런 유대는 직접적인 교제와 애착에서 성장해 나올 때에만 유연하고 유동적인 동시에 지속적이고 안정적인 조직을 위한 것으로 생각될 수 있다. 이론이 멀리 떨어져 있는 간접적인 연합에 의존하고 있는 한, 그 이론은 설사 실행이 되더라도 전치轉置된 형태로 오늘날 존재하고 있는 모든 문제와 악에 곧바로 직면하게 될 것이다. 밀접하고 직접적인 교제와 애착의 생생함과 깊이를 대체할 만한 것은 없다.

## 그런 삶을 회복하는 문제

사람들은 세계의 평화를 위해서는 우리가 외국인을 이해하는 것이 필요하다고 말하며, 진심으로 그렇게 말한다. 내가 의아해 하는 것은 우리가 이웃 사람을 얼마나 잘 이해하고 있는 것인가 하는 것이다. 또한, 사람들은 그가 보아 온 자신의 동료를 사랑하지 않는다면, 그가 본 적이 없는 신을 사랑할 수 없다고 말해 왔다. 이웃을 잘 알고 이해하게 해 줄 친밀한 경험이 없이는 멀리 떨어진 사람에 관한 관심이 효과를 발휘할 가능성도 별로 없을 것이다.[8] 일상적인 삶의 관계를 통해 보아 오던

---

[8] [역주] 듀이의 이런 언급은 윤리학에서 보편주의적인 태도를 실천하는 일이 얼마나 어려운 것인지를 생각하게 한다. 특히 이런 생각을 이어받고 있는 로티의 자문화중심주의(ethnocentrism)적 관점을 연상시킨다는 점에서 흥미롭다. 로티는 그의 『우연

사람이 아닌 사람은 찬탄, 경쟁, 노예적 복종, 광신적인 당파심, 영웅숭배 등을 불러일으킬 수 있지만, 밀접한 결합에서 비롯된 애착에서 발산할 때가 아니라면 사랑과 이해를 그런 사람이 고취할 수는 없을 것이다. 민주주의는 집home에서 출발해야 하며, 그 집은 이웃 공동체이다.

면대면 공동체의 재구성에 대한 전망을 살펴보는 일은 우리의 논의 범위를 넘어선다. 그러나 인간의 본성 내부의 깊은 곳에는 확립된 관계들로 끌어당기는 어떤 것이 있다. 관성과 안정에 대한 경향성은 질량과 분자뿐 아니라 감정과 욕망에도 해당한다. 만족과 평화로 가득 찬 행복은 타인과의 지속적인 유대 속에서만 발견되며, 그 유대는 의식적 경험의 표면 아래 깊은 곳으로 내려가 방해받지 않는 토대를 형성할 정도로 심층적인 곳에 도달한다. 그러나 그 누구도 얼마나 많은 삶의 공허한 열광, 운동에 대한 심취, 성마른 불평, 인위적 자극에 대한 욕망 등이 직접적인 경험의 공동체 내에서 사람들을 함께 묶어준 결속이 느슨해지는 것에 의해 야기된 공허함을 메워줄 어떤 것에 대한 필사적인 추구의

---

성, 아이러니, 연대성』에서 다음과 같이 말하고 있다. "미국 도시의 젊은 흑인들의 삶 속에 있는 끝없는 절망과 비참함에 대한 오늘날의 미국의 자유주의자들의 태도를 생각해 보자. 우리는 그들이 같은 인간이기 때문에 도움을 받아야 한다고 말하고 있는가? 그럴 수도 있다. 그러나 정치적으로뿐 아니라 도덕적으로 그들을 우리의 동료 '미국인'이라고 서술하는 것이, 즉 '미국인'이 희망 없이 사는 것은 부당한 것이라고 주장하는 편이 더 설득력이 있을 것이다. 이런 사례의 요점은 우리가 연대성이라는 말의 테두리 안에 있는 사람을 "우리 중의 하나"라고 생각할 때, 즉 "우리"라는 말이 인종보다는 더 작고 지역적인 것을 의미하는 곳에서, 우리의 연대성 감각이 가장 강한 것이 된다는 것이다. 이것이 "그녀는 인간이기 때문이다"란 말이 관대한 행위에 관한 약하고 설득력 없는 설명일 수밖에 없는 이유이다."(리처드 로티, 『우연성, 아이러니, 연대성』, 김동식, 이유선 역, 민음사, 1996, 347쪽) 보편적인 인간 본성을 부정하는 듯한 이런 태도는 노먼 제라스(Norman Geras)와 같은 보편주의자들을 자극해서 논쟁을 벌이게 했다. 로티의 요점은 인간 본성에 관한 담론은 현실적으로 공허하므로 더 구체적인 연대의 고리를 찾아야 한다는 것이며, 여기서는 이런 관점이 듀이의 이 글에서 제시되고 있다는 점을 지적하는 것으로 충분할 것으로 생각한다.

표현인지 알지 못한다. 만약 인간의 심리에서 고려해야 할 어떤 것이 있다면, 다음과 같을 것이다. 인간이 어떤 지속적인 만족감도 주지 않는 멀리 떨어진 어떤 것에 대한 쉼 없는 탐구에 지칠 때, 인간의 정신은 그 자신 안에 있는 고요와 질서를 탐구하는 데로 되돌아가게 되리라는 점이다. 반복해서 말하자면, 이것은 오늘날 인접한 공동체에서만 존재하는 생생하고, 안정적이며, 깊이 있는 관계 속에서만 발견할 수 있다.

그러나 심리적인 경향은 객관적인 사태의 추이와 조화롭게 연결될 때에만 드러날 수 있다. 만일 분석을 통해 사태의 경향이 에너지의 분산과 운동의 가속에서 벗어나는지 그렇지 않은지를 밝히려고 한다면, 그런 분석은 혼란에 빠질 것이다. 물리적으로나 외적으로 조건들은 물론 집중을 향해 만들어지고 있다. 농촌의 희생을 대가로 한 도시인구의 증가, 집중된 부를 법인으로 조직하는 것, 모든 종류의 조직 성장 등은 그에 대한 충분한 증거이다. 그러나 거대 조직은 지역 공동체를 형성하는 유대를 파괴하는 것, 인격적인 결합을 비인격적인 결속으로 대체하는 것, 안정성에 적대적인 흐름 등과 양립 가능한 것이다. 우리의 도시들 및 조직된 사업의 특징, 개성이 사라진 포괄적 연합의 특징 역시 이러한 사실을 입증한다. 그러나 정반대의 기호도 있다. "공동체"와 공동체 활동이 우리가 마음속에 그려낼 수 있는 단어가 되고 있는 것이다. 지역적인 것은 궁극적으로 보편적이며, 거의 절대적인 것으로 존재한다. 숙고한 계획뿐 아니라 무의식적인 행위가 지역 공동체를 풍부하게 하고 그렇게 함으로써 지역 공동체를 그 구성원들이 주의를 기울이고, 관심을 두고, 헌신해야 하는 진정한 공동체로 만드는 데 이바지하고 있음을 보여주는 많은 사례를 쉽게 지적할 수 있다.

## 지역 공동체의 재확립을 위하여

　대답이 이루어지지 않은 질문은 이러한 경향이 가족, 교회, 이웃의 해체로 남겨진 공백을 얼마나 재건할 것인가 하는 것이다. 우리는 결과를 예측할 수 없다. 그러나 우리는 획일적인 표준화, 이동성, 멀리 떨어진 보이지 않는 관계에 영향을 미쳐온 힘 안에는 그 결과물을 인간의 지역적인 집으로 되돌리는 운동에 치명적인 방해가 되는 어떤 본질적인 것도 존재하지 않는다고 확실하게 주장할 수 있다. 획일성과 표준화는 개인적인 잠재력을 구별하고 해방하기 위한 기본적인 토대를 제공할 수도 있을 것이다. 그것은 삶의 기계적인 측면을 인정한다면 무의식적인 습관의 수준으로 가라앉을 수도 있을 것이고, 개인의 감수성과 재능을 풍부하고 안정적으로 꽃피게 할 토양을 쌓을 수도 있을 것이다. 이동성은 궁극적으로 과거에 안정성을 수반했던 정체를 방지하고, 다양하고 다채로운 경험의 요소를 제공하고, 지역적 삶을 유연한 것으로 유지하면서, 멀리 떨어진 간접적인 상호작용과 상호의존의 성과를 지역적 삶으로 되돌리는 수단을 제공할 수 있을지도 모른다. 조직은 더는 그 자체가 목적으로 간주되는 일이 없게 될 것이다. 그렇게 되면 조직은 더는 예술적 재능을 자유롭게 발휘하는 것을 방해하고, 사람들에게 순응의 족쇄를 채우며, 자기-충족적인 것으로서의 조직의 자동화된 움직임에 맞지 않는 모든 것을 포기하게 하는 기계적이며 외적인 것이 되지 않을 것이다. 목적을 위한 수단으로서의 조직은 개성을 강화하고, 개인이 자력으로 얻을 수 없는 자원을 지원함으로써 개성을 안전하게 보존도록 할 것이다.

　미래가 어떻게 되든 한 가지는 확실하다. 지역의 공동체적 삶이 회복될 수 없는 한, 공중은 자신의 가장 긴급한 문제 즉 자신을 발견하고 확인하는 문제를 해결할 수 없을 것이라는 점이다. 그러나 만약 공중이 회복된다면, 그것은 과거의 인접 연합에서는 알려지지 않은 의미와 재화를 풍부하고, 다양하고, 자유롭게 소유하고 향유할 수 있게 될 것이다. 왜냐하면, 공중은 자신이 관련된 복잡하고 세계적인 규모의 장면에 안정적으로 반응할 뿐 아니라 생생하고 유연하게 될 것이기 때문이다. 공중은 지역적일지언정 고립되지는 않을 것이다. 공중의 더 큰 관계들은 자신의 밑그림이 존중받을 것을 확신하는 공중이 가지고 있는 의미들의 고갈되지 않는 풍부한 재원을 제공하게 될 것이다. 영토적 국가와 정치적 경계는 지속될 것이다. 그러나 그것들은 사람들을 그의 동료에게서 떼어냄으로써 경험을 빈곤하게 하는 장벽이 되지는 않을 것이다. 그것들은 외적인 분리를 내적인 질투, 공포, 의심, 적대감으로 전환시키는 단단하고 고정된 구분이 되지는 않을 것이다. 경쟁은 지속되겠지만, 물질적 재화를 얻으려는 경쟁은 완화될 것이며, 지적이고 예술적인 부를 감상하고 즐기면서 직접적인 경험을 풍부하게 하려는 지역 집단의 경쟁은 더 심해질 것이다. 만일 과학기술 시대가 인류에게 확고하고 일반적인 물질적 안정의 토대를 제공할 수 있다면, 그 토대는 인문학적인 시대 humane age로 흡수될 것이다. 그 토대는 공유되고 소통되는 경험의 도구로 자리매김 될 것이다. 그러나 기계 시대를 통과하지 않는다면, 자유롭고, 유연하며, 다채로운 삶의 전제 조건으로 필요한 것들에 대한 인류의 지배력은 불확실하고 불공평한 것이 되어, 획득을 위한 경쟁적인 싸움과 자극과 과시를 목적으로 한 획득물의 광란적인 사용은 영속화될 것이다.

## 이 문제를 정치적 지성의 문제와 연결하는 것

민주적 공동체와 구체적인 민주적 공중을 만들기 위한 특정한 조건을 고려할 때 우리는 지적인 방법에 관한 문제를 넘어 실천적 절차의 문제로 나아가게 된다는 것을 언급했다. 그러나 이 두 문제는 서로 단절된 문제가 아니다. 널리 보급되고 생산적인 지성을 확보하는 문제는 지역의 공동체적인 삶이 실현되는 정도만큼 해결될 수 있다. 기호, 상징, 언어는 의사소통의 수단들이며 그것들을 통해 형제같이 친밀한 사람들에 의해 공유된 경험이 안내되고 유지된다. 그러나 직접적인 교제에서 일어나는 대화를 이루는 적절한 단어는 기록된 언어 속의 고정되고 동결된 단어에는 없는 생생한 의미가 있다. 연합에 영향을 미치는 모든 조건을 체계적이고 지속적으로 탐구하고 그것을 인쇄하여 퍼뜨리는 것은 참된 공중을 만드는 전제조건이다. 그러나 그런 탐구 및 그 결과는 결국 도구에 불과한 것이다. 직접적인 주고받음을 통한 면대면 관계 속에서 탐구는 최종적으로 이루어진다. 논리는 그 완성에서 그 단어의 원초적 의미인 대화로 되돌아간다. 표현을 통해 소통되지 않고, 공유되지 않고, 재탄생되지 않은 관념은 독백에 불과한 것이며, 독백은 단지 부서지고 불완전한 사고일 뿐이다. 물질적인 부를 얻는 것과 마찬가지로, 그것은 연합된 노력과 교환을 통해 창조된 부를 사적인 목적으로 만들어버리는 것이다. 그것은 더 품위 있고, 더 고상한 것으로 불린다. 그러나 본질에서 차이가 없다.

한마디로 말해서, 축적되고 전달된 공동체의 지적인 부는 대중의 무지와 편견과 경솔함을 근거로 민주주의를 고발하는 것을 무효화하는데, 그런 부를 통해 개인적인 이해와 판단을 확장하고 강화하는 일은 오로지 지역 공동체의 개인적 교제를 통한 관계 속에서만 충족될 수 있다. 귀가 생생하고 개방적인 사고에 대해 맺고 있는 관계는 눈이 그런 사고에 대해 맺고 있는 관계에 비해 더 밀접하고 다양하다. 시각은 관찰자지만, 청각은 참여자이다. 공표를 통해 조달되는 의미가 입에서 입으로 전해지기까지는 공표는 부분적이며 공표의 결과인 공공성은 부분적으로 알려지고 형성된다. 사회적 지성이 지역 공동체의 의사소통 속에서 한 사람 한 사람의 입에서 나온 말에 의해 순환될 때, 그런 사회적 지성의 흐름에서 진행되어 나왔을 수도 있는 제한된 개인적 지적 재능의 자유로운 확장과 확인은 제한을 받지 않는다. 사회적 지성, 그리고 단지 그것만이 여론을 실재하게 하는 것이다. 에머슨이 말했듯이, 우리는 거대한 지성의 무릎 위에 있다. 그러나 그 지성은 자신의 매체로서 지역 공동체를 소유하기 전까지는 잠들어 있으며, 그 지성의 소통은 부서지고, 불명료하고, 희미한 상태로 이루어지게 된다.

| 후기 |

 이 책은 약 20년 전에 쓴 것이다. 그 동안 일어난 사건들이 공공성에 관한 입장과 당시 제기한 인간관계의 정치 조직으로서의 국가와 공공성의 관계에 관한 입장을 확인해준다고 나는 믿는다. 가장 분명한 고려사항은 우리가 '고립주의'라는 명칭을 부여한 조건들을 약화시키는 데 미친 제2차 세계대전의 영향이다. 제1차 세계대전은 국제연맹을 만들어내는 데 충분한 영향을 미쳤다. 그러나 미국은 거기에 참여하기를 거부했다. 철저한 민족주의가 거부의 주된 요인이었지만, 국제연맹의 주된 목적이 승자 쪽에 있었던 유럽 국가들의 승리의 결과물을 보전하려는 것이었다는 강한 믿음 때문에 민족주의는 더 강화되었다. 그런 믿음이 얼마나 정당한 것이었는지 논함으로써 낡은 논쟁을 되살릴 필요는 없다. 여기서 논의한 주제에서 중요한 사실은 당시의 사태가 그러했다는 믿음이 미국이 국제연맹에 가입하기를 거부하는 데 강한 고려 사항이었다는 점이다. 제2차 세계대전 이후 그런 태도가 바뀌어 미국은 국제연합에 가입했다.
 공공성 및 사회적 삶의 정치적 측면과 그것이 맺는 관계에 관해서 이 책에서 취한 입장에 대해 그런 사실은 어떤 함의가 있는 것일까? 간단히 말하면, 다음과 같다. 고립주의의 쇠퇴(비록 앞으로 긴 시간 동안 그것이

소멸하게 되지는 않을지라도)는 국가간 관계가 공공성을 구성하는 속성을 지니게 되고, 그럼으로써 어느 정도의 정치적 조직을 요구하게 된다는 느낌이 들게 하는 증거이다. 그 정도가 어떤 정도가 될지, 얼마큼이나 정치적 권위가 확장될 것인지는 여전한 논란거리이다. 샌프란시스코에서 채택된 국제연합 규약을 최대한 엄격하게 구성하려는 사람들이 있다. 또 어떤 사람들은 폭넓은 정치적 권위를 지니는 세계연합을 준비하는 데 규약을 변경할 필요가 있다고 주장하기도 한다.

여기서 어떤 쪽이 옳은지 논하려는 생각은 요점을 벗어난 것이다. 두 정파가 있고, 활발한 논쟁이 벌어지고 있다는 바로 그 사실이 과거에는 개별적인 주권을 주장하고 수행한 국가 간의 관계에 관한 문제가 이제는 정치적 문제의 영역으로 분명히 진입했다는 것을 보여주는 증거이다. 이 책에서는 공공성의 영역과 범위, 즉 공적인 영역이 어디에서 끝나고 사적인 영역이 어디에서 시작하는지의 문제가 국내의 중요한 정치적 문제였다는 점이 지적되었다. 마침내 동일한 문제가 국가 단위의 관계와 관련해서 활발히 제기되고 있으며 그 국가 중 어느 국가도 과거에는 다른 국가 단위에 대한 정책의 수행에서 '정치적' 책임을 인정하지 않았다. '도덕적인' 책임을 인정하는 일은 있었다. 그러나 사적이며 비정치적인 관계 속에서도 같은 일이 일어난다. 주요한 차이는 국가간 관계에서는 도덕적 책임이 더 쉽게 무너진다는 점이다. '주권'이라는 교의는 그 자체가 정치적 책임의 완전한 부정이다.

이런 이슈가 오늘날 활발한 정치 논의의 영역 안에 있다는 사실은 또한 이 책의 또 다른 요점을 지지해 주는 것이다. 당면 문제는 결코 '사회적인 것'과 '비사회적인 것' 사이의 문제, 혹은 도덕적인 것과 도덕적이지 않은 것 사이의 문제가 아니다. 국가간 관계를 고려하는 도덕적 책임이 더 심각하게 다루어져야 한다고 생각하는 사람들의 느낌이 그런 관계의 결과가 어떤 종류의 정치적 조직을 요구한다는 사실을 더 강조하게 하는 데 역할을 했다는 것은 의심할 수 없는 사실이다. 그러나 과거에는 극단적인 냉소주의자들만이 어떤 도덕적 책임의 존재를 부정해왔다. 실제 전쟁에서 진정한 근대 시민의 관심을 끌기 위해서는 전쟁 정책 쪽에 우월한 도덕적 주장이 존재한다는 것을 보여주는 캠페인을 수행할 필요가 있었다는 사실에서 그 문제에 대한 충분한 증거를 발견할 수 있다. 태도의 변화는 근본적인 도덕적 전향, 즉 냉혹한 부도덕에서 올바름의 주장을 지각하는 쪽으로의 전향이 아니었다. 그것은 전쟁의 사실적 결과에 대한 더 강렬해진 인식에서 비롯된 것이다. 그리고 이러한 강렬한 지각은 또한 근대 전쟁이 훨씬 더 파괴적이고, 과거에 비해 훨씬 더 넓은 지리적 영역에 걸쳐 그런 파괴가 일어난다는 사실에 주로 기인한 것이다. 전쟁이 긍정적인 선을 가져온다는 주장은 더는 할 수 없게 되었다. 기껏해야 전쟁이 더 작은 도덕적인 악을 선택한 것이라고 말할 수 있을 뿐이다.

 오늘날 국가 간의 정치적 관계 영역에 관한 문제가 정치적 논의의 장으로 진입했다는 사실은 이 책에서 강조된 또 다른 요점을 확증해 준다. 사적으로 고려해야 할 일과 정치적인 판결에 속하는 일간의 경계가 어디에 그어져야 하는지의 문제는 '형식상' 보편적인 문제이다. 그러나 그 문제에 의해 다루어지는 현실적인 내용을 살펴보면 그 문제는 언제나 '구체적인' 문제이다. 즉, 그것은 사실적인 결과를 상술하는 문제이며, 그 결과는 결코 본래부터 정해져 있는 것도 아니고, 추상적인 이론에 입각한 결정에 종속되어 있지도 않다. 관찰과 상술에 종속되어 있는 모든 사실과 마찬가지로 그것은 영원한 것이 아니라 시공간적인 것이다. ('국가'란 순전히 신화이다. 그리고 책에서 지적된 바와 같이 보편적인 이상과 규범으로서의 국가라는 바로 그 개념이 매우 구체적인 목표를 이루기 위해 특정한 시-공간적인 시기에 등장한 것이다.)

예를 들어 고립적이고 제국주의적인 통치와 구분되는 것으로서 연방제의 이념을 작동 원리로 받아들인다고 생각해 보자. 어떤 일은 해결이 될 것이다. 그러나 어떤 일이 연합정부의 관할권에 들어가야 하고, 어떤 일은 거기서 배제된 채 국가 단위의 결정에 따르는 것으로 남아야 하는지에 관한 물음은 여전히 해결되지 않는다. 연방정부의 권한에 어떤 것은 포함되고 어떤 것은 배제되어야 하는가 하는 문제는 첨예해질 것이다. 그리고 이 문제에 관한 결정이 지적으로 이루어질수록, 그 결정은 대안적인 정책을 채택함으로써 귀결되는 예견된 구체적인 결과들에 근거해서 이루어질 것이다. 그리고 국내 정치 사안과 마찬가지로 각 단위의 분리된 이해가 충돌하는 가운데 어떤 공동의 이해를 발견해 내야 하는 문제가 생겨날 것이다. 우정은 몇몇 단위의 공통의 이해에 봉사하기 위한 조정arrangement의 원인이 아니라 그런 조정의 결과이다. 일반이론이 도움이 될 수도 있을 것이다. 그러나 그런 이론은 그 자체로서가 아니라 사실적 결과를 예견하는 데 도움이 되도록 사용될 때에만 지적인 결정에 기여하게 될 것이다.

이제, (나는 매우 명백한 사실의 영역이라고 생각한 것 안에서 논의를 진행해 왔다. 그래서 원하는 사람이 있다면 그 사실들을 적어둘 수 있을 것이다.)나는 중요하고 확정되지 않은 가설들의 영역에 도랑을 파는 지점에 이르게 되었다. 이 책의 제2장에서 '물질 문화'의 변화는 '공공성'이라고 불리는 결과와 일종의 정치적 개입으로 나아가는 결과들을 결정하는 구체적인 조건들을 형성하는 데 중요한 요인으로 언급되었다. 만약 사회적으로 중요한 인간적인 결과물과 관련해서 과학기술적인 요인의 중요성에 대한 정당한 의심이 가능했던 시기가 있었더라도 그런 시기는 이미 지나갔다. 과학기술 발달의 중요성은 물론 국내의 영역에서 그 의미가 더 크긴 하지만 국내적 이슈에 한정되지 않는다. 앞에서 언급했듯이 엄청나게 증가한 전쟁의 파괴성은 근대 과학기술 발달의 직접적인 결과물이다. 그리고 전쟁의 직접적인 원인인 불화와 갈등은 무한히 다양해지고 복잡해진 사람 간의 접점에 기인하는 것이며, 이것은 다시 과학기술 발달의 직접적인 결과이다.

지금까지 우리는 국가 단위 간의 교류가 국내 단의의 구성원들 사이에서 발생하는 것과 같은 방식으로 이루어진다는 관찰 가능한 사실의 경계 안에 머물러 있다. 미래의 억누를 수 없는 갈등으로서 오늘날 어렴풋이 등장하는 확정되지 않은 물음은 특정한 결과를 결정짓는 데 있어서 경제적 요인의 현실적인 범위에 관련된 것이다. '경지적 힘과 정치'라는 색인을 참고하면 알겠지만, 근대적인 삶의 경제적 측견에 의해 행사되는 엄청난 영향이 주목을 받고 있다. 그러나 국가 단위 간의 정치적 관계에 관한 한, 그 문제는 주로 특혜 관세, 무역보복 등과 같은 특별한 이슈와 주로 관련되어 있다. 경제가 정치 조직의 전 범위에 걸쳐 영향을 미치는 '유일한' 조건이라는 관점, 그리고 오늘날 산업은 절대적으로 어떤 단일한 유형의 사회 조직을 필요로 한다는 관점은 마르크스 저작의 영향 때문에 '이론적인' 이슈였다. 그러나 소비에트 러시아의 혁명에도 불구하고, 그것은 국제 정치의 즉각적인 '실천적' 이슈가 되지 못했다. 지금 그것은 분명히 그런 이슈가 되고 있으며, 오늘날의 징후는 국제 정치 관계의 미래를 결정하는 데서 그것이 '지배적인' 이슈임을 보여주고 있다.

경제가 정치 조직의 유일한 결정 요인이라는 입장은, 공적인 의사소통의 모든 기구를 포함해서 과학, 예술, 교육 등 사회적 삶의 모든 국면과 측면이 지배적인 경제 유형에 의해 결정된다고 보는 입장과 더불어 '전체주의'라는 이름이 정당하게 적용되는 삶의 유형과 일치하는 것이다. 사회적 조건들을 올바로 충족시키는 경제 조직의 형태가 단 하나밖에 없으며, 지구상의 모든 나라 가운데 오로지 한 나라만이 적절한 수준에서 그런 상태에 도달했다고 하는 관점이 주어져 있다고 한다면, 거기에는 해결되지 않은 중요한 실천적 문제가 있다.

왜냐하면, 소비에트 러시아는 이제 막 어떤 힘과 영향력을 갖게 된 상태에 도달했으며, 그 상태에서는 본질적으로 전체주의적인 철학이 이론의 영역에서 전 세계 민족 국가들의 실제 정치 관계로 넘어갔기 때문이다. 사회적 갈등을 평화적으로 중재하기 위한 근본적인 방법으로서 자유로운 탐구와 열려 있는 토론을 통해 상당한 정도의 신뢰를 이끌어내기에 충분할 만큼 민주적으로 국가들의 관계를 조정하는 문제와 오로지 단 하나의, 고정되고, 절대적이며, 그래서 탐구와 공적인 논의에 열려 있지 않은 진리가 존재한다고 하는 관점을 중재하는 문제는 이제 매우 중요한 것이 되었다. 이 두 입장 사이에 사회적 진보의 경계를 어디에 그어야 하는가에 대한 나 자신의 신념은 분명히 민주주의 국가 대다수 구성원의 신념과 일치하는 것이기는 하다.(나는 여기서 옳고 그름, 참과 거짓에 대해 생각하고 있지는 않다.) 그러나 나는 연합된 인간 교류의 사실적 결과의 범위와 영역의 문제 및 그 심각성의 문제가 무시하기에는 너무나도 명백한 '정치적' 속성을 지닌 사회적 행위에 영향을 미치는 결정 요인이라는 가설을 세계의 상황이 어떻게 입증하고 있는지 지적하지 않을 수 없다. 정치적으로 공통의 이해 영역을 발견하고 그것을 이행하는 문제는 이제부터는 피할 수 없는 문제이다.

주목해야 할 또 다른 점이 있다. 이 책은 첫째로 결과를 주목하는 것은 그 단순한 발생에 더하여 필수불가결한 조건이며, 둘째로 (적절한 규모와 같은 어떤 것에 대한) 이러한 주목은 당시의 지식 상태, 특히 과학이라 불리는 방법이 사회적인 사태에 적용되는 정도에 의존하고 있다는 점을 여러 곳에서 지적했다. 한 동안 어떤 사람들은 기술적인 것으로 인정된 사태(예컨대 도구나 기계의 발명 혹은 예술, 의학에서의 진보 등과 같이)가 문화적인 진보와 맺는 관계와 과학이 그런 진보에 대해 맺는 관계가 정확하게 같은 것이라고 주장했다. 우리는 또한 오늘날의 삶에서 치료할 수 있는 악의 상당 부분이, 한편에서는 물리적인 사실에 대해 그리고 다른 한편에서는 특히 인간적인 사실에 대해 과학적 방법을 적용하는 일에서 그런 과학적 방법이 가지고 있는 불균형 상태에 기인하는 것이라는 생각을 견지해 왔다. 그리고 이런 악에서 가장 직접적이고 효과적으로 벗어나는 길은 인간의 교류에서 과학적 방법이라고 이름 붙인 효과적인 지성을 발전시키기 위해 지속적이고 체계적인 노력을 기울이는 것이라고 생각해 왔다.

이런 점에 대한 우리의 이론화가 크게 효과가 있었다고 말할 수는 없다. 이론화의 특징이 있는 사건들, 그리고 일반적인 주목을 끌만큼 명백한 사건의 결과가 가지는 상대적인 중요성은 원자핵 분열에 의해서 생긴 일 속에 잘 나타나 있다. 그 결과는 대단히 인상적이어서 자연과학의 유용성과 비효용에 관한 와자지껄한 소리에 가까운 외침뿐 아니라 사회복지에 관한 관심에서 과학을 통제하는 측면이 정치의 장, 즉 정부 차원의 논의와 행동의 장으로 들어오게 되었다. 증거로서, 기록이 보여주듯이 민간 및 군대의 관여에 대해 미국 의회에서 그리고 [위급할 경우에] 필요한 최상의 통제 방법에 대해 유엔에서 논쟁이 진행되었다는 점을 지적하는 것으로 충분할 것이다.

우리는 오랫동안 자연과학의 지위에 관한 '도덕적' 문제의 측면을 다루어왔다. 그러나 자연과학의 결과물이 산업에서 엄청나게 중요하고 또 산업을 통해서 일반 사회에서 중요한 의미를 갖게 되었다고 하더라도, 과학의 행위와 상태를 특별히 '정치적인' 영역에 끌어들일 만큼의 주목을 얻는 데에는 실패했다. 전쟁의 파괴성을 증가시키는 과학의 사용은 사람들에게 원자핵 분열에 대한 뜨거운 관심을 불러 일으켰고 그래서 오늘날 우리는 그런 과학을 사용할 것인가 말 것인가 하는 정치적인 이슈를 갖게 되었다.

과학에 대해 오로지 도덕적인 관점을 갖기를 주장할 뿐 아니라 매우 일방적인 방식으로 그런 주장을 하는 사람들이 있다. 그들은 마치 자연과학이 인과적인 실재 자체인양, 그리고 지배적인 인간 제도에서 파생된 인간의 산물이 아닌양, 오늘날의 악에 대한 책임을 자연과학에 돌린다. 그래서 그들은 명백한 악을 자신들이 도덕적인 이상과 기준이라고 여기는 것에 종속시키려는 근거로 사용한다. 그들은 충고조의 설교를 혼자서 중얼거리면서 절대적인 권위를 갖는 어떤 제도가 없이는 과학을 그런 것에 종속시킬 수 있는 방법이 없다는 사실을 무시한다. 그런 제도를 만드는 것은 한때 과학적 탐구를 통제하려고 한 교회의 시도가 보여준 갈등을 다시 불러내는 확실한 길이 될 것이다. 그런 제도가 채택되었다고 하더라도 그들 입장의 최종 결과는 정치적이거나 공적인 이해를 무시한 채 과학을 이상적인 도덕적 목표에 종속시키는 것이 되지는 않을 것이다. 그것은 그런 식의 사회 조직에 수반되는 모든 도덕적 악을 지닌 정치적 폭정으로 귀결될 것이다.

과학은 인간의 구성물이 됨으로써 다른 모든 기술적 발달과 마찬가지로 인간의 사용에 종속된다. 그러나 불행하게도 '사용'은 오용과 남용을 포함한다. 오늘날 많은 사람이 과학을 '순수과학'과 '응용과학'으로 구분하는 데서 드러나듯이 과학을 그 자체 하나의 실재로 간주하는 것, 그리고 과학을 도덕적 이상에 종속되어야 하는 것으로 여기면서 경제적인 불균형이나 전쟁에서의 파괴처럼 사회적인 악이라고 비난하는 것은 우리에게 어떤 유용성도 가져다주지 않는다. 정반대로, 그런 태도는 우리의 지식과 유능한 관찰 방법이 수행할 수 있는 일에서 우리가 그런 것들을 사용할 수 없게 만든다. 이 책은 사회 정책 및 제도적 배치의 결과에 관한 효과적인 통찰을 장려하는 것이다.

존 듀이
허바드, 노바 스코티아[1]에서
1946년 7월 22일

---

[1] [역주] 캐나다 동쪽 해안에 있는 작은 마을 이름임

| 부록 |

# 실천적 민주주의[1]

　월터 리프먼은 여론에 대한 그의 분석에 이어서 공중, 즉 국가를 지배한다고 말해지는 여론을 형성하고 표출하는 존재인 공중에 대한 더 간략한 그러나 - 이것이 가능한 것인지는 모르겠으나 - 더 함축적인 글을 출간했다. 이 존재에 대한 그의 평가는 '유령같은 공중'이라는 제목 속에 응축되어 있다. 그러나 궁극적으로 유령같은 것은 민주주의 이론가들이 주장하는 공중이다. 리프먼은 공중 아니 더 정확히는 여러 공중이 있으며 이들은 가변적이고 유동적이며 무지하고 숫기없는 존재일지라도 적절한 수단에 의해서 포착될 수 있고 응결될 수 있으며 형성될 수 있고 또 현명해질 수 있으며 그래서 공적으로 등장하게 할 수 있다고 믿는 듯하다. 또한, 리프먼은 이 공중들을 적절히 다루고 재교육을 하면 이들은 정치적 문제의 해결 또는 통치 행위에 제법 효과적으로 그리고 성공

---

[1] 월터 리프먼의 『유령 같은 공중』(The Phantom Public, New York: Harcourt, Brace and Co., 1925)에 대한 듀이의 서평. (First published in New Republic 45(2 December 1925) 52~54)이 서평이 여기에 번역된 『공공성과 그 문제들』의 기초가 되었다.

적으로 개입할 수 있다고 믿는다. 물론 사람들은 어떤 구절들을 문맥에서 잘라내서 인용함으로써 사람들에게 리프먼이 민주주의에 완전히 등을 돌렸다는 인상을 줄 수 있을 것이다. 그러나 사실 리프먼의 책은 간결하고 온건한 민주주의 이론에 대한 믿음을 천명하고 있는 것이다. 또한, 그의 책은 합리적인 민주주의 개념이 – 공중과 그의 힘에 대한 과장되고 맹목적인 믿음 아래에서보다 – 더 잘 작동할 방법을 제시하고 있는 것이다.

따라서 내가 보기에 그의 저작은 적어도 건설적이다. 그가 민주주의에 대한 낭만적인 관념을 비판하는 정도는 매우 강력해서 그의 설명으로는 지금보다 훨씬 더 상황이 좋아진다 해도 공중은 통치하는 것이 아니라 단지 개입하며, 그것도 단지 결정적인 갈림길의 상황에서만 개입해야 한다. 그럼에도 나는 리프먼의 책이 지금 같은 시기에 쓰인 것을 충분히 이해할 수 있다. 지금, 전체적인 분위기는 환멸의 분위기도 아니고, 협잡이 난무하는 분위기도 아니고 허세에 대해 항의하는 분위기도 아니며 해결할 수 없는 문제들로 산적한 분위기도 아니다. 그의 책은 무엇보다도 민주적 정부형태의 작동에 긍정적으로 기여하는 것으로 간주될 것이다. 간단히 말해서 그 책은 민주주의에 대한 반역이 아니라 다음과 같은 민주주의 이론에 대한 반역을 표현한다. 즉 책의 뒷부분에 인용된 벤담의 문구를 풀어서 말한다면 지성 understanding을 혼란하게 만들고 정념 passions에 불을 붙임으로써 민주정부의 난점을 증대시키는 이론에 대한 비판이다. 작동할 수 있기 위해서 민주주의는 경감된 정념과 맑은 지성을 요구한다.

그의 저서는 명료하며, 특히 그 저서가 제기하는 근본적이고 논쟁적인 이슈들을 고려할 때 그 명료함은 놀라울 정도이다. 그의 논증의 요점을 제시해달라고 요구할 필요는 없다. 리프먼 씨는 이미 서평자가 제시할 수 있는 어떤 요약보다 더 훌륭하게 논점을 제시해 놓았기 때문이다.

그는 먼저 그가 생각하기에 여론이 마땅히 행해야 할 기능을 수행하도록 하기 위한 검증들tests을 제시한다. 이어서 그는 이런 특별한 검증을 별로 높이 평가하지 않지만, 이 검증들의 본성nature에는 큰 의의를 부여한다. 왜냐하면, 이 본성은 근저에 놓인 원리들에 의존하기 때문이다. 그러면서 이 검증의 부정적인 결과가 먼저 등장한다. 이 부정적 결과 속에 열광적이고 순화되지 않은 민주주의 이론에 대한 그의 비판이 압축적으로 들어 있다. 실행적인 행동은 공중에게 속하는 것이 아니다. 어떤 문제의 내재적인 장점은 공중에 속해 있는 것이 아니다. 어떤 문제에 대한 지성적 예견, 분석 그리고 해결도 공중에 속해 있는 것이 아니다. 이러한 결론의 논거를 전개하고 이런 상황에서 공중이 할 수 있는 일은 무엇인가를 진술하는 데에 이 책의 3분의 2가 할애된다.

그의 논증은 본질적으로 소수 내부자와 다수 외부자 간의 구분에 기초하고 있다. 내부자는 활동적 힘이며, 외부자는 관람자이자 구경꾼이다. "현실적 통치는 특별한 개인들에 의한 특수한 문제들의 다중적인 조정들로 이루어져 있다." 통치는 실제로 그렇게 되어 있을 뿐 아니라 그렇게 되어야 마땅하다. 일들은 일반적으로 수행되는 것이 아니라, 어떤 사람들에 의해서 특수하게 수행된다. 정부가 해야 할 일들은 대체로 기술적이며 전문적이다. 이 일들은 매우 복잡해서 어떤 사물들의 주요한 임무가 되지 않으면 안 된다. 현대 국가는 너무 규모가 커서 공적인 결정과 실행은 필연적으로 시민 대중에게서 동떨어진 채 이루어진다. 현대 사회는 단지 눈에 보이지 않을 뿐 아니라 더 나아가 전체로서 그리고 연속적인 것으로서는 우리가 도저히 알 수 없는 것이다. 그리고 그것의 특수한 문제 대부분은 외부자에게는 도저히 파악될 수 없는 것들이다. 외부자는 결국 영위해야 할 자신의 삶이 있으며 해결해야 할 자신만의 개인적이고 사적인 문제들이 있다. 아리스토텔레스 시대의 도시국가에서조차 시민의 제한된 능력과 그의 환경의 복잡성을 어떻게 연결할 것인가는 하나의 문제였다. "공동체가 단순하고 소규모로 머물러야 한다"는 아리스토텔레스의 대답은 오늘날 더는 실현 가능한 것이 아니다. 더 나아가 - 리프먼 씨는 아마도 이렇게 덧붙일 터인데 - 아리스토텔레스의 대답의 다른 부분 즉 효력 있는 시민권이 단지 여가가 있는 남자들에게만 제한되어야 한다는 부분도 더는 실현 가능한 것이 아니다. 낡은 민주주의의 교리는 전능한 시민과 여론의 무제한한 능력을 가정하고 있기 때문에 오늘날 붕괴했다. 이 교리가 얼마나 철저히 실패했는가는 지난 30년 동안 대중의 유효투표 비율이 80퍼센트에서 50퍼센트로 하락했다는 사실에서 잘 드러난다.

사업에서의 사적인 행동의 효율성과 행정적 행동의 느슨함과 나태함은 사실상 공공적 행위와 사적인 행위 간의 대조가 아니라 "특수한 일을 하는 사람들과 일반적 결과를 도모하려는 사람들" 간의 대조이다. 이 후자의 작업, 즉 일반적인 결과를 도모하는 일은 불가능하다. 사회에는 충분한 통일성이 없다. 공통의 지식도 충분하지 않다. 또한, 그런 것이 있다고 해도 일반적인 행동이란 난센스이다. 커다란 일을 도모하는 공통의 마음과 일반적인 행동이라는 핑계는 단지 허구를 키웠고 이 허구는 혼돈을 증가시켰으며 사기와 선동을 부추겼다. "다수의 보편적 희망들로부터 일반의지를 형성한다는 것은 헤겔적인 신비가 아니라 지도자, 정치가 그리고 위원회들에 잘 알려진 기술이다. 그것은 본질적으로 감정을 끌어모으는 상징을 - 거기에 내포된 사상은 떼어내 버린 채 - 사용하는 것으로 이루어져 있다." 이것의 당연한 귀결은 여전히 행위가 소수 내부자에 의하여 사적으로 결정된다는 것이다. 그리고 거기에 위조의 과정이 개입한다. 그들은 자신의 목적을 위하여 행동하면서도 공적인 의지의 대리인이라고 자처하고 또 공중의 지지와 승인을 얻었다고 주장한다. 그리고 공중의 지지와 승인을 얻기 위해서 그들은 공중을 감쪽같이 속인다.

공동체들의 범위와 복잡성이 증가함으로써 조직은 방대해진다. 그 결과 "결정은 중앙정부, 멀리 떨어진 행정관소, 정당의 중진 회의, 담당 위원회들의 손에 집중된다." 따라서 한편에는 실제로 결정을 내리는 사람들이 있다. 그러나 이들은 자신들이 결정을 내린다는 사실, 그들의 정체 그리고 그들의 형성과정을 가린 채 어떤 대중적인 대리인들이 결정을 내리고 있는 듯한 가상을 연출한다. 다른 한편에는 정치적으로 혼란되고 불확실하며 다소 무용하고 의기소침한 선거인단이 있다. "행위와 경험 간의 간격 그리고 원인과 결과 간의 간격이 벌어짐으로 자기표현에 대한 맹목적인 신념cult이 양성된다. 이 신념 속에서 각각의 사고자들은 자기 생각에 대해서 사고하며 자기 감정에 대해서 섬세한 감정을 느낀다. 그가 결과적으로 사태의 진행과정에 별 영향을 미치지 못한다는 것은 그에게 전혀 놀라움을 주지 못한다."

그럴 때, 공중의 적극적인 기능은 때때로 다른 내부자들에 대항해서 어떤 내부자들의 편을 들어서 내부자들의 활동에 개입하는 것이고, 거칠고 뻔뻔한 행동들을 판정하는 것이고, 외적인 행위의 슬로건을 좇아서 자신의 힘을 이런 또는 저런 내부 집단으로 옮기는 법을 배우는 것이다. 자신의 과업을 수행하려면 공중은 기준이 필요하다. 이 기준들이 만들어지는 것은 공중이 공적인 이익을 진정으로 촉진하는 정책을 펴는 집단과 사적인 목적을 위해서 공중을 이용하고 있는 집단을 구분하기 위해서이다. 이러한 구분에 도달하는 핵심적인 포인트는 어떤 내부적 당파들이 자신의 요구들을 공개적인 탐구에 기꺼이 맡기려 하며 또 합당한 공공적 결과를 추구하는가에 있다. 이성의 길은 어떤 정규적인 규칙을 따르려는 자발성의 길이기 때문이다. 다양한 제안 속에서 합리성의 실체를 통찰할 수 없다면 공중은 적어도 그것의 형태, 방법 그리고 정신을 판단할 수 있다. 탐구의 법정에 나서려 하지 않는 터도는 이성과 법의 규칙성을 싫어한다는 명백한 표시이다.

이상의 것은 단지 요약이며 건조하다. 리프먼의 논의 전체는 간결하면서도 깊은 맛이 있다. 그러나 이상의 서술은 리프먼 씨가 공중이 준수해야한다고 요구하는 제한점들의 핵심을 제시하는 데에는 기여할 수 있으리라 기대한다. 공중이 그것을 '준수하는 것'은 그 제한점들이 사태의 본성 속에 놓여 있기 때문이다. 즉 다음과 같은 문제의 특별하고 복합적인 본성 속에 놓여있기 때문이다. 즉 공중이 멀리 고립되어 있고 그 구성단위들이 자기 일과 오락에 푹 빠져 있다는 것이다. 오해를 피하고자, 위의 요약에 덧붙여야 할 것은 리프먼이 "내부자"라는 말로서 단지 정치적인 내부자 이상의 어떤 것을 의미한다는 사실이다. 그것은 정부 관리들이나 기구의 운영자들 이상을 의미한다. 왜냐하면, 이들은 여러 측면에서 외부자이기 때문이다. 산업적이고 경제적인 문제들에서, 내부자인 사람들은 자본가든 노동운동 지도자들이든 활동적인 산업적 지도자들이라고 할 수 있다. 따라서 사실상 리프먼의 논증은 새로운 접근 시각에서 보면 정부 사업의 탈중심화에 대한 강력한 요청이다. 그것은 현실의 정부가 – 우리가 원하든 원하지 않든 – 비정치적인 기구들에 의해서 또는 우리가 관습적으로 정부와 관계가 없다고 생각하는 기구들에 의해서 운영되어야만 한다는 요청이다.

유권자들의 활동성이 퇴락했다고 지적함에도 리프먼의 비판의 진짜 의도는 내가 생각하기에는 유권자들이 아직도 너무 많은 것을 시도하고 있다는 것이다. 낡은 자유방임주의 학파의 말을 빌리면 유권자들이 쓸데없이 간섭하고 있다.

여기서 어쩌면 리프먼이 다양한 사회적 행동을 기능적으로, 즉 직업적인 행동이나 이해관계에 의해서 조직하려는 이론들을 전혀 언급하지 않는다는 사실에 놀라는 사람도 있을 것이다. 아마도 그것을 언급한다면 지나치게 고원하고 사변적인 문제들로 휩쓸려 들 것을 우려했던 탓일 것이다. 그러나 그가 가정하고 있는 방식대로 일반적 공중이 우연적으로 개입한다고 할 경우 그것이 그래도 어떤 효과를 낳으려면 반드시 필요한 것이 있다. 그것은 그렇게 개입하는 집단적 행동들이 더 잘 조직되어 있고 또 더 인정에 대해 열려 있고 또 "당원의 정체성"과 그의 목적에 대해 더 많이 노출되어 있어야 한다는 것이다. 그리고 바로 이것이 민주주의적 절차의 목적이다. 따라서 리프먼 씨의 착상은 "길드" 또는 "소비에트" – 내가 볼셰비키라는 말을 쓰지 않았음에 주목할 것 – 조직과 유사한 어떤 것이 없이는 작동할 수 없다는 것은 분명하다.

여기서 리프먼 씨의 비판이 어느 정도는 단지 허수아비를 겨냥한 것이 아닌가 하는 의심을 할 수 있을 것이다. 물론 나는 리프먼 씨가 정통적이라고 간주하는 민주주의 이론을 주장한 사람이 아무도 없었다고 주장하는 것이 아니다. 그러나 그러한 관념들이 사태가 벌어진 이후에 대부분 등장했다고 말하는 것이 더 안전하다. 민주주의에 대한 정통적 관념들은 달성된 사실들의 – 요즘 유행하는 말로 하면 – "합리화들"이다. 제임스 하비 로빈슨Robinson의 말을 빌린다면 민주주의는 선한 또한 악한 이상의 실현으로서 등장한 것이 아니다. 대중정부라고 불리는 것은 수많은 그리고 다양한 특수한 사건의 결과라고 해야 옳다. 민주주의에 우호적이지 않았던 칼라일도 출판매체가 등장하면 민주주의는 불가피하다고 말하지 않았던가?

민주주의의 대변인들이 리프먼이 그들에 대해 비판하고 있는 것과 매우 다른 어떤 것을 생각하고 있었을 것 같지는 않다. 최종 심급에서 판사와 심판이 된다는 것, 중요한 이슈들을 대중의 판단에 따라 결정할 수 있다는 것, 정치적 지배자들이 그들의 치적에 대해 평가를 받기 위해 정기적으로 심판대에 서게 할 수 있다는 것. 이런 것들은 내가 생각하기로 민주주의적 운동을 실질적으로 정부로 확대해 나갔던 대부분의 사람이 가졌던 – 아주 부적절한 것은 아니었던 – 논거들이었다.

그런 제한된 과업들이지만 그것을 지성적으로 수행하는 것은 어려움을 내포한다. 그리고 이 어려움은 시간이 지나면서 대단히 증폭되었다. 여기에는 아무런 의심도 할 수 없다. 그리고 이러한 변화가 바로 리프먼 씨가 우리에게 제시하는 고려사항들을 필요하게 만들었다. 그러나 또한 그것은 리프먼 씨의 견해를 수정하게 한다. 단 먼저 최근에 드러난 공중의 잘못된 행태들 – 예를 들면 테네시 주에서 보는 금주법과 사치금지법 – 에 대한 리프먼 씨의 명백한 혐오가 포함하고 있는 논리적 모순이 제거되어야 할 것이다. 테네시 주는 민주주의에 대한 전면적 비판의 근거이기보다는 민주적 정부의 절차에 대해서 생각해 볼 기회를 제공하는 것이다. 리프먼 씨의 말을 통해서 금주법에 대한 여론과 대중선거에 대한 관계에 대한 상세한 분석을 살펴보는 것은 흥미로운 뿐 아니라 매우 계발적이다. 그 대중적 결정 사항의 적합성에 대한 논의가 전체 주제를 명료하게 해 줄 것이다. 그 반대는 그 이슈에 관심이 있는 국민 대중에 대한 반대인가? 아니면 그것은 취해진 행동에 대한 탄대였는가? 아마도 전자일 것이다. 왜냐하면, 만약 후자가 참이라면 명백한 근거가 되는 것은 민주주의의 이전 행동을 수정하려는 민주적 실천을 끈질기게 요청하는 것이 될 터이기 때문이다. 그러나 전자가 참이라면 권력자들이 모든 문제에 대해서 고압적인 태도로 극단적 결정을 내릴 때 거기에 어떻게 대항할 어떤 이론적 보호 장치가 있는가를 알아내는 것이 중요해진다. 분명히 사치금지법은 민주주의적 정부의 발명품이 아니다. 그리고 그것은 현대 사회의 비정치적인 측면이다. 철도와 신문어 의한 신속하고 복합적인 상호의사소통 같은 것이 현재 유행하고 있는 사치금지법을 가능하게 만든다. 분명히 리프먼은 통치자들에게 현명하지 못한 입법을 하지 않게 할 수 있는 지침이나 권고 따위에 신뢰를 보낼 사람이 결코 아니다. 그러나 그렇다면 출구는 어디에 있는가? 나는 이 문제가 어떤 다른 정부에서보다 민주정부에 더 관련된다고는 생각하지 않는다. 이제 이런 상황을 초래한 것은 거대사회라고 말하지 않을 수 없는 지점에 도달했다.

예를 들어, 과학교육에 대한 금지나 입법의 무지함을 인정한다면 유권자의 전능함이나 오류 없는 여론의 존재 그리고 다수의 신성한 권리에 대한 신앙은 더는 믿기 어렵게 된다. 특별한 민주주의 이론이 아니라 주류 판매에 대한 혐오가 주류 판매 금지론자들을 부추겼고 한편으로 카드놀이, 음주, 춤 등을 악마의 발명품으로 간주하는 도덕론자들의 혐오감을 불러왔다. 다른 한편으로 검소 또는 풍요의 신을 섬기는 사람, 대 기업가들 그리고 선술집의 정치적 힘을 두려워 한 사람들의 혐오감을 불러왔다. 그리고 또 다른 관점에서도 혐오감을 불러일으켰다. 반 진화론 입법을 통과시킨 사람들을 움직이게 했던 것은 일종의 열렬한 신학적 신념이었다.

민주주의적 제도가 문제의 공중에 법률을 통과시킬 기회를 주는지 말해야 한다면, 대답은 그것은 올바른 진술이지만, 그것이 실현되는가는 본질적으로 우연을 내포하는 문제라는 것이다. 가톨릭교회는 전혀 민주적 체제가 아니다. 다윈은 금서목록에 올라있다. 그리고 교회가 학교를 완전하게 통제하고 있다면, 그들의 행태는 테네시 근본주의들의 행위보다 덜하지 않을 것이다. 한때 교회에 속했다가 나중에 왕에게 부여된 신성한 권리가 이제는 대중에게 확고히 부여되었다고 생각하는 사람들에게, 민주주의가 권력의 남용에 대한 자동적인 보호 장치가 아니라는 가르침은 의심할 여지 없이 매우 유용한 것이다. 그러나 어떤 경우든 문제는 우둔함, 불관용, 경쟁 그리고 나쁜 교육에서 솟아나오는 것 같다. 이런 특성이 군주를 치장하거나 과두제를 장식하는 것이든 아니면 대중의 도덕적 훈장이든 상관없이 말이다.

나는 지금 이러한 언급이 리프먼의 논의의 커다란 가치를 훼손하고 있다고는 생각하지 않는다. 그러나 아마도 나의 언급들은 더 나아간 분석이 필요하다는 사실을 시사한다. 이 더 나아간 분석은 주로 거대사회가 초래한 내재적 문제와 위험을 설명해 내야 한다. 이 거대사회와 연관해서 볼 때, 민주주의의 약화는 현대 사회의 제 문제의 원인인 것이 아니라 그것의 징후적 결과이다. 나의 언급은 리프먼이 제시하는 바와 같은 기준에 의해 현행의 민주주의의 절차를 개선하는 것이 아무리 도움이 될지라도 결국은 사회 그 자체의 더욱 진전된 조직화가 유일한 탈출구라는 점을 보여주고 있다. 나의 언급은 또한 공중과 연관하여 공공성에 대해서 더 많은 논의가 필요함을 보여준다. 언론매체의 윤리적 개선은 현재의 문제에 대처하기에는 아직 많이 모자란 상태이다. 궁극적 문제는 과학적이며 예술적이다. 그것은 어떻게 언론과 출판을 – 다양한 내부자 집단의 욕망과 의도를 포함하여 – 사회적 운동의 연속적이고 체계적이며 효과적인 파악수단으로 만들지의 문제이다. 이것은 예술적인 동시에 지성적인 문제이다. 왜냐하면, 그것은 공적인 특성이 있는 모든 행동을 발견하고, 기록하고 해석하는 과학적 기구를 전제하고 있을 뿐 아니라 탐구 결과를 사람들의 흥미를 끌면서도 무게를 가지도록 표현할 방법을 전제로 하고 있기 때문이다. 나는 대부분의 사람이 설탕을 살 때, 그것의 영양가를 믿기 때문이라고는 생각하지 않는다. 그들은 습관 때문에 그리고 미각을 즐겁게 하려고 그것을 산다. 사실을 구매할 때도 이와 마찬가지여야 한다. 그러려면 사실은 다양한 공중과 그리고 더 광범위한 일반적 공중에 사적인 행동이 가지는 공적인 의미를 볼 수 있게 해주고 또 그것을 공적인 관심의 토대 위에서 다룰 수 있게 해주는 것이 되어야 한다.

  나는 리프먼의 책을 소개하면서 사실 전문철학자로서 내게 가장 흥미로운 내용은 전혀 언급하지 않았다. 리프먼은 현대 사상의 다원적 경향을 효과적으로 그리고 통찰력 있게 사용하고 있다. 그 경향에는 지성이 자기 스스로의 동력에 의해서 작동하는 것이 아니라 갈등을 조정하고 특수한 난점을 해결하려 작동한다는 이론도 포함된다. 이러한 철학적 배경 때문에 그의 책은 이 분야의 대부분의 책과 구별되는 범위와 힘을 지니고 있다. 나의 서평은 그 점을 충분히 설명하지 못한다. 그러나 이런 언급마저도 사실은 너무 길다. 편집자가 허락한다면 나는 이 부분을 나중에 다시 한 번 다루고 싶다.

| 역자 해제 |

## 1. 듀이의 철학과 공공성의 문제

존 듀이(1859~1952)는 프래그머티즘을 미국의 철학으로 확고하게 정립한 철학자라고 할 수 있다. 듀이의 프래그머티즘은 남북전쟁 이후 전통적인 종교적 가치와 새롭게 등장하는 산업사회의 가치가 충돌하는 상황을 중재하고, 인종 갈등을 봉합하면서 새로운 국가를 만드는 프로젝트를 수행해야 했던 미국 사회의 요구에 부응하는 사회철학이었다. 물론 듀이의 철학적 관심이 철학적 물음의 전 영역에 걸쳐 있긴 하지만 그가 진정으로 원했던 철학적 프로젝트는 민주적인 국가의 건설이었다는 점에서 그의 철학적 작업의 핵심을 사회철학에서 찾는 것이 무리는 아닐 것이다.

제임스와 퍼스 등에 의해 주창되고 전개되어 온 프래그머티즘은 그래서 듀이를 통해 사회철학으로 확장 발전된다고 말할 수 있다. 퍼스의 철학적 관심이 주로 논리학과 기호학에 치중되어 있고, 제임스의 작업이 주로 심리학, 인식론, 종교 등에 집중되어 있다면, 듀이의 근본적인 관심은 철학을 통한 새로운 사회의 건설에 있다. 그런데 특기할 만한 것은 듀이가 사회 철학적 기획에서 소위 '과학적 방법'의 적용을 일관되게 주장하고 있다는 점이다. 이런 부분은 듀이의 프래그머티즘을 이해하는 데 많은 오해를 불러일으킨다. 그것은 우리가 '과학적 방법'이라는 개념에 대해 이미 어떤 선입견이 있기 때문이다. 우리는 흔히 과학적 탐구가 객관적인 진리를 목표로 이루어지며, 관찰 및 실험이라는 경험적 방법에 따라 검증된 지식이 과학적인 지식이라고 생각한다. 이런 상황은 우리가 얼마나 과학에 대한 실증주의적인 생각에 빠져있는가를 보여주는 것이다.

듀이는 물론 '경험'의 개념에서 출발해서 과학적 탐구를 통해 더 나은 지식을 찾고자 한다. 그러나 그가 말하는 경험은 실증주의자들이 말하는 경험이 아니며, 그에게 있어서 과학적 탐구의 본질 또한 결과로 드러난 검증된 지식에 있는 것도 아니다. 그는 우리의 경험이 수동적인 정보 습득의 과정이 아니라 문제 상황을 극복하려는 의지를 포함하고 있는 매우 능동적인 탐구의 출발점이라고 생각한다. 똑같은 상황에 부닥치게 되더라도 우리가 어떤 태도를 보이는가에 따라서 경험의 내용은 아주 달라질 수가 있다. 그가 교육의 목표를 성장이라고 말하면서 그 성장의 과정이 끊임없이 경험을 재구성함으로써 그 의미를 풍부하게 만드는 것을 통해 이루어진다고 말할 때의 경험과 과학적 방법을 통한 탐구의 출발점이 되는 경험은 다른 경험이 아니다. 한편 과학적 탐구의 방법을 강조할 때에도 그가 염두에 두고 있는 것은 지성적인 방법을 통한 우리 지식의 끊임없는 재수정의 과정이지 검증된 지식의 묶음이 아니다. 그에게 있어서 최종적으로 검증된 지식이란 있을 수 없다. 그는 과학적 탐구의 과정을 문제 상황에서 시작해서 가설을 세우고, 실험과 실천을 통해서 그것을 검증해 본 후, 그것이 과연 받아들일 만한 것인지 검토해 보고 나서 비로소 '보증된 주장 가능성'으로서의 잠정적인 지식을 얻는 과정으로 서술하고 있다. 그가 진리라는 말 대신 '보증된 주장 가능성'이라는 표현을 쓰는 데에서 그의 '과학적 탐구'에 대한 생각을 읽을 수 있다. 우리의 판단은 결과를 통해서 끊임없이 갱신되어야 할 어떤 것이기 때문에 듀이는 최종적인 진리보다 그런 갱신을 가능하게 하는 '과학적 탐구의 방법'에 주목하는 것이다. 이런 것을 실증주의적인 선입견에 따라서 소위 '과학주의'라고 불러서는 곤란할 것이다.

그가 과학적 방법을 사회철학의 수단으로 삼고자 하는 이유는 무엇보다도 우리가 전례 없이 새로운 상황에 놓여 있다고 보기 때문이다. 이 새로운 상황이란 과학기술의 발달, 특히 교통과 통신 수단의 발달 덕분에 사람 간의 교류가 빈번해지고 의사소통의 속도가 획기적으로 빨라진 상황을 뜻한다. 이런 상황은 우리를 더는 지역적인 공동체의 테두리 안에 머물러 있지 못하게 하며, 개인의 행위에 쉽사리 공적인 의미를 부여한다. 이것이 좋은 것이냐 나쁜 것이냐를 떠나서 우리는 이제 이런 새로운 상황에 맞추어 사회 발전의 목표를 세워야 하는 과제를 떠맡게 되었다는 것이 듀이의 판단이다.

듀이가 이런 판단을 기반으로 대결하고자 하는 것은 한 공동체의 이상과 목표가 소수 지배자나 진리를 안다고 자처하는 지식인에 의해 독점되고 있던 시대의 낡은 철학적 관점들이다. 여기에는 형이상학적 독단주의나 논리적 절대주의, 극단적인 형태의 개인주의나 전체주의 등이 포함된다. 듀이가 과학적 방법을 내세우는 것은 바로 그러한 비과학적, 다시 말해 비지성적인 관점에서 출발하는 철학적 견해에서는 공동체의 목표를 수립할 만한 올바른 관점을 얻을 수 없다고 보기 때문이다.

듀이가 보기에 자연과학의 발달에 비해 인간적인 문제에 관한 과학, 즉 인간의 도덕과 정치의 문제를 다루는 지성적인 방법은 미발달의 상태이다. 듀이는 『철학의 재구성』에서 다음과 같이 말하고 있다.

> "간단히 말해서, 어떤 각도에서 접근해 들어가든, 철학의 재구성에서 문제는, 아직은 초기적이고 혼란스러운 새로운 과학 및 그것에서 비롯된, 산업적, 정치적 인간조건에서 새로운 움직임이 완성되려면 그

것들이 어떻게 수행되어야 하는가를 밝히려는 노력을 먼저 시작해야 한다는 것이다. 새로운 조건에 합당한 성취를 이루기 위해서는, 그 운동의 적합한 방향과 계기가 새로운 도덕적 질서를 구성할 수 있을 만큼 인간적인 목표와 기준을 통해서만 달성될 수 있기 때문이다."[1]

듀이는 민주주의 국가를 건설해야 한다는 긴급한 과제와 관련하여 철학이 무엇을 할 수 있을까를 고민했고, 그가 말하는 '철학의 재구성'이란 인간의 도덕 및 정치적 영역의 문제를 다루기 위한 지성적 방법을 발달시키는 토대로서의 철학적 숙고가 시작되어야 한다는 것이다. 이 책 『공공성과 그 문제들』은 그런 점에서 우리가 어떻게 민주주의 국가의 틀을 만들 수 있는가 하는 그의 근본적인 문제의식을 바탕으로 『철학의 재구성』을 잇는 사회·정치철학의 주요저서라고 할 수 있다.

듀이에게 가장 많은 영향을 받은 네오프래그머티스트 리처드 로티는 듀이의 철학을 희망의 나라를 만드는 철학이라고 부르고 있다. 로티는 『미국 만들기』라는 책에서 다음과 같이 말한다.

"휘트먼과 듀이는 지식 대신 희망을 선택했다. 그들은 신의 의지에 대한 지식, 윤리적인 법, 역사의 법칙이나 과학적인 사실을 대신할 공유된 유토피아의 꿈을 원했다. 다시 말해서 이상적일 만큼 품위 있고 교양 있는 사회에 대한 꿈을 원했다. 희망의 정당인 그들의 정당은 20세기의 미국을 단지 경제적이고 군사적인 거인 이상으로 만들었다. 미국에 좌파가 없었더라도 우리는 여전히 강력하고 용감했을 수 있겠지만, 우리더러 선량했다고 할 사람은 아무도 없었을 것이다. 우리가 기능적인 정치적 좌파를 가지고 있는 한, 우리는 아직 미국을 이룩할 기

---

[1] 존 듀이, 『철학의 재구성』, 이유선 역, 아카넷, 2010, 44쪽.

회를 가지고 있으며, 휘트먼과 듀이의 꿈이 실현될 나라를 만들어 갈 것이다."[2]

로티가 이 구절에서 요약하는 듀이의 꿈은 '이상적일 만큼 품위 있고 교양 있는 사회'에 대한 꿈이다. 한 공동체의 구성원이 그렇게 품위 있고 교양 있는 삶을 살 수 있는 사회란 어떤 사회일까? 듀이식대로 말하자면 사람들이 더 이상 즉물적인 재화를 쌓고자 인생을 허비하지 않는 사회, 정신노동과 육체노동이 분리되어 있지 않은 사회, 인종 간 갈등이 해소된 사회, 빈부의 격차가 없는 사회, 산업과 예술 그리고 노동과 여가가 통합된 사회일 것이다. 이런 유토피아가 국가를 소멸시킴으로써 이루어지지는 않는다는 것이 듀이나 로티의 공통적인 생각인 것 같다. 이들은 절대 권력을 가진 괴물과 같은 국가도 바람직한 국가가 아니며 완전히 무정부상태의 사회가 바람직한 사회도 아니라고 생각한다. 이들이 꿈꾸는 유토피아는 공동체의 구성원들이 스스로 공동체의 목표를 정하고 제도와 관습에 의한 차별과 억압을 없애나가는 끊임없는 실천이 이루어지는 사회이다.

그러나 현실은 그런 공동체를 구현할 조건을 전혀 갖추고 있지 않다. 투표로 선출된 공직자들이나 공적인 임무를 부여받은 공무원들은 한편에서는 여전히 사적인 이해관계에 얽매여 있는 개인이어서 자신의 직위나 권력을 이용해서 사적인 욕망을 충족시키려는 유혹을 끊임없이 받게 된다. 듀이는 이런 유혹을 없앨 수 있는 장치를 만드는 것이야말로 공공성을 구현할 수 있는 현실적인 방책이라고 생각한다. 공적인 업무에 종사하는 사람들이 사적인 이해관계를 우선시하는 한 민주주의는 제대로

---

[2] 리처드 로티, 『미국 만들기』, 임옥희 역, 2003, 128쪽.

작동할 수 없을 것이다. 민주주의 사회가 무한한 삶의 다양성을 용인하면서 각자의 개성을 꽃피울 수 있게 하는 사회라면 공공성을 찾아내고 그것을 구현하려는 노력이 선행되어야 할 것이다. 왜냐하면, 개인의 개성은 공동체 목표 및 이상과의 적절한 연관 속에서만 올바로 피어날 수 있을 것이기 때문이다.

국가라는 정치공동체를 거대 기업이나 막후의 실력자들이 사적인 이해를 관철하려는 음모적인 조직으로 간주하지도 않고, 파편화된 개인들이 사적인 이해를 담보하려고 타협한 권력기관으로 간주하지도 않는다는 데 듀이의 특징적인 생각이 놓여 있다. 듀이는 국가의 구성원들이 공통의 이해, 공통의 목표를 찾아내고 그것을 구현해 나가는 것과 각자의 개성을 구현하면서 사적인 욕망을 충족시키는 것이 별개의 문제가 아니라고 보고 있다. 그에게서 공공성의 발견과 그것의 구현은 불가능한 망상이 아니라 '지성적인 방법'과 '의사소통'을 통해 가능한 꿈이며 희망이다.

## 2.『공공성과 그 문제들』의 내용과 의의

'제1장 공공성을 찾아서'의 주요한 키워드는 국가의 개념 및 공사구분의 문제이다. 듀이는 먼저 국가를 어떤 관점에서 바라보아야 하는지, 국가의 역할은 무엇인지 논함으로써 이 책의 전체적인 주제를 제시하였다.

듀이가 보기에 국가에 대한 기존의 철학적 관점은 모두 한계가 있다. 기존의 철학적 관점은 네 가지로 요약되어 소개된다. 국가를 모든 사람이 행복하게 살 수 있는 사회구조와 질서를 마련하는 데 필수불가결의 사회라고 본 아리스토텔레스의 관점, 국가는 사회의 질서 유지라는 형식적 기능만 가진다는 자유주의적 관점, 일부 사회주의 계열의 무정부주의적 관점, 인간의 이기적 충동을 제어하는 수단 혹은 사적 소유권을 보호하는 수단으로 보는 사회계약론적 관점 등이 그것이다. 이런 철학적 견해의 문제는 실제로 벌어지고 있는 사실에 대한 충분한 고려가 없이 한편으로는 국가의 역할과 기능을 지나치게 이상화하거나 다른 한편으로는 그것을 과소평가하고 부정하는 데 있다. 듀이는 어떤 철학적 관점을 옹호하거나 공격하는 일이 맹목적이거나 비이성적인 방식으로 이루어져서는 안 되고 지성적인 방식으로 이루어져야 한다고 역설한다.

그렇다면 지성적인 방식으로 국가에 대한 어떤 견해를 옹호하거나 공격하는 일은 어떻게 이루어질 수 있을까? 듀이는 이 책에서 다음과 같이 말한다.

> "우리가 '국가'라는 단어를 언급하는 순간 수많은 지적 유령이 나타나 우리의 시야를 흐리게 한다. 의도하지도 눈치 채지도 못하는 사이에 '국가'라는 개념은 우리를 다양한 관념 사이의 논리적 관계에 대한 숙고로 슬그머니 이끌고 가서 인간 행동의 사실에서 멀어지게 한다. 그러므로 가능하면, 후자, 즉 인간행동의 사실에서 출발하고, 그럼으로써 우리가 정치적 행동을 특징짓는 특징과 표지를 함축하고 있음이 밝혀질 어떤 것의 관념[3]으로 인도되는지 살펴보는 편이 더 낫다."

---

[3] [역주] 여기서 어떤 것의 관념이란 구체적으로 말하자면 국가의 관념이다. 이 문장에서 보듯이 듀이는 사실에서 출발해서 관념으로 나아가는 경험론적 또는 실재론적인 논의 방식을 선호한다. 그러나 듀이도 인정하듯이 이런 논의 방식은 별로 새로울 것이 없다. 듀이의 논의방식의 새로운 측면은 바로 이어지는 부분에서 분명히 드러난다. 즉 듀이는 인과론적인 방식에 의해 국가의 특성과 의의를 설명하려는 시도를 비판한다. 듀이는 어떤 행동(예를 들면 국가의 건설)의 가설적이고 직접적인 원인(예를 들면 사회적 동물)에서 시작하지 않고 실제로 수행되는 행동들(예를 들면 인간 간의 사회적 관계)에서 시작해서 그 결과(예를 들면 국가의 성립)를 고찰하려 한다.

우리가 주목해야 할 대목은 국가에 대한 숙고가 '인간행동의 사실'에서 출발해야 한다고 말하는 부분이다. 대부분의 철학적 관점은 국가가 당위적으로 이러저러해야 한다는 관점에서 출발한다. 듀이는 이런 태도를 인과적 관점이라고 부르고 있는데, 어떤 당위적인 힘이 국가를 가능하게 하느냐는 이런 관점에서 출발해서 우리가 도달하게 되는 지점은 국가에 대한 사실적이고 지성적인 견해가 아니라 신화적인 설명에 의한 순환논법이라는 것이다. 예컨대 인간이 이러저러한 국가제도를 만든 이유를 인간이 정치적인 동물이기 때문이라고 설명하고 인간이 왜 정치적인 동물인가에 대한 물음에 대해서는 인간이 이러저러한 국가 제도 속에서만 행복할 수 있기 때문이라고 설명하는 것은 사실상 아무것도 설명해 주는 바가 없다는 것이다. 듀이가 보기에 인간이란 국가를 만들게끔 되어있다는 식의 '집단본능'에 따른 설명은 올바른 설명이 아니다. 이런 지적을 통해서 듀이가 강조하고자 하는 것은 우리가 국가의 개념을 세우고, 국가의 역할을 논하기 위해서 해야 할 일은 실제 상황에서 벌어지는 행동을 검토하고 그것이 어떤 결과를 낳고 있는지 살피는 것이지, 그런 행동의 가설적인 원인을 설정하고 그것을 통해서 국가의 개념과 역할을 논해서는 안 된다는 것이다.

이런 관점에서 실제로 일어나고 있는 사실, 즉 국가 제도 안에서 벌어지는 사람들의 행동은 두 가지로 분류할 수 있다. 즉, 인간의 행동은 사적인 것과 공적인 것으로 나뉜다. 공적인 것과 사적인 것의 구분 문제는 오늘날에도 여전히 많은 논란을 불러일으키고 있는 주제라고 할 수 있는데, 듀이는 형식적이기는 하나 비교적 구체적인 구분법을 제시하고 있다. 듀이의 정의는 다음과 같다.

"간접적인 결과가 분명하게 지각되고 그것을 규제하려는 노력이 등장할 때 국가의 특성이 있는 어떤 것이 생겨난다. 어떤 행동의 결과가 주로 직접 거기에 관여한 사람들에게만 한정되거나, 한정된다고 생각될 때, 교류는 사적인 것이다. … [중략] … 그러나 대화의 결과가 직접적으로 관여하는 두 사람을 넘어서 확장되고 또 많은 다른 사람의 복리에 영향을 미친다는 것이 밝혀지면, 그 행위는 공적인 능력을 획득한다."

어떤 행동의 결과가 관여되어 있는 사람들에게만 미치느냐 아니면 그 범위를 넘어서느냐에 따라서 사적인 것과 공적인 것을 나누고 있는 셈이다. 이렇게 보면 개인적인 것과 사회적인 것의 개념 구분이 사적인 것과 공적인 것의 구분과 정확히 일치하지 않는다는 점이 분명히 드러난다. 사적인 행위가 꼭 개인적인 행위일 필요는 없다. 예컨대 특정한 종교 모임이 거기에 관여하지 않는 사람에게 아무런 영향도 미치지 않는다면 그런 모임의 행위는 사회적인 동시에 사적이다. 또한, 사적인 동기에서 행한 일이 사회적으로 가치있는 결과를 낳을 수도 있다. 예컨대 예술가의 창작활동은 철저히 사적인 차원에서 이루어지지만, 그것이 공동체의 복리에 기여할 수 있다는 점에서 사회적으로 유용한 결과를 낳을 수 있다. 따라서 사적인 것을 반사회적인 것이나 개인적인 것과 동일시하는 것은 잘못이다. 마찬가지로 공적인 것을 사회적으로 유용한 것과 일치시키는 것도 옳지 않다. 예컨대 전쟁과 같은 행위는 공적으로 수행되지만, 사회적으로 유용하다고는 결코 말할 수 없다.

이런 구분을 바탕으로 듀이는 사인私人과 공인公人을 구분한다. 공적인 것은 사람들의 행위의 간접적인 결과에 영향을 받게 되는 것과 관련되어 있으므로 그 결과는 체계적으로 관리되고 감독되어야 한다. 그런 결과를 관리 감독할 책무가 주어져 있는 사람들이 공무원이며 실질적인 기관에 의해 조직된 공중이다. 듀이는 국가의 역할을 공적인 것, 공공성을 관리 감독하는 공중의 역할과 관련지어 생각하고 있는 것이다.

공공성이란 허구적인 것이 아니라 인간의 행위가 낳은 결과에서 찾을 수 있기 때문에 국가를 오로지 사적인 이해관계와 욕망이 서로 충돌하는 공간으로 보고 있는 관점은 잘못이라는 견해를 이끌어낼 수 있다. 듀이는 국가에 대한 그런 잘못된 관점이 '개인주의'적인 철학적 관점과 관련되어 있다고 생각한다. 개인주의는 개인을 사회와 독립된 실체로 간주하기 때문에 개인의 사적인 욕망은 공동체의 목표나 이상과는 무관하거나 그것과 충돌할 수밖에 없는 것으로 간주한다. 그러나 사회와 단절된 개인은 존재할 수 없으며, 개인의 관념, 감성, 행위는 모두 사회적인 성격을 가진다. 개인을 그렇게 추상적으로 고립된 존재로 상정할 때 국가는 그런 파편화된 개인들을 강제로 통합시킬 힘이 있는 괴물로 등장하거나 개인의 욕망을 간섭하는 장애물로 여겨지는 것이다.

듀이에게 공공성은 사회적인 개인들의 연합된 행위를 통해 조직화해야 할 어떤 것이다. 공공의 이익을 위해 조직된 공무원들을 공중이라고 할 수 있고, 국가는 이것의 외적인 표지이기 때문에 국가와 정부는 동일시되지 않는다. 정부는 공공성과 무관한 역할을 맡은 사람들을 포함하기 때문이다. 기존의 정치기관들이 공공성의 조직화나 새로운 형태의 국가를 형성하는 데 방해가 된다면 그런 것들은 깨뜨려야 할 대상이 된다. 이런 듀이의 생각은 국가를 하나의 실체로 간주하지 않는 매우 독특한 관점으로 보인다. 듀이는 국가를 "구성원들이 공유하는 이해관계의 보호를 위해 공무원을 통해 수행된 공공성의 조직화"라고 정의한다. 국가는 끊임없는 실험을 통해 만들어져야 하며, 우리가 국가의 완성태에 대한 아무런 지식이 없더라도 그런 일은 가능하고 또 지속되어야 하는 과제이다.

'제2장 국가의 발견'에서 듀이는 국가를 조직화한 공공성으로 간주할 때 드러나는 국가의 특징에 대해 언급하고 있다. 듀이에게 공공성의 원천은 인류에게 보편적으로 내재한 연합의 원리라든가 공동체 자체의 어떤 본질적인 특성에 있는 것이 아니라, 개인들이 끊임없이 연합하고 행위를 하는 데서 결과되는 간접적인 효과에 있다. 그래서 거기에는 모든 것을 통일하며 규제하는 원리란 존재할 수가 없다. 이것은 다른 국가에 무관한 국가 혹은 서로 적대적인 여러 국가가 존재한다는 사실에서 확증된다. 듀이는 이런 사실을 철학적으로 혹은 형이상학적으로 설명하려는 시도는 그런 사실 자체를 무시하거나 헤겔처럼 신화적인 국가이론을 만들어내는 수밖에 없다고 보고 있다. 듀이에게 국가란 이미 완성된 실체가 아니며, 완전한 국가에 대한 선험적 원리도 생각할 수 없다. 연합된 행위가 낳는 간접적인 결과를 조절하고 공동체 구성원이 공유하는 이익을 위해 그것을 관리할 방법을 찾아 나가는 데서 국가는 형성되고 만들어진다. 문제는 국가의 원리를 발견하는 것이 아니라 그와 같은 방식으로 출현하는 공공성을 어떻게 끊임없이 조직화해냄으로써 새로운 국가를 만들어가는가 하는 것이다.

듀이가 이 장에서 언급하는 국가의 특징은 다음의 네 가지이다.

첫째, 국가는 시간적으로나 지리적인 측면에서, 너무 근접하고 친밀하거나 너무 멀고 소원한 것 사이에 존재한다. 너무 작고 지역적인 공동체에서는 구성원들의 행위가 서로에게 직접적인 영향을 미치기 때문에 공공성을 조직화할 만한 문제를 만들어내지 않는다. 이렇게 모든 구성원이 친밀하게 서로 연대하고 있는 사회에서 국가는 불필요한 것이다. 반면 지리적으로 너무 분리되어 있어서 서로 영향을 주고받기가 어려운 사회집단은 공통의 이해관계가 있을 수가 없으므로 공공성을 다룰 포괄적인 국가를 만들 필요가 없다.

둘째, 공공성은 공동적 행동의 양적인 범위에 따라서 생성된다는 것이다. 듀이는 조직화된 공공성으로서의 국가가 역사적으로 공공성의 범위를 다르게 형성시켰다는 점을 들어 국가의 범형이 존재한다는 본질주의적인 관점을 반박한다. 예컨대, 봉건시대 영국 왕조는 자신들의 이익을 위해 허구적인 법률을 만들어서 거기에 공적인 기능을 부여했다. 오늘날에도 사적인 과업이 양적으로 팽창되어 공적인 이익과 결부될 때 같은 일이 벌어진다. 물론 이런 식으로 형성된 공공성은 사적인 이익을 그렇게 포장한 것으로 보아야 할 것이다. 한편 공적인 일이었던 종교는 개인의 사적인 양심이 강조되고 공동체의 운명과는 무관한 것으로 간주됨에 따라서 사적인 영역으로 격하되었다. 여기서 듀이는 지적인 문제영역에서의 행동도 사적인 영역으로 이행해간 것을 언급하고 있는데, 그는 개인의 판단과 선택이 사적인 차원에서 이루어진다는 생각 자체가 하나의 역사적 조건에 의해 발생한 사태라는 것에 주목한다. 명시적으로 말하고 있지는 않지만 이런 생각은 개인주의적인 철학적 관점이 형성된 역사적 조건과 상응하리라고 여기는 것이 듀이의 관점인 것으로 생각된다. 앞 장에서도 언급했듯이 공공성은 행동의 간접적인 결과에 따라서 형성된다. 그래서 개인의 소위 사적인 판단과 선택이 어떤 영향을 미칠 것인지에 대해서는 아무도 미리 알 수 없다. 그런 판단과 선택의 다양성이 최대한 보장되는 사회에서 공동의 이해관계가 잘 보호되기 때문에 듀이는 지적인 문제영역의 행동에 대한 관용이 더 확산해야 할 것으로 생각한다.

셋째, 조직화한 공공성으로서의 국가는 이미 확립된 뿌리 깊은 행동양식에 관심을 둔다는 것이다. 듀이는 여기서 국가는 형성된 공공성의 문제를 최대한 잘 관리하고 조절하는 데 힘을 쏟는 측면이 있다는 점을 지적하려는 것으로 보인다. 물론 국가는 실험적으로 끊임없이 다시 발견되고 만들어져야 하는 어떤 것이기는 하지만 그러한 새로운 프로젝트는 사적인 발의로 이루어진다. 그래서 듀이는 "우리가 국가에 요청할 수 있는 최대한은 국가가 부당한 간섭 없이 사적인 개인의 새로운 사상적 생산 활동을 용인하는 것"이라고 말한다.

넷째, 공공성은 어린이 및 다른 사람의 도움을 받아야 하는 사람들을 특별한 피보호자로 여기는 데서 표현된다. 가족이나 기업에서의 위계질서 때문에 불리한 위치에 처하게 될 사람들을 보호하는 것은 국가의 책임으로 간주한다.

이러한 특징을 언급하면서 듀이는 조직화한 공공성으로서의 국가가 올바로 작동하려면 공무원들에게 부여된 권력이 사적인 이익을 위해 전용되어서는 안 된다고 주장한다. 시민이 공무원들을 지속해서 감시하고 비판할 때 국가는 성실성과 유용성을 유지할 수 있다. 이런 생각을 통해 듀이는 좋은 국가의 척도를 "국가가 얼마나 개인을 부정적 투쟁과 무익한 갈등의 낭비에서 보호하며 또 얼마나 개인에게 자신이 하는 일에 대한 긍정적 확신과 원조를 제공하는가?"하는 점에서 찾고 있다.

'제3장 민주주의적인 국가'에서 듀이는 공공성을 구현하는 개인들로서의 공중의 의미와 민주주의 국가의 조건 등에 대해 설명하고, 그런 문제들과 관련하여 개인주의 철학이 정부의 역할을 어떻게 그릇된 방향으로 오도하고 있는지 지적하고 있다. 듀이는 공중이라는 단어가 단순히 공적인 업무에 종사하는 공무원들만을 가리키는 것이 아니라고 말한다. 투표에 참여하는 유권자로서의 개인들 역시 공적인 이익의 대표자라는 점에서 공중이라고 부를 수 있다는 것이다. 그런데 이런 공중은 결국 한편에서는 사적인 개인일 수밖에 없다는 점에서 문제가 발생할 수밖에 없다. 공중은 정치적인 목적 및 행위와 개인의 사적인 욕망 사이에서 갈등하게 된다. 민주주의 국가는 바로 이러한 갈등을 어떻게 해결하는가 하는 문제와 관련되어 있다. 즉 공중은 공공성의 구현자로서 정당한 정치적 힘을 획득해야 한다.

전통사회에서 정치권력은 우연적인 요인에 의해 부여되었다. 예컨대, 혈통이나 나이 등에 의해서 지배력이 부여되었고, 일단 확립된 권력은 스스로를 정당화하는 절차를 밟게 된다. 그런 식으로 성립된 권력은 공공성을 가장한 사적인 이해에 봉사할 뿐이다. 그러나 공무원과 제도가 사적인 이익에 봉사하는 것을 무력화하려고 사적인 소유를 철폐하려고 한 사회주의자의 발상도 듀이가 보기에는 적합한 대안은 아니었다. 왜냐하면, 사적 소유를 철폐한 이후 산업을 누구에게 맡길 것인가에 대한 해답을 사회주의자들은 가지고 있지 못했기 때문이다. 공중의 손에 맡긴다는 것도 역시 어떤 개인들이 산업을 운영하게 하는 것이다. 그렇다면 그들이 어떻게 공적이고 정치적인 목표를 위해 사적인 이해관계와 욕망을 배제할 수 있을 것인가 하는 문제는 여전히 남게 된다. 양면성이 있는 공중으로 하여금 그들의 능력을 공적인 일에 사용할 수 있게 하려면 어떤 조건과 기술이 필요한지 밝히는 것이 민주주의를 이루는 과제가 될 것이다.

민주주의는 그러한 조건들을 찾아내고 구현해 나가는 부단한 과정이기 때문에 선험적으로 완성되어 있거나 본질적인 내용을 가지는 것으로 간주해서는 안 된다는 것이 듀이의 생각이다. 듀이는 민주주의가 "지난 150년간 거의 지구 전체에 걸쳐서 정부의 형태에 영향을 미쳤던 일련의 운동에서 드러나는 하나의 역사적 경향"이라고 말한다. 민주주의는 어떤 완성된 관념을 실현하는 문제가 아니라, 수많은 상황에 대한 수많은 반응적 적응의 결과물이다. 정치적 민주주의는 수많은 사회운동이 수렴해서 만들어낸 하나의 결과라는 것이다.

민주주의는 기존의 정치 형태들 및 국가에 반대함으로써 탄생했기 때문에, 어떤 의미에서 '개인주의'는 불가피한 귀결이었다고 듀이는 보고 있다. 왜냐하면, 전통적인 억압에서 해방되고자 했던 사람들은 제도화된 권력에 저항하는 일에 대한 정당성을 확보해야 했고, 그런 정당성은 제도적이거나 사회적인 것으로 환원될 수 없는 어떤 것, 즉 양도할 수 없는 개인의 권리 속에 있다고 믿을 수밖에 없었다는 것이다. 그러나 이런 '개인주의'는 경제적인 자유방임주의와 결탁함으로써 정부의 작동영역을 경제적 이익의 보호라는 임무에 한정했다. 그러나 공공성의 문제가 명확히 드러나지 않는 한 공적인 지위가 있는 자들은 여전히 자신의 재산을 불리려고 제도를 이용할 것이다. 그래서 듀이는 정부의 본질적인 문제는 "통치자가 피치자를 희생하여 자신의 이익을 취하지 않도록 하려면, 어떤 장치가 필요한가?" 하는 물음으로 한정해서 생각할 수 있다고 말한다.

'제4장 공공성의 침식'에서 듀이는 미국 민주주의의 특징과 기원에 대해 언급하고, 공공성이 사라진 원인을 진단한 후 어떻게 하면 공공성을 발견해내고 회복할 수 있을 것인지에 대해 논하고 있다. 미국은 유럽과 달리 매우 짧은 시간에 근대적인 민주주의국가를 이루었다. 미국 민주주의의 특징은 그것이 매우 친밀한 지역적인 공동체에서 시작되었다는 점이다. 듀이는 미국의 지역 공동체가 복잡한 양식으로 발전해 오긴 했지만, 공동체의 정신들이 유지되고 있다고 보고 있다. 미국은 지역의 작은 공동체들이 연합함으로써 점차 큰 단위를 만들어가는 식으로 공동체의 경계를 확장시키고 양식을 복잡하게 발전시키는 과정을 겪었다. 듀이는 이런 과정이 가능했던 조건으로 과학기술의 발전을 들고 있다. 사람과 사람이 직접 만나는 공동체의 한계를 뛰어넘는 복잡한 상호작용과 의사소통을 가능하게 할 기술이 없었다면 그와 같은 근대적인 국가 통합은 이루어지지 못했을 것이다. 과학기술을 통해 시간과 거리의 제한이 극복되면서 새로운 형식의 정치 연합이 가능하게 되었고 이것은 통합된 주를 국가의 형태로 유지할 수 있게 했다.

그러나 듀이가 주목하는 것은 이러한 통합이 이루어진 상황에서 공공성이 더는 존재하지 않는 것으로 보이는 사태였다. 공공성의 침식은 정치적 연합의 단위가 지역 공동체의 범위를 훨씬 넘어서게 되면서 나타나게 된 정치적 무관심이나 냉소주의와 관련이 있다. 공공성의 대표자라고 할 유권자는 자신의 투표행위가 정치적 현실을 바꾸지 못할 것이라고 냉소하거나, 무반성적으로 분위기에 휩쓸려 투표에 나선다. 거대기업이 정당을 배후에서 조종한다는 음모설이 사태를 과장한 것으로 보기는 하지만 듀이는 오늘날 정당이 공공성의 문제보다는 사회적인 흐름에 순응해서 정책을 만들어내고 있는 점을 인정하지 않을 수 없다고 진단한다. 오늘날 정당은 지배하기는 하되 통치하지는 못하고 있다는 것이다. 이런 점에서 공공성은 그것을 실현하는 데 필수적이라고 할 수 있는 정부의 조직 및 기관을 사용할 수 없을 정도로 교란당하고 침식당한 상태이다.

듀이는 이러한 사태가 공공성을 담지할 공중이 존재하지 않아서라고 보고 있지는 않다. 오늘날의 기계 문명은 간접적인 결과의 범위를 확장시키고 복잡화하며 그에 따라 공공성의 문제 영역도 확장되지 않을 수 없다. 그리고 공공성의 문제가 있는 곳에서는 반드시 그것을 다룰 공중이 존재하게 될 것이다. 문제는 오히려 사태가 너무 복잡하게 됨으로써 그런 공중이 스스로를 확인하고 구별할 수 없게 되었다는 데 있다. 듀이는 "너무나도 많은 공적인 영역이 존재하며, 우리가 대처해 나가야 하는, 우리의 생존을 위한 자원들에 대한 너무나도 많은 공적인 관심이 존재한다"고 말한다. 이런 상황에서 공공성의 문제는 공중을 어떻게 민주적으로 조직할 것인가 하는 문제가 된다.

공중을 민주적으로 조직하는 문제는 통합되어 있지 않은 거대사회를 하나의 공동체로 통합해내는 실천적인 과제로 이어진다. 듀이는 현존하는 정치 구조를 변화시키는 데 필요한 것은 비정치적인 힘이 스스로를 조직하는 것, 즉 분화된 공중이 통합을 이루어내는 것이라고 말한다. 이러한 통합의 조건은 간접적인 결과들을 인식해내고 그 결과를 규제할 기관을 기획해내는 것이다. 사람들이 냉소적이거나 무반성적인 개인들로 남아 있는 이유는 그들이 자신들의 삶의 문제와 정치적 이슈들을 연결지어 생각할 수 없는 상황 때문이다. 바꾸어 말하자면 현존하는 정치적 실천과 기관들이 현실을 살아가는 사람들의 삶의 문제를 제대로 다루고 있지 못하기 때문이다.

공공성을 다룰 공중을 발견해내고 민주적으로 조직하는 일은 공동체의 관심과 목표를 만들어나가는 데 그 구성원들이 참여할 통로를 만들어내는 일이라고 할 수 있다. 듀이는 "스스로를 성취하고 구체화할 수 있는 수단에 대한 고려 없이 형성된 이상과 기준은 빈약하고 동요하는 것일 수밖에 없다"고 지적한다. 사회의 목표를 마치 선험적으로 주어진 것인 양 또는 어딘가에 공동체가 달성해야 할 목표가 존재하는 양 가정하는 그릇된 철학적 관점에서는 어떤 현실적인 대안도 도출할 수 없을 것이다. 거대사회를 하나의 공동체로 통합하는 일은 구성원들이 목표와 관심을 공유하고 그것을 이루기 위한 수단을 찾아 나가려 할 때 가능할 것이며, 그런 일이 가능하게 하는 데 필수적인 것은 구성원 서로 간의 의사소통이라고 할 수 있다. 듀이의 의도는 자신의 철학적 견해에서 이상적인 공동체의 모델을 만들거나 자신이 생각하는 유토피아에 대한 상징을 제시하려고 하는 것이 아니라 민주주의 공동체의 현실적인 조건을 밝히는 데 있다고 보아야 할 것이다.

'제5장 거대 공동체를 찾아서'에서 듀이는 통합되지 않은 거대사회가 어떻게 거대 공동체로 나아갈 수 있을지에 대해 논하고 있다. 여기서 듀이는 자유와 평등의 개념, 과학의 역할과 위상 등을 설명하고 의사소통과 공동체적인 삶의 중요성을 역설한다.

우선 듀이는 오늘날의 민주주의가 민주주의의 관념이 실현된 것이 아니라 "사람들을 결합시켰던 관습상의 변화를 야기한 기술적 발견과 발명의 산물"이라는 앞의 주장을 재확인하면서 논의를 시작하고 있다. 듀이에게 민주주의란 완성된 교의나 도그마를 실현하는 문제가 아니라 끊임없는 실천을 통해 만들어가야 하는 과제이다. 그런 점에서 이론적인 청사진을 내세우고 그런 목표를 이루려면 이러저러한 일을 해야 한다고 제안하는 것은 별로 의미가 없다. 듀이는 지금까지 공공성을 실현하는 것이 민주주의의 실천적 과제임을 제시했고, 공적인 문제 영역에서 공중이 스스로를 발견해내지 못하고 있는 것이 오늘날의 중요한 문제임을 지적했다. 공중이 올바른 위상을 정립하기 위해서 일차적으로 필요한 일은 거대사회를 거대 공동체로 전환하는 일이다. 그래서 듀이는 가장 근본적이고 일차적인 문제를 거대사회를 거대 공동체로 전환할 조건을 찾는 '지적인 문제'라고 밝히고 있다. 이 장은 그런 조건에 대해 다루고 있다.

민주주의를 완전한 사회에 대한 관념으로 간주하고 그것을 실현하려 할 때 우리가 갖게 되는 것은 현실과는 유리된 공허한 유토피아에 대한 그림일 뿐이다. 이런 잘못에서 벗어나는 길은 '사실로서의 공동체'에서 출발하는 것이다. 듀이는 공동체를 구성하는 요소들을 명료화하고 민주주의의 관념들을 공동체 내에서 일어나는 연합의 표지와 특징으로 이해할 때 우리가 길을 잃지 않게 된다고 생각한다. 공동체의 삶의 현실과 유리된 민주주의의 가치들, 즉 우애, 자유, 평등 등은 단지 추상적인 구호에 불과하다는 것이다. 현실적인 삶의 조건을 고려하지 않을 때 평등은 실현 불가능한 기계적 정체성으로 변질할 것이고 인간의 유대를 오히려 분열시킬 것이다. 공동체 구성원 간의 우애는 근원적으로 공동체적 삶과 분리해서 생각할 수 없다. 그래서 '개인주의'를 민주주의와 같은 것으로 간주하는 관점은 그런 우애를 무시하거나 부가적인 것으로 간주한다. 우애, 자유, 평등에 대해 듀이는 다음과 같이 정의한다.

> "공동체적 경험과의 연관 속에서 우애는 모든 사람이 공유하고 있는, 그리고 각자의 행동을 인도하는 연합에서 생겨난, 의식적으로 평가된 선에 대한 다른 이름이다. 자유는 다른 사람들과의 풍부하고 다양한 연합 속에서만 발생하는 개인적 잠재력을 해방하고 실현하는 것, 즉 독특한 기여와 향유를 자기 자신의 방식으로 연합의 결실로 만드는 개성 있는 자아가 되는 힘을 뜻한다. 평등은 연합된 행위의 결과 속에서 공동체의 개별적인 구성원들이 가지고 있는 방해받지 않는 몫을 의미한다. … [중략] … 평등은 어떤 요소가 다른 요소에 의해서 대체될 수 있는 수학적이거나 물리적인 등가를 의미하지는 않는다. 그것은 물리적 심리적 불평등과 상관없이 각자에게 독특하고 고유한 것이 무엇이건 그것을 효과적으로 존중하는 것을 의미한다."

듀이에게 공동체적인 삶 속에서의 민주주의적 가치란 결국 각자가 처한 상황에서 서로 배려하고 이끌어 줌으로써 개성 있는 자아로서의 삶을 살 수 있게 하는 가치라고 할 수 있다. 이러한 삶을 살 수 있게 하는 조건은 바로 연합된 행위이며 그것이 공동체의 창조를 위한 조건이기도 하다. 이런 연합된 행위가 가능하게 하는 데 가장 중요한 것은 바로 구성원들 간의 의사소통이다. 의사소통을 통해서 연합된 행위의 결과가 갖는 의미가 전달되고 새로운 유대가 형성되며, 공동의 욕망과 목적이 만들어진다. 이런 과정을 거쳐서 비로소 사회는 하나의 공동체로 나아가는 것이다. 듀이는 공동체를 "결합된 행위에 관여한 모든 사람이 서로 평가하고 언급하는 의미 가운데 하나로 변형된 에너지의 질서"라고 규정하고 있다. 한 개인이 오로지 그가 속한 공동체와의 관계 속에서만 인간이 된다고 했을 때, 인간이 되기를 배우는 것은 의사소통을 통해 공동체의 구성원이 되는 감각을 익히는 것, 즉 자신의 능력을 공동체에 기여할 수 있는 가치 있는 어떤 것으로 바꾸는 감각을 익히는 것을 뜻한다. 그래서 인간은 상호의존의 과정이 없이는 온전한 인간으로 성장할 수 없다. 이것은 인간이 마치 내면에 실현되어야 할 본질을 갖추고 있는 듯이 생각하는 '개인주의'의 철학이 틀렸음을 말하는 것이다. 인간의 마음은 행위와 대상에서 동떨어진 채 완성된 실체가 아니다. 인간은 의사소통의 과정을 통해 공동체적인 삶과의 연관 속에서만 인간이 되기 때문이다.

이런 관점에서 볼 때, 거대사회를 거대 공동체로 전환하는 데 있어서 가장 중요하고 시급하게 요구해야 할 실천적 과제는 '사회적 탐구의 자유 및 그 결론을 배포할 자유'라는 점이 분명해진다. 우리에게 의사소통의 자유, 표현의 자유가 없다면 사회적인 탐구의 방법 같은 것은 처음부터 개발할 수 없었다. 듀이가 한결같이 주장하는 '과학적인' 혹은 '지성적인' 탐구의 방법은 인간적인 관심사에서도 '실험적인' 방법이 적용되어야 한다는 것이다. 이것은 우리가 그동안 안주해 온 감정적인 습관 및 지적인 습성을 시험대 위에 올려 놓으라고 요구한다. 여기에는 과학 그 자체에 대한 우리의 관념도 포함된다. 우리가 지금까지 순수과학과 응용과학의 분리를 자연스러운 것으로 여기는 습성이 있었다면 듀이는 그런 구분이야말로 일차적으로 타파해야 할 대상이 된다. 과학이 지금까지와 같이 전문가의 전유물로 남거나 전문가들에게만 소통 가능한 진공의 영역에 머무른다면 공동체를 이루기 위한 참된 탐구의 방법이 되지 못할 것이다. 듀이는 과학이 "참되고 효율적인 공중이 존재하는 데 전제조건인 공통의 이해 및 철저한 의사소통의 수단"이 되어야 한다고 역설한다.

듀이에게 거대 공동체란 복잡한 연합 행위의 간접적인 결과들이 알려질 수 있는 사회이며, 그런 것이 알려질 때에만 민주적으로 조직화한 공중이 존재할 수 있다. 그런 의미에서 자유로운 사회적 탐구는 감동적인 의사소통의 예술과 결합해야 하며 그렇게 될 때 민주주의가 정점에 도달할 수 있으리라는 것이 듀이의 진단이자 바람이다.

'제6장 방법의 문제'에서 듀이는 지금까지 이루어진 논의의 연장선상에서 개인주의, 집합주의, 절대주의의 철학적 관점을 비판하고, 전문가 혹은 지식인의 역할에 대해 논하면서 거대사회를 거대 공동체로 변형시키는 것의 의미를 설명하고 있다. 우선 듀이는 공공성 자체를 발견하고 공중의 존재를 확인해야 하는 실천적 과제를 가로막고 있는 장애물로서 사회탐구의 방법에 전제된 그릇된 철학적 관점을 비판한다. 개인과 사회를 대립적으로 놓고 양자의 갈등과 모순을 어떻게 해결할 것인가 하는 문제를 설정하는 것 자체가 우리를 잘못된 방향으로 인도한다는 것이다.

듀이가 보기에 인간이 상호의존하고 있다는 것, 연합된 행위를 통해 공동체의 삶에 참여하고 있다는 것은 우리의 탐구가 출발해야 할 기본적인 사실이다. 개인은 그런 연합 행위를 통해서만 개인으로 존재할 수 있기 때문이다. 그러나 우리가 어떤 사회의 일원이라는 것은 상대적인 의미가 있다. 교회의 일원으로 갖는 정체성과 회사원으로 갖는 정체성이 다를 수 있기 때문에 개인은 모든 사회적 형태와 구분되는 '나'를 추상해 낼 수 있다. 이런 사태는 추상적인 사회와 추상적인 개인을 추론하는 근거가 되고, 여기서 잘못된 물음이 설정된다. 어디에도 속하지 않는 존재로서의 '개인'이 어떻게 사회와 집단 속에서 결합되는가 하는 물음이 그것이다. 그러나 어디에도 속하지 않는 개인이란 현실적으로 존재하지 않으므로 개인과 사회를 어떻게 '화해시킬' 것인가의 문제보다는 개인과 집단을 어떻게 서로 '조정'할 것인가 하는 점이 문제로 설정되어야 할 것이다. 이것은 진정한 문제는 사회적 의무와 개인의 권리를 어떻게 화해시킬 것인가의 문제가 아니라 주어진 조건에서 구체적인 자유와 권위를 어떻게 배분함으로써 더 나은 결과를 얻을 것인가의 문제라는 것을 의미한다. 개인의 자유나 권리의 문제는 공동체의 목표와 관련해서 설정되어야 할 문제이며 그런 구체적인 맥락을 초월해서 모든 개인에게 선험적으로 어떤 권리가 주어져 있다고 보는 것 자체가 이미 개인주의 철학의 그릇된 출발점을 받아들이고 있는 것이라고 할 수 있다.

이어서 듀이는 마치 자연법칙을 발견함으로써 자연현상을 통제하는 것과 마찬가지로 인간의 본성을 발견함으로써 인간의 에너지를 통제할 수 있다는 생각을 절대주의 논리로 간주하면서 교육과정에서 그런 논리를 배제하는 것이 사회탐구의 방법에서 중요한 과제라고 말하고 있다. 인간이란 본래 이러저러한 존재이기 때문에 그런 본성의 구현을 위해 각각의 개인이 도달할 목표가 정해지며 교육은 그런 목표에 도달하게 하는 수단이라고 생각하는 것은 우리를 잘못된 방향으로 이끄는 절대주의 논리이다. 우리의 탐구는 주어진 조건에 대한 지성적인 검토에서 출발해야 하며 그런 검토가 선행되지 않는 한 어떤 프로그램도 제시될 수 없다. 현실적인 조건과 무관하게 설정된 목표를 이루기 위해 미리 작성된 프로그램을 수행하도록 하는 것은 도그마의 지배를 강화하는 것이다. 듀이는 우리의 사유와 신념은 그런 식으로 도그마화되어서는 안 되며, 철저히 실험적이어야 한다고 주장한다. 이것은 "첫째, 체계적인 지식에 필수불가결한 개념, 일반 원리, 이론, 변증법적 발전 등은 탐구의 도구로서 형성되고 테스트 되어야" 하며 "둘째, 사회적 행위를 위한 정책과 제안은 엄격하게 지키고 집행해야 하는 프로그램으로서가 아니라 유효한 가설로 취급"되어야 한다는 것을 의미한다.

절대적 기준이나 영원한 진리를 표방하지 않는 이런 관점에서 보면 플라톤의 철학자 왕 사상을 대체하고 있는 오늘날의 전문가 혹은 지식인에 대한 과대평가는 경계해야 한다. 공통 관심사의 규제를 위해 사용되어야 하는 지식을 지식인들이 독점한다는 것은 불가능한 일이다. 지식인이 전문화된 계급이 되는 순간 그들이 봉사하게 되어 있는 사회적 필요에 대한 지식에서 차단되기 때문이다. 구두를 만드는 제화공은 구두의 문제점을 가장 잘 판단할 수 있는 위치에 있지만, 실제로 구두가 잘 맞는지 판단하는 사람은 결국 구두를 신는 사람이라는 것이다. 그런 점에서 대중정부는 전문가에 의한 지배가 할 수 없는 일을 한다. 그것은 공적인 정신을 창조해내는 것이다. 전문가 계급은 공통의 이해에서 벗어나 사적인 이해와 그것에 봉사하는 지식을 갖춘 계급이 됨으로써 사회적인 문제를 해결하는 데는 전혀 도움이 되지 못한다. 듀이는 계몽의 방향을 이러한 전문가 계급에 돌리고 있다. 즉, 행정 전문가들로 하여금 대중의 필요를 고려하게끔 그들을 계몽해야 한다는 것이다.

여기서 공공성의 문제는 다른 것이 아니라 논쟁, 토론, 설득의 방법과 조건을 개선하는 문제임이 드러난다. 공공성을 찾아내고 공중을 조직하는 문제는 전문가들의 사적인 지식을 통해서가 아니라, 즉 전문적인 정책을 수립하고 집행함으로써가 아니라 그런 정책이 의존하고 있는 사실들을 발견하고 알리는 데에서 드러난다는 것이다. 그래서 듀이는 사회탐구 방법에서 필요한 것은 공통의 관심사와 관련하여 다른 사람들이 제공하는 지식의 함의를 판단할 수 있는 능력이라고 주장한다. 이런 지적을 통해서 듀이가 언급하고자 하는 것은 전문가의 지식은 오로지 사회적 삶의 현실과 결합될 때에만 의미 있는 지식이 될 수 있다는 점, 그리고 전문가의 지식 자체가 개인적인 전유물이 아니라 이미 하나의 사회적인 성취라는 것을 깨달아야 한다는 점이다. 이렇게 볼 때 공동체를 건설하는 문제는 지적인 방법을 넘어서 사회적 조건의 실천적 개혁의 문제가 된다.

각각의 개인이 사회와 대립된 추상적인 개인으로 존재하는 것이 아니라 공동체 삶의 의미에 빠져들게 하는 일은 어떻게 이루어질 수 있을까? 이것은 공공성을 찾아내고 공중의 지위를 발견해내는 민주주의적 실천의 일차적인 목표라고도 할 수 있을 텐데, 듀이는 "밀접하고 직접적인 교제와 애착의 생생함과 깊이"를 대체할 만한 것은 없다는 점에서 민주주의는 이웃 공동체에서 출발해야 한다고 주장한다. 지역 공동체의 삶이 회복될 수 없는 한 공중은 스스로를 발견할 수 없을 것이다. 지역적이기는 하지만 고립되어 있지는 않은 공중의 발견이야말로 거대 공동체를 향한 첫걸음이 될 것이다.

듀이는 최종적으로 자신이 꿈꾸는 민주주의 유토피아가 결국은 인문학적인 시대로 귀착하게 되리라고 기대한다. 과학기술 시대가 인류에게 물질적인 안정의 토대를 제공한다면, 사람들의 경쟁은 물질적 재화를 얻기 위한 경쟁이 아니라 지적이고 예술적인 부를 감상하고 즐기면서 직접적인 경험을 풍부하게 하고자 하는 경쟁이 될 것이다. 이런 경쟁 속에서 사람들은 공동체의 공통적인 목표와 자신의 삶 목표를 연결할 수 있을 것이며, 개성 있는 삶을 구현하는 개인으로 존재할 수 있을 것이다.

### 3. 듀이와 리프먼의 논쟁

여기에 번역한 듀이의 책은 원래 월터 리프먼의 『유령 같은 공중』이라는 책에 대한 대답 또는 반응으로서 집필된 것이다. 이 말만 듣는다면 어쩌면 듀이는 리프먼을 비판할 것처럼 들린다. 그러나 리프먼과 듀이의 논쟁점이 어디에 있는가는 그렇게 명료하지 않은 것 같다. 왜냐하면, 지난 1980년대와 1990년대에 걸쳐서 듀이-리프먼 논장의 성격에 대해서 미국의 매체 및 의사소통 학계에서 꽤 많은 갑론을박이 행해졌기 때문이다.[4] 부록에서 월터 리프먼의 책에 대한 듀이의 서평을 번역하여 추가하였지만, 아무래도 리프먼이 했던 주장이 무엇인가에 대해서는 잘 나타나 있지 않다. 그리고 이미 잊혀진 고전이 된 리프먼의 책을 직접 찾아 읽을 열성적 독자도 별로 없으리라고 생각되기에 여기서 듀이와 리프먼 간의 논쟁점을 간단히 정리해 보려 한다.

리프먼은 1925년 『유령 같은 공중』을 쓰기 이전인 1922년 이미 『여론』이라는 책을 발표했다. 이 책에서 리프먼은 공중에게 너무 많은 신뢰와 권력을 부여하는 민주주의 모델에 대해서 우려를 표명하였다. 그는 오늘날 공중들이 얼마나 정치적으로 무관심하며 정치적 대리인들의 선전과 선동에 놀아나고 있는가를 경험적 증거들을 통해서 설득력 있게 보여 주었다. 이러한 공중의 '침식' eclipse에 대한 우려는 『유령 같은 공중』으로 이어진다. 그에 따르면 사회가 거대하고 복잡해지면서 대부분의 국민은 객관적 현실에 대해서 무지하게 되었고 그들의 생각은 지배자들이 주입한 도그마에 지배되고 있다. 따라서 이제 고전적 민주주의 이론이 전제하고 있던 다음과 같은 공중에 대한 견해는 의심스럽게 되었다.

- 공중은 주권적이며 능력 있는 시민으로 구성되어 있다.
- 공중은 모든 사건의 경과와 추이를 이성적으로 파악하고 인도할

---

[4] Michael Schudson, *The "Lippmann-Dewey Debate" and the Invention of Walter Lippmann as an Anti-Democrat 1988~1996*, in International Journal of Commucation 2(2008), 1031~1042. 참조. 셔드슨에 따르면 리프먼은 결코 민주주의자의 반대자가 아니었고, 단지 전문가들을 어떻게 효과적으로 민주주의 속으로 통합할 것인가에 대해 고민했던 사람이다. 반면 애초에 논쟁을 주도했던 James Carey가 리프먼을 민주주의의 반대자로 몰아갔다고 비판하고 있다.

수 있다.
- 공중은 확정된 성원들로 이루어진 인식 가능한 실체 body 이다.

그러므로『유령 같은 공중』에서 리프먼은 오늘날 공중은 이런 특성을 전혀 갖지 않으며, 그런 공중을 상정하는 것은 '단순한 환영'에 불과하다고 결론짓는다. 한 마디로 공중은 사회에 대한 거시적 시각과 방향감각을 가질 수 없으므로 단지 눈앞의 편협한 이익과 자신의 여가와 취미 생활 이외에는 별 관심이 없다. 그들은 무기력하고 고립되어 있고 무지하다.

이러한 상황에서 가능한 대안은 정부가 편협한 대중들의 의견과 동의에 기초하지 않고, 전문가들의 객관적인 판단에 근거해서 활동하는 것이다. 그래서 리프먼은 이제 참여 민주주의를 주장하는 것은 비현실적이 되었다고 선언한다. 결국 리프먼은 현실주의적 민주주의를 주장하면서 대의제와 전문 관료의 역할을 대안으로 내세운다.

이에 반해서 듀이는 전문가와 그들의 지식을 통해서 정부의 행정가나 재계의 지도자들을 계몽하는 것으로 문제가 해결되리라고 생각하지 않는다. 중요한 것은 정치적 의사결정에 될 수 있으면 많고 다양한 공중이 참여하는 것이다. 물론 듀이는 많은 점에서 리프먼의 지적을 수용한다. 듀이는 현재의 공중이 이성적인 주체로 아니고, 사회적 사태의 추이를 객관적으로 추적할 수 있는 능력도 없다는 사실을 인정한다. 거대화된 사회에서 사회와 정책에 대한 계획은 사실 전문가들의 몫임을 인정한다. 그럼에도 듀이는 이러한 계획과 관련된 모든 사실과 정보가 공중들에게 공유되어야 한다는 사실을 강조한다. 사실 듀이와 리프먼의 결정적 차이는 여기서 갈린다. 리프먼은 대중과의 정보공유는 불필요하며, 설사 실행되더라도 대중은 그 정보들에 대해 올바른 판단을 내릴 능력이 없다고 생각한다. 반면 듀이는 비록 공중이 전문적 연구 능력을 갖출 가능성은 없지만, 주어진 정보에 기초하여 공통의 관심사를 판단하고 평가할 능력을 갖추는 것은 충분히 기대할 만한 일이라고 생각한다.

그러므로 리프먼이 현재의 공중을 하나의 고정된 실체로서 본다면 듀이는 공중을 교육을 통해서 도야될 수 있는 주체로서 간주한다. 듀이는 공중의 정치적 개입이 가능해지려면 공중은 현재보다 더 잘 조직되고 교육되어야 한다는 사실을 잘 알고 있다. 리프먼은 당시 미국의 테네시 주가 투표를 통해서 '진화론을 학교에서 가르쳐서는 안 된다.'는 말도 안 되는 결정을 내린 것을 공중의 정치적 무능을 대표하는 사례로서 들고 있다. 그러나 듀이가 보기에 민주주의의 위기는 공중이 정치적 결정에 능동적으로 참여하기 때문에 생겨나는 것이 아니다. 그것은 공중이 급속하게 거대화, 복잡화된 사회적 상황에 대처할 만한 능력을 아직 갖추지 못하고 있기 때문이다. 그리고 그것은 결국 교육의 문제이지 단지 정치제도를 뜯어고쳐서 해결될 수 있는 문제가 아니다.

따라서 듀이가 보기에, 리프먼이 '공중의 침식'에 직면하여 참여적 민주주의를 거부하고 그 대신에 '전문가-기술적 지식으로 계몽된 정부'를 제안하게 된 것은 리프먼이 교육이 민주적 능력을 지닌 공중을 길러 낼 수 있다는 사실에 대해 무지했거나 교육의 역할에 대해 신뢰하지 않았기 때문이다. 물론 여기서 듀이가 말하는 교육은 학교에서의 제도적 '교육'에 제한되지 않는다. 듀이의 논점은 대중들이 스스로를 계발하고 훈련하여 숙고와 의사결정의 능력을 획득할 수 있도록 사회적 여건을 조성하는 것이다. 물론 리프먼은 이것이 불가능하다고 생각했다. 그러나 듀이는 그것은 결코 쉬운 일은 아니겠지만 결코 불가능한 일은 아니라고 생각한다.

더 나아가 민주적 공중의 등장이 가능하려면, 우리는 삼권분립이니 선거니 다수결이니 하는 형식적인 절차로서의 민주주의에 만족하지 않고 삶의 양식으로서의 민주주의를 실현해야 한다. 다시 말해, 민주주의의 핵심이 궁극적으로 민중 또는 공중이 사회를 — 직접적으로든 간접적으로든 — 실제로 지배한다는 데에 있다고 할 때, 그것의 실현가능성은 결국 형식적 제도에 있는 것이 아니라 사람들이 함께 살고, 일하고, 학습하는 과정 속에 놓여 있는 것이다. 왜냐하면 형식적 제도는 결국 사람에 의해서 운영되는 것이고 따라서 아무리 청렴하고 성실한 사람들이 그 자리를 맡는다고 해도 그가 사람인 이상 언제든지 본래의 임무에서 벗어나서 사적인 이익을 추구할 다시 말해 공중의 이익을 배반할 가능성은 피할 수 없는 것이다. 따라서 모든 사회구성원이 함께 살고, 일하고, 학습하는 속에서 세상 물정에 밝고 현명하며 자립적인 판단의 주체가 되지 않고는 참된 민주주의는 불가능하다.

이상의 듀이와 리프먼의 논쟁에서 우리는 우리 사회의 정치현실과 민주주의와 연관해서 수많은 시사점과 논쟁점을 떠올릴 수 있다. 오늘날 부쩍 늘어난 '소통'의 중요성에 대한 논의, 최근 가열되는 국가에 대한 좌·우파 논객 간의 논쟁, FTA를 둘러싼 양 당 간의 내용 없는 상호공방과 그 사이에서 영문도 모르고 우왕좌왕하는 공중, 민주주의의 위기에 대한 반복되는 논의, 도대체 표현의 자유가 어디까지인가에 대한 논쟁, 인문학과 자연과학, 학문과 삶의 통섭의 필요성에 대한 논의, 갈수록 소통보다는 단절을 향해가고 있는 듯한 좌우 이데올로기적 대립 등등. 100년이 되어가는 듀이의 책은 우리가 직면한 수많은 문제에 대해서 직·간접적으로 발언하고 있다고 보인다.

## 4. 한국사회와 공공성

듀이는 대중정부가 소수의 전문가 집단에 의해서 조종된다거나 거대 기업의 이윤을 최대화하려는 모종의 세력에 의해서 조작된다거나 하는 상황을 지나친 음모론이라고 보고 있는 듯하다. 오늘날 공공성이 사라진 것은 과학기술의 급속한 발전 때문에 사람들의 연합된 행위가 낳는 간접적인 결과를 다루기에는 너무나도 상황이 복잡해져서라고 보는 것이 듀이의 견해로 여겨진다. 듀이는 그래서 과학기술의 발전과 더불어 실험적인 과학적 탐구방법을 적용한 사회적 탐구가 활발히 진행되어야 하며, 동시에 의사소통의 예술이 확산되어 파편화된 개인들이 공적인 문제영역에서 공중으로 거듭나야 한다고 주장한다.

그러나 사적인 이윤 창출을 목표로 하는 기업들의 효율성의 논리가 사회의 곳곳에 침투해 있고, 정보기술의 발달이 듀이의 시대와는 비교할 수 없을 정도로 진행되어 간접적인 행위의 결과를 거의 다룰 수 없을 정도로 복잡하게 된 오늘날의 상황에서 공공성을 구현할 공중의 존재를 확인하기란 훨씬 더 어려워진 것으로 보인다.

한국사회는 최근 경제적 양극화가 심화되어 듀이나 로티와 같은 프래그머티스트들이 우선적인 실천적 과제로 삼고 있는 경제적 민주화는 뒷걸음질 치고 있는 상황이다. 가장 우려스러운 것은 자율적인 공동체의 구성원을 길러내야 할 교육 현장에서 이제는 공적인 문제 영역에 대한 논의가 이루어지지 않는 것처럼 보이는 것이다. 사교육 시장이 이미 공교육 현장을 거꾸로 지배하고 있는 상황은 일반적인 것이 되었다. 교육의 목표는 자율적인 인간의 성장에 있는 것이 아니라 현실적인 제도와 경쟁의 논리에 순응하여 출세하거나 최소한 살아남는 것에 맞추어져 있다. 우리의 공동체가 무엇을 지향해야 하는지, 우리는 어떤 국가를 만들어 나가야 하는지에 대한 관심은 교육 현장에서 사라진 지 오래다. 경제적 양극화의 심화, 경제적 세습계급의 출현은 아마도 공동체 구성원들을 더 심한 경쟁에 내몰고 그들을 더 파편화시킬 것이다.

그렇다면 오늘날의 한국 상황에서 듀이의 분석이나 제안은 공허하다고 해야 할 것인가? 오히려 그 반대이다. 듀이의 성찰과 제안은 한국 사회가 얼마나 공적인 문제 영역에서 멀리 벗어나 있는가를 반성하게 하는 거울이다. 공적인 권위를 이용해서 사적인 욕망을 충족시키려는 공직자와 공무원들이 줄어들기는커녕 더 늘어나고 있다는 것은 '공중의 발견'이라는 듀이의 과제가 얼마나 시급한 것인지 알려준다. 한국 사회의 교육 현장이 신자유주의 논리에 지배당해 로봇과 같은 순응주의자들만을 양산하고 있다는 것은 자율적인 개인을 길러내는 것이 민주주의 국가를 만드는 데 얼마나 필수적인 과제인가를 반성하게 한다.

한국 사회는 고유한 역동성을 내포하고 있고, 민주적인 제도와 관습을 만들어 온 나름의 역사도 간직하고 있다. 한국 사회가 무엇을 목표로 해야 하는가의 문제는 전문적인 지식인만의 과제는 아니며, 소수의 사람들이 독점할 수 있는 문제도 아니다. 듀이가 말하는 공공성과 공중의 문제는 그에 관한 끊임없는 의사소통을 통해 공동의 목표와 관심을 공유해 나가는 실천적 과정을 통해서만 드러나고 현실화될 수 있다. 그래서 이 문제는 이론의 문제라기보다는 실천의 문제이며, 지식의 문제라기보다는 희망의 문제이다.

2014년 2월
역자.

## 찾아보기

### ㄱ

가르침  153
가설  36, 47, 145, 156, 198
가족  100
간접적 결과  12, 55, 106, 130
갈릴레오 Galilei, Galileo  28
감상주의  149
개별의지  66
개성  149
개인  88, 185, 187, 188, 189, 211
    개인과 사회  188
    개인의 양심  50
    개인의 욕구  25
    개인의 잠재력  190
    개인적인 것  182
    개인적인 것과 사회적인 것  12
    개인주의  21, 86, 94, 95, 106, 115, 149
개체  183
객관의지  43
거대 공동체  126, 141, 146, 156, 180, 207
거대사업  119
거대사회  126, 127, 141, 146, 156, 180

『거대한 사회』  96
거대한 지성  214
결과  11, 26, 53, 148
결합된 행위  153
경영  162
경쟁  212
경제  219
경제 결정론  118, 155
경제 행위  155
경제법칙  90
경험론  191
계급  172
계몽  154
계약  19, 56
계층화  115
고립주의  215
고속도로망  113
고정된 확고한 목적의 개념  196
공공성  1, 16, 30, 63, 77, 116, 119, 120, 122, 156, 178, 189, 204, 215
공공성의 침식  125
공동체  14, 23, 125, 148, 207, 210
공동체적 삶  197
공리주의  91

공무원  15, 27, 67, 75, 116, 164
공상  165
공유된 관심  155
공자  28
공적  48
공적 이익  33
공적 행위  64
공적인 관심사  135
공중  15, 36, 122, 128, 136, 147, 164, 172, 174, 177, 180, 211, 212
공통의 관심  186
공통의 이해  203
공통의지  43
공포  167
과거제도  78
과두제  199, 204
과업  45
과학  5, 46, 161, 172, 220
　과학기술  218
　과학기술 시대  212
　과학적 방법  221
　과학혁명  172
관념  142
관습  105
관심  27
관용  52
관찰  162
관찰 가능한 행동  37
광고  162
교사  113

교수법  113
교육  63, 112, 153, 194, 195, 205
교육 방법  194
교육과정  196
교육의 방법 및 목표  196
교의  144
교호작용  12
교회제도  86
국가  9, 32, 39, 59, 66, 71, 142
　국가 이론  43
　국가 형태  45
　국가와 사회  26
　국가의 개입행위  63
　국가의 기능  28, 74
　국가의 본성  1
　국가의 필요성  43
국민  15
국민 투표  120
국제연맹  215
국제연합  215
군집적 행위  98
권력  78
권위  18
귀  213
규제  166
금기  168
기계  89, 140
기계 문명  125
기득권자  133
기술  97, 114, 116, 162
기술 시대  128, 138

기호　152

### ㄴ

나폴레옹　29
낙관주의　168
남북전쟁　120
노예상태　166
눈　213
뉴스　176, 180
뉴턴 Newton, Isaac　28, 206
능동 어휘　162
능력　164

### ㄷ

다수결 원칙　143, 202, 203
다원주의적 국가관　73
단테 Dante, Alighieri　28
당파주의　119
대의정부　178
대중　167, 179, 200, 201
대중의 지성　205
대중정부　110, 115, 144, 203
대통령　112
대표성　76
대화　213
도구　89, 103
도그마　197
도덕　43, 144
도덕적　155
도덕적 삶　195
도시 정책　135

도시국가　44, 114
독백　213
동맹　127
동물　153
동의　178

### ㄹ

로마제국　127
로크 Locke, John　7, 28, 87
루소 Rousseau, Jean Jacques　7, 28, 55, 114, 154
리슐리외 cardinal et duc de Richelieu　29
리프먼 Lippmann, Walter　157

### ㅁ

마음　165
말　214
매콜리 Macaulay, Thomas Babington　101
머슬 숄스　134
먼로독트린　14
면대면　207, 213
면대면 공동체　129, 209
명령　54
무관심　122
무정부주의　26
문화　192
물리적 절대주의　195
물리적 조건　170
물리적 탐구　169
물리학　168, 169, 195
물질　171

찾아보기 | 267

물질적 문화　45
미국혁명　87
미래　175
미성년 노동　120
민족주의　129, 168
민주주의　75, 82, 83, 110, 111, 142,
　　　148, 149, 178, 180
　　민주적 공중　109, 182
　　민주적 정부　82
　　민주주의 국가　156
　　민주주의 운동　200
　　민주주의 정부　143
밀　Mill, James　93
밀　Mill, John Stuart　191

## ㅂ

바벨탑　141
반정립　189
발명　193
방법　161, 182
방법의 논리　198
배젓　Bagehot, Walter　115
백지상태　160
백호법정　49
법　57
법률　54
법칙　197
베르길리우스　Vergilius　28
베르사유 조약　79
베이컨　89
변증법적　45

변화　160
보수주의자　133, 160
보이지 않는 손　91
보일　Boyle, Robert　28
보통선거　202
보통선거권　143
보호 무역　130
복지　118
본능　9
본질　45
볼셰비키　118
봉건주의　90
부정의　92
부처　28
부패　67
분배 방식　118
분석　162
분자　170
불평등　150
비스마르크　Bismarck, Otto E. L. von　29

## ㅅ

사고　159
사고 방법　47
사변　5
사상　95
사유재산제　62, 100
사인　私人　15
사적　48
사적 소유　108
사적 행위　64

사적인 것과 공적인 것  12
사회  69, 103, 151, 188
　사회 병리  168
　사회 현상  174
　사회과학  177, 191, 192
　사회과학의 한계  176
　사회의 진화  190
　사회의식  153
　사회적 관계  189
　사회적 실험  145
　사회적 영향  75
　사회적 일양성과 물리적 일양성  193
　사회적 지성  214
　사회적 행동  134
　사회적인 것  182
　사회주의자  81, 118
　사회학  168
　사회화  70
산업  104
산업혁명  106, 172
산타야나 Santayana, George  206
상업적 교환  154
상업주의  171
상징  140, 152, 170
상품생산  62
상호교류  35
상호작용  125, 147, 151
『새로운 자유』  96
생물학  168, 169
선  148

선거  75, 93, 117, 119, 121
선거권  100
선입견  198
선전  178
선전구호  144
선출된 대표  143
성인  24
성장  46
성직자  50
성체변환  68
세포  170
센세이션  177
셰익스피어 Shakespear, William  28
소비에트 러시아  220
소유권  53, 107
소크라테스  28
소통  174
수동 어휘  162
수정법률  131
숙련  164
순수과학  170, 171, 173, 222
순수성  173
숭배  167
스미스 Smith, Adam  13, 89
스미스 Smith, T. V.  147
스콜라주의  166
스토아주의  7
스펜서 Spencer, Herbert  64, 79
스피노자 Spinoza, Baruch de  70
습관  5, 59, 60, 62, 157, 158, 159
습관화  59

시각  213
시스템  164
신경과민  162
신문  179
신사  137
신앙  51
신화  10, 122, 159
실천적 개혁  207
실험  32, 34, 65, 162
  실험적 사회탐구  192
  실험적 탐구  198
  실험적인 방법  167
  실험적인 사회적 방법  197
심리학  89, 169, 194

**ㅇ**

아담  154
아동기  63
아리스토텔레스  2, 7, 28, 137
아우구스투스 황제  29
알렉산더  29
애정  139
애착  139, 207, 209
야만상태  104
양심의 권리  50
어린아이  172
언어  206
에머슨 Emerson, R. W.  214
엘리자베스 여왕  29
여가  137
여론  167, 174, 175, 178

역사  160, 168, 176
역사적 사실  145
연속성  177
연합  3, 22, 69, 111, 147, 185, 187
연합된 행위  151, 185
연합적 행동  41
연합체  44, 69, 97
영원성  191
영주  49
예수  28
예술  179, 180
예술의 기능  180
예측  152
오락거리  137
온정주의  63, 132
왕의 평화 시대  49
외국인  208
요구  105
욕구  104, 152
우리  151
우연  80
우정  26
우주의 신비  23
원자  170
원자핵  221
월러스 Wallas, Graham  96
위기  175
윌슨 Wilson, Woodrow  96
유권자  117, 121, 131, 135
유기체적  103
유대  149

유물론 118, 171
유엔 221
윤리학 168
응용 172
응용과학 170, 171, 222
의견 175
의견의 통제 178
의사소통 104, 151, 156, 157, 172
의사소통의 예술 180
의지 54
이기심 53
이론 218
이민자 114
이상 139
이성 43, 57
이웃 208
이웃 공동체 209
이탈리아 117
인간 171
    인간 과학 195
    인간 본성 80, 144, 194
    인간관계 106, 139
    인간관계의 새로운 시대 97
    인간성 173
    인간의 생물학적 구성 192
    인간적인 관심사 167
인격체 148
인공언어 162
인과 197
인과관계 37
인과적 힘 197

인류학 168
인문과학 165, 169
인문학적인 시대 212
인식론 88
일과 놀이 136
일반의지 55, 66, 153
일반화 70
일상적인 사고 100
일양성 192

**ㅈ**

자기애 159
자연 171
자연 경제 154
자연과학 169, 171, 221
자연관 90
자연권 52, 87, 91
자연적인 것과 인위적인 것 102
자연철학 198
자유 149, 165
자유 무역 130
자유방임주의 91
자유주의자 133
자조권 16
작자 17, 38
잠재력 149, 197
적대감 114
적용 172
전-산업시대 108
전기 140
전문가 123, 134, 172, 199, 201, 202

전문화　170
전신　176
전쟁　14, 43, 127, 129, 172, 217, 219
전체주의　219
전통　206
전화　176
절대주의　111, 191
정당　69, 119, 120
정당 정치　120
정당화　87
정보　176
정부　27, 66, 76, 90, 107
정부 개입　132
정신의학　162
정신적 장애　168
정의　92
정책　176
정치　43
　정치기구　145
　정치이론　191
　정치적 국면　145
　정치적 무관심　133
　정치적 민주주의　84
　정치적 주체　109
　정치적 행동　134
　정치적인 동물　137
　정치철학　34
　정치체　47
　정치학　168
제1차 세계대전　126

제도　105
제임스 James, William　158
제퍼슨 Jefferson, Thomas　6, 132
조직　211
조직화　33
종교　50, 167
종교적 예식　50
좋은 국가　71
주권　216
주식시장　128
중산계급　94
중앙집권화　49, 119, 131
증기　140
증기기관　94
지각　185
지도　46
지배　42, 120
지성　46, 205, 206
지식　155, 157, 174, 176
지식의 배포　178
지식인　201
지역 공동체　207, 210, 211, 214
직접적 대면　97
진화　192

**ㅊ**

차이　184, 206
참된 공중　213
천문학　168
천부적인 재능　205
천재　159

철도  61
철도 규제안  132
철학  191
청각  213
최저 임금  64
충동  152

## ㅋ

카이사르  29
카탈리나 Catilina, Lucius Sergius  12
칸트 Kant, Immanuel  7
칼라일 Carlyle, Thomas  101, 110
코페르니쿠스 Copernicus, Nicolaus  28
콜럼버스 Columbus, Christopher  140
쿨리 Cooley, C. H.  97
큐 클럭스 클랜  52
크롬웰 Cromwell, Oliver  29

## ㅌ

타가수정  168
타인  209
탐구  174
탐구의 도구  198
토마스 아퀴나스 Thomas Aquinas  7, 28
토크빌 Tocqueville, Alexis de  203
통일성  84
통제  42
통치  120
통치자  32, 81
투표  76, 117, 134, 203
틸던 Tilden, Samuel J.  203

## ㅍ

파팅턴 부인  118
패러데이 Faraday, Michael  206
페리클레스  29
평등  63, 149, 150
평화 시기  172
표준화  115, 211
표현  179, 180
표현의 자유  165
프랑스혁명  89
플라톤  114
플라톤주의  201
피통치자  178
필요  105

## ㅎ

학교  64, 113
학교 교육  196
학습  153
합리성  57
합리화  167
해밀턴 Hamilton, Alexander  6
해밀턴주의자  131
해방  98, 189
행정  123
허드슨 Hudson, William Henry  41
헤겔 Hegel, Georg Wihelm Friedrich  7, 70
헤이즈 Hayes, Carlton  168
혁명  31
혁신  60
현금 관계  101

현상과 법칙   193
형법   56
형제애   149
호메로스   28
홍보대리인   167
화학   168
확장적 결과   29

환경   150
회상   152
획일성   115, 211
훈련   195
휘트먼 Whitman, Walt   180
흄 Hume, David   57, 117

### 지은이 존 듀이 (John Dewey, 1859~1952)

퍼스와 제임스의 프래그머티즘을 미국 고유의 철학사상으로 계승발전시킨 철학자이자 교육운동가이다. 미국 버몬트 주 벌렁턴 출신으로 버몬트 대학을 졸업하고 존스 홉킨스 대학에서 철학박사학위를 받았으며, 시카고, 컬럼비아 등의 대학 교수를 역임했다. 특히 시카고 대학에서 실험학교를 설립하여 민주적인 시민을 길러내기 위한 교육을 실천했다. 주저로 『철학의 재구성』(1920), 『민주주의와 교육』(1916), 『인간 본성과 행위』(1921), 『확실성의 탐구』, 『경험으로서의 예술』(1933), 『경험과 교육』(1938) 등이 있다.

### 옮긴이 정창호

현 고려대학교 교육문제연구소 연구교수. 고려대학교 영어영문학과 및 동 대학원 철학과 졸. 독일함부르크 대학 교육대학 박사과정 졸. 경기도 교육청 원탁토론 순회연수 강사 역임. 교육학 전공 철학박사. 저서로 『Philosophieunterricht in der kulturellen Identitaetskrise Suedkoreas』, 『교직과 윤리』(공저)가 있고 역서로『가르치기 힘든 시대의 교육』, 『좋은 수업이란 무엇인가』(공역), 『마음을 쏘다, 활』외 다수가 있다.

### 옮긴이 이유선

현 서울대학교 기초교육원 전임대우 강의교수. 고려대학고 철학과 및 동 대학원 졸. 철학박사. 버지니아 주립대학 Post-Doc. 저서로 『사회철학』, 『아이러니스트의 사적인 진리』, 『실용주의』, 『듀이&로티』, 『리처드 로티』 등이 있으며, 역서로『철학자 가다머 현대의학을 말하다』, 『철학의 재구성』, 『우연성, 아이러니, 연대성』(공역), 『퍼스의 기호학』(공역), 『프래그머티즘의 길잡이』(공역) 외 다수가 있다.

한국연구재단 학술명저번역총서 서양편·734

## 공공성과 그 문제들

| | |
|---|---|
| 발 행 일 | 2014년 5월 20일 초판 인쇄 |
| | 2014년 5월 30일 초판 발행 |
| 원　　제 | The Public and its Problems |
| 지 은 이 | 존 듀이(John Dewey) |
| 옮 긴 이 | 정창호, 이유선 |
| 책임편집 | 이지은 |
| 펴 낸 이 | 김진수 |
| 펴 낸 곳 | **한국문화사** |
| 등　　록 | 1991년 11월 9일 제2-1276호 |
| 주　　소 | 서울특별시 성동구 아차산로 3(성수동 1가) 502호 |
| 전　　화 | (02)464-7708 / 3409-4488 |
| 전　　송 | (02)499-0846 |
| 이 메 일 | hkm7708@hanmail.net |
| 홈페이지 | www.hankookmunhwasa.co.kr |

책값은 20,000원입니다.

잘못된 책은 바꾸어 드립니다.
이 책의 내용은 저작권법에 따라 보호받고 있습니다.

ISBN 978-89-6817-133-8　93340

---

이 도서의 국립중앙도서관 출판시도서목록(CIP)은
서지정보유통지원시스템 홈페이지(http://seoji.nl.go.kr)와
국가자료공동목록시스템(http://www.nl.go.kr/kolisnet)에서
이용하실 수 있습니다.(CIP제어번호: CIP2014016130)

---

'한국연구재단 학술명저번역총서'는 우리 시대 기초학문의 부흥을 위해 한국연구재단과 한국문화사가 공동으로 펼치는 서양고전 번역간행사업입니다.